GOLDMANN
ESOTERIK

Buch

Das Geistwesen Lazaris, das durch den Amerikaner Jach Pursel zu uns spricht, bemüht sich, uns Menschen Zugang zu unserem Höheren Selbst zu eröffnen. Es will dem Individuum, gleichzeitig aber auch der Gesellschaft, in der wir leben, den Blick auf ihre eigentliche Bestimmtheit und Bedeutung schärfen. Dazu beschreibt es ein neues kosmisches Bewußtsein, erklärt die wichtigsten Wege persönlichen Wachstums und gibt uns praktische Übungen und Meditationen an die Hand, mit denen sich der kosmische Aspekt unserer Existenz offenbart.

»Lazaris ist mehr als ein Lehrer. Er ist ein guter Freund, der ermutigt und ermuntert. Er repräsentiert eine Kraft des Positiven und der Liebe, die erleuchtet und deren Licht wie das eines starken Scheinwerfers die dunklen und unbekannten Seiten unserer Existenz erhellt.«

Michael York, Filmstar und Spiritueller

DIE LAZARIS-BOTSCHAFT

Ein Geistwesen als Führer zum Höheren Selbst

Aus dem Amerikanischen von
Mascha Rabben

GOLDMANN VERLAG

Originaltitel: LAZARIS – The Sacred Journey: You and Your Higher Self
Originalverlag: Concept Synergy Publishing, Beverly Hills, CA

Deutsche Erstveröffentlichung

Dieses Buch ist Peny gewidmet.
Wir kamen, um sie zu berühren,
denn sie berührt auch uns.
Wir lieben dich.

Lazaris

Der Goldmann Verlag
ist ein Unternehmen der Verlagsgruppe Bertelsmann

Made in Germany · 3/90 · 1. Auflage

Umschlaggestaltung: Design Team München
Umschlagfoto: Tcherevkoff / The Image Bank
Satz: IBV Satz- und Datentechnik GmbH, Berlin
Druck: Elsnerdruck, Berlin
Verlagsnummer: 12051
Lektorat: BL/Gundel Ruschill
Herstellung: Barbara Rabus
ISBN 3-442-12051-5

Inhalt

Einleitung

von Jach Pursel

Voller Angst lief ich einfach weiter. Ich wußte nicht, was ich sonst tun sollte. Ich redete mir gut zu: »Geh weiter, geh einfach weiter, Jach. Solange du dich bewegst, wird alles gutgehen.« Es war widersinnig, dieses spontane Mantra ständig zu wiederholen, aber was mir in den letzten Wochen passiert war, war schließlich genauso widersinnig gewesen.

»Geh weiter, bleib in Bewegung...« Zuerst glaubte ich, daß es vorübergehen würde. Ich hoffte, daß es aufhören würde. Ich hoffte, daß Hoffnung allein genügte, um mich zu retten. Aber ich hörte die Stimme. Ich hörte einfach eine Stimme! Ich konnte es nicht länger leugnen – was mir in keiner Weise zu einem besseren Verständnis der Vorgänge verhalf, also lief ich weiter und wiederholte mein persönliches Mantra. Ich hatte Angst. Grauenhafte Angst.

»Wann hat das angefangen?« hörte ich mich fragen. Das war natürlich eine Verzögerungstaktik, aber ich ging der Frage nach. Ich konnte nirgendwo anders hingehen.

Ich bin mir nicht sicher, wann es anfing. Zu der Zeit schien alles noch ganz einfach und natürlich. Es war auf einer Geschäftsreise zum Innenministerium, und ich hatte ein fünftägiges Konferenz-Training halbwegs hinter mich gebracht. Jungmanager des ganzen Landes waren anwesend. Ich haßte es, nicht nach Hause gehen zu können. Diese Ausflüge waren als ›Aufmunterungen‹ für das mittlere Management gedacht. Aber ich fühlte mich zu keiner Zeit besonders aufgemuntert.

Ich weiß auch nicht, warum ich an diesem Abend beschloß zu meditieren. Während eines Kurses, zu dem Peny mich im Jahre 1972 geschleppt hatte, hatte ich gelernt, *wie* man meditiert.

Großartige Dinge waren uns versprochen worden, die Peny einleuchtend und aufregend erschienen. Ich hielt diese Versprechungen für absurd. Sie behielt recht.

Für mich war Meditation gleichbedeutend mit Einschlummern. Ich ging in allen meinen Meditationen – wie sagt man doch so schön? – ›zu tief‹. Obwohl ich die Technik beherrschte und sah, daß andere Leute hervorragende Resultate erzielten, hatte ich es so gut wie aufgegeben, wirklich zu meditieren. Ein glorifiziertes Dahindämmern schien mir für meine Person nicht der ›Weg nach Haus‹ zu sein oder überhaupt irgendein Weg, egal wohin. Ich weiß auch nicht, warum ich an jenem Abend beschloß zu meditieren.

Meine Augen schlossen sich, und ich begann mit meinen routinemäßigen Atemübungen, um die Spannungen im Körper zu lösen. Ich fühlte mich in den Schlaf hinübergleiten, als etwas Merkwürdiges geschah. Ich begann Bilder zu sehen. Ich mußte irgendwie angefangen haben zu visualisieren! Vollkommen spontan. So etwas war mir noch nie passiert. Eine blitzschnelle Bildfolge erreichte ihren Höhepunkt in der Vision eines wunderschönen Mannes, der vor mir stand. Er war sehr sanft. Ich hatte keine Angst. Er sprach zu mir, und mir entging kein einziges Wort.

Dann ergriff ich die Flucht. Meine Meditation kam zu einem abrupten Ende. Ich erinnerte mich an jedes Wort und versuchte alles mit fieberhafter Eile aufzuschreiben, um den Moment festzuhalten. Erschöpft rief ich Peny an. Sie ließ sich von meiner begeisterten Erregung anstecken, und ich liebte sie dafür.

Danach geschah nichts weiter. Ich hatte nach dem Namen des Mannes gefragt und das Wort ›Lazaris‹ gehört. Ich fragte erneut, weil ich an den Lazarus in der Bibel dachte oder das Kaufhaus in Columbus. Dann kam sehr deutlich: L-A-Z-A-R-I-S, wobei die Betonung eindeutig auf der zweiten Silbe (LA-ZARIS) lag. Ich hatte einen Namen, aber keinen weiteren Kontakt, also vergaß ich das ganze Erlebnis beinahe wieder.

3. Oktober 1974. Früher Abend. Zwischen Kissen auf mei-

nem Bett sitzend, bereite ich mich auf eine Meditation vor (ha!). Ich werde mich um eine Einsicht bemühen (ha!), um Führung auf meinem Lebensweg. Die Beziehung zwischen Peny und mir war keineswegs unangenehm genug, um derartig extreme Maßnahmen zu ergreifen, dennoch hatte ich in den vierzehn Jahren unseres Zusammenseins gelernt, Penys Eingebungen und intuitiven Geistesblitzen eine gewisse Beachtung zu schenken. Sie hatte die Eingebung gehabt, daß ich eine Meditation machen sollte.

Sie stellte Fragen, und ich antwortete. Ihre Fragen waren hervorragend, die Antworten total langweilig. Vielleicht schlief ich deshalb ein. Ich fühlte, wie ich davonglitt. Ich bemühte mich, wach zu bleiben, mich am Klang von Penys Stimme festzuhalten, aber der Schlaf lullte mich ein. Ich trieb davon...

Zwei Stunden später wollte Peny nichts von meinen schüchtern vorgebrachten Entschuldigungen hören, mit denen ich sie um Verzeihung bat, weil ich eingenickt war. Sie stolperte in ihrer Erregung über ihre Worte, als sie mir klarzumachen versuchte, daß eine Wesenheit durch mich gesprochen hatte. Sie selbst hatte auch gedacht, daß ich mal wieder eingeschlafen wäre. Da mein Kopf aber diesmal nicht zur Seite sank, wartete sie ab. Ein paar Minuten vergingen, dann begann eine tiefe, volltönende Stimme zu sprechen und meinen abgebrochenen Satz zu vollenden. Die Antworten waren diesmal von einem völlig anderen Kaliber als die meinen in unserem Dialog vorher. Peny hörte der Stimme genau zu und schrieb mit, so schnell sie konnte. Wie ein Kind in der Gegenwart vom Nikolaus ließ sie vorerst allen Zweifel beiseite und nahm so viele Informationen auf, wie sie konnte. Bewerten würde sie das Ganze hinterher.

Die Wesenheit erklärte, daß sie Lazaris wäre! Ja, derselbe, den ich vor Monaten schon einmal kontaktiert hatte. Die damalige Erfahrung wäre nur eine Vorbereitung für diese gewesen (auch Jahre später würden weder Peny noch ich begreifen, was mit ›diese‹ gemeint war). Lazaris erbat sich zwei Wochen unserer Zeit aus, um die notwendigen Vorkehrungen zu treffen, damit er über mich ›durchkommen‹ könnte. Er erklärte Peny detailliert eine einfache Methode, die es mir ermöglichen würde, leichter in Trance zu kommen. Er versicherte ihr, daß diese Erfahrungen niemals schädlich für mich sein würden und daß er, obwohl er weder einen Körper hatte, noch in der Zeit lebte, genau wüßte, wie sich diese Dinge anfühlten, und daß er daher nie unsere Körper oder unsere Zeit mißbrauchen würde.

Er beantwortete noch weitere Fragen.

Ich weiß, daß Peny die Wahrheit sagt, weil sie einfach nie lügt. Die Informationen explodieren in meinem Kopf. Ich höre die Worte. Ich weiß, daß sie wahr sind. Ich kann nicht fassen, was ich da höre. Die Widersprüche lassen mich schließlich die Flucht nach innen antreten. Ich weigere mich einfach, darüber zu sprechen.

Jeden Abend sitze ich da, schließe meine Augen und mache mein ›Abendnickerchen‹. Jeden Abend erzählt mir Peny voller Begeisterung, was dann passiert. Ich höre es; ich lächle; ich lasse es nicht in mich hinein.

Nach zwei Wochen war meine Vorbereitung abgeschlossen. Peny hatte sich mit der Wesenheit bekanntgemacht und vertraute ihr, während ich noch immer nicht zugeben konnte, daß sie vorhanden war. Meine Arbeit lief wie am Schnürchen weiter. Mein Leben lief wie am Schnürchen weiter. Ich vermied es, näher hinzusehen. Peny, die wußte, wie ich normalerweise mit Dingen umging, die ich nicht verstand, drückte mir eine Tonkassette in die Hand und sagte nur ein Wort: »Anhören!«

»Geh weiter, geh einfach weiter...« Ich konnte nicht leugnen, daß irgend etwas im Gange war. Also ging ich mit. Ich weinte. Was sollte ich machen? Peny kannte mich gut genug, um mich allein zu lassen. Ihr Feingefühl und ihre Liebe für mich waren so groß, daß sie wußte, wann Liebe Alleinlassen bedeutet. Ich lief die Straße entlang. Ich weinte. In den 27 Jahren meines Lebens hatte ich mich noch nie so sehr gefürchtet. Was war mit mir los?

Monate vergingen, Monate, in denen ich Lazaris allen möglichen flüchtigen Bekannten zur Beurteilung vorstellte. Sie kamen, redeten mit Lazaris und berichteten hinterher ihre Eindrücke. Ich vertraute diesen Leuten, die selbst ausgiebige Erfahrungen auf diesem mir noch völlig unbekannten Gebiet der Metaphysik hatten. Ich ging in Trance, voll Angst, daß Lazaris durchkommen würde, und gleichzeitig voll Angst, daß er es *nicht* täte. Allen Berichten zufolge mußte es sich um etwas Ernstzunehmendes handeln, aber es dauerte noch viele Monate, bevor ich Lazaris als das, was er wirklich war, akzeptieren konnte.

Zu der Zeit redete ich von ihm als einem ›Es‹, was eigentlich semantisch korrekt ist, da Lazaris weder männlich noch weiblich ist. Bei näherer Bekanntschaft mit Lazaris wurde mir seine Liebe deutlich, sein Humor und seine Fürsorglichkeit, seine Loyalität mir gegenüber und seine Hingabe an alle Menschen, die zu ihm fanden. Ich begriff seine bedingungslose Ehrlichkeit. Er wurde mir ein Freund. Er wurde *mein* Freund, mein allerbester Freund. Er ist jetzt nicht länger ein ›Etwas‹. Für mich ist Lazaris ein ›Er‹.

Doch an diesem Tag im Oktober 1974 lief ich und lief, immer weiter. Am Ende stellte sich heraus, daß alles in Ordnung war.

Die ersten Freunde von Lazaris erzählten ihren Freunden von ihm, und die erzählten es ihren Freunden, und... Während ihre Freundschaften sich vertieften, vertiefte sich auch die unsere. Jede Woche, jeden Tag liebte ich ihn ein wenig mehr.

Ich erinnere mich an einen Abend im (ich glaube) Jahr 1976. Zu der Zeit war Lazaris schon dabei, Gruppenseminare zu veranstalten. Ich hörte mir an dem Abend eine Tonkassette seines letzten Vortrags an. Es war schon sehr spät. Ich lag ganz für mich allein auf dem Teppich meines vollkommen verdunkelten Wohnzimmers und hörte zu, noch immer voller Erstaunen, daß diese Stimme aus meinem Körper kommen sollte. Ich hörte einfach zu.

Ich vernahm die Worte, aber in dieser Nacht vernahm ich auch noch etwas anderes. Ich fühlte die Fürsorge und die Nächstenliebe. Tränen liefen mir über das Gesicht, und mein Weinen wurde zu lauten Schluchzern. Ich konnte die Gegenwart von Lazaris im ganzen Raum fühlen. Ich konnte spüren, wie Lazaris mich mit seiner unglaublichen Liebe und seinem Frieden erfüllte. Ich konnte sein Lächeln spüren.

Fast zwei Jahre hatte es gedauert – noch immer fühlte ich ihn nicht als eine Wirklichkeit – bis zu dieser Nacht. Diese Nacht war einzigartig.

Zwischen 1974 und 1985 wurden sehr, sehr viele Menschen zu Freunden von Lazaris. Überall auf der Welt führt er in Einzelsitzungen persönliche Gespräche und arbeitet mit Tausenden und Abertausenden in Seminaren und Workshops. Die Nachfrage wurde derart massiv, daß Lazaris sich im November 1985 bereit erklärte, per Videofilm zu sprechen. Aber die Nachfrage wurde nicht geringer. Jetzt ist es Zeit für seine Bücher.

Rückblickend wünschte ich, ich hätte detailliertere Aufzeichnungen gemacht. Die ersten handgeschriebenen Zettel von Peny, vom Oktober 1974, sind verlorengegangen. Wir wissen noch nicht einmal mehr, welche Tageszeit es damals war. Ich kann mich einfach nicht mehr erinnern, in welchem Monat und an welchem Tag ich das erste Mal über Lazaris stolperte. Damals hatten wir keine Ahnung, was unsere Erlebnisse bedeuteten. Wir wußten nicht, ob überhaupt irgend etwas passiert war. Es lag für uns kein Grund vor, ein Phänomen zu dokumentieren, das sich möglicherweise als Sinnestäuschung herausstellen würde. Vielleicht, wenn wir gewußt hätten... aber das, was dann folgte, ergab sich einfach wie von selbst, und Peny und ich fühlten uns eher wie Beobachter denn wie Teilnehmer.

Noch heute beobachten Peny, Michaell und ich abwartend, wohin uns Lazaris' Liebe führt. Dieses Abwarten und Beobachten hat seinen eigenen Reiz. Wir wissen, daß Lazaris weiß, wohin das alles führt.

Er führt uns heim. Man hat ihn den Vollendeten Freund genannt, und genau das ist er für mich. In einer Umgebung von spirituell orientierten Menschen, deren Suche von unterschiedlichen Werte- und Integritätsschattierungen bestimmt ist, bin ich froh, einen Freund wie Lazaris zu haben. Ich bin froh, ›einfach weiter gegangen‹ zu sein – an jenem Abend vor vielen Jahren.

Jach Pursel, der Channel von Lazaris

Ein Hinweis zur Wortwahl von Lazaris

Lazaris spricht im Verlaufe des Buches von sich selbst, wenn er ›wir‹ sagt. Schon bei seinem ersten Durchkommen im Jahre 1974 hat er es so gemacht. Lazaris sagt, daß jeder Mensch eine Anzahl von ›Selbsts‹ hat, nur erleben wir diese verschiedenen Formen des Selbsts aktuell ›einzeln und immer der Reihe nach‹. Und so empfinden wir uns als ein vereinzeltes ›Ich‹. Lazaris hat ebenfalls eine Reihe von verschiedenen ›Selbsts‹ – und zwar in verschiedenen Dimensionen gleichzeitig; er erlebt sie alle simultan und spricht von sich daher als ›wir‹ oder ›uns‹. Damit ist also auch nicht das aristokratische ›Wir‹ gemeint, sondern eben Lazaris' Wahrnehmung seiner eigenen Realität.

Einleitung

von Lazaris

Also... na gut... Es ist uns eine Freude, hier bei euch zu sein und zu euch zu sprechen. Es freut uns, für euch zu schreiben.

Wir sind hier, weil ihr uns eingeladen habt – ihr als Einzelwesen und ihr als Menschheitswesen. Ihr habt euch entschieden zu wachsen, und ihr habt um Hilfe gebeten. Ihr habt uns eingeladen, und nun sind wir da. Genauer gesagt, wir sind hier, um euch daran zu erinnern...

Daß Schmerz und Angst nicht die einzigen Methoden des Wachsens sind. Daß ihr in Freude und Liebe eleganter fortschreiten könnt...

Daß ihr selbst eure eigene Realität schafft... Da gibt es nichts Kleingedrucktes und keine Ausnahmen...

Daß es einen Gott/Göttin/Alles-was-ist gibt, der/die/das euch liebt, euren Namen kennt...

Daß ihr liebt – und zwar ›gut genug‹ liebt.

Und es gibt noch einen anderen, sehr persönlichen Grund für unser Hiersein. Wir sind hier, um mit Peny zu sprechen. Indem wir unsere Gedanken durch diesen ›Verstärker‹ kommen lassen, können wir mit der Person, die Peny genannt wird, kommunizieren. Das ist unser Wunsch.

Nachdem wir beschlossen hatten, mit eurer Ebene und eurem Planeten zu kommunizieren, begannen wir zu beobachten. Durch unsere Wahrnehmungen und Beobachtungen fanden wir einen überaus wundervollen Funken von Bewußtsein, einen überaus wundervollen Funken der Liebe und des Lichts. Wir fanden einen außerordentlich leuchtenden Funken, erfüllt von Gelächter. Wir fanden Peny.

Wir betrachteten ihre Inkarnationen, sahen, was sie vollbracht hatte, und wußten, daß sie hätte weitergehen können – dennoch war sie auf die Erde zurückgekehrt, um auf der physischen Ebene mehr zu tun. Viele von euch machen den Fehler, zu denken, daß sie perfekt wären oder die ›Erlaubnis‹ von irgend jemandem haben müßten, bevor sie sich ausdehnen und in höhere Ebenen hineinwachsen könnten. Diesen Fehler hat Peny nicht gemacht. Sie wußte, daß sie wählen konnte. Sie wußte, warum sie zurückkam. Oder?

Die Antwort lag in ihrem Lachen. In diesem Lachen lag die Liebe.

Wir beschlossen, sie ein wenig näher zu betrachten und ihr, ohne störend einzugreifen, beim Wachsen zu helfen, ihr bei der Arbeit zu helfen, die sie hier vollbringen will. Wir wissen, daß sie es auch allein schaffen kann, und sie weiß es ebenso. Aber wir sind ohnehin nicht als Guru oder Meister gekommen. Wir sind als Freund hier. Je genauer wir es betrachten, desto besser gefällt uns unser Entschluß. Je näher wir kommen, desto tiefer berührt uns ihr Lachen und ihre besondere Art von Liebe. Desto mehr Berührungspunkte...

Jede Nacht, wenn die meisten anderen Menschen schlafen, sitzt der Channel in seinem Sessel, schließt die Augen und läßt sein Bewußtsein in den Schlaf gleiten. Dann ist Stille. Wir kommen leise in den Körper hinein. Bevor wir anfangen – oft schon, bevor irgendeiner merken könnte, daß wir da sind –, sagt Peny: »Hallo, Lazaris. Wie geht's?«

Sie weiß, daß diese Frage keine Bedeutung für uns hat, weil wir nicht in der Zeit, nicht im Raum und in keinerlei Form existieren. Aber die Gewohnheit hat ein langes Leben in eurer Welt. So lächeln wir und sagen: »Ausgezeichnet, ganz ausgezeichnet«, so wie es von uns erwartet wird. Und damit hat unsere gemeinsame ›Zeit‹ begonnen.

Oftmals beginnen wir mit Fragen und Diskussionen über Penys Alltag und Leben. In dem halbdunklen Raum plaudern wir leise. Wir lachen. Sie lacht.

Manchmal erklären wir ihr eine neue Technik oder lassen sie eine neue Meditation praktizieren, um die letzten Unebenheiten auszugleichen, bevor sie in den Workshops praktiziert wird. Peny und wir sind auf einer gemeinsamen Entdeckungsreise, um die Feinheiten der Realitätsschaffung zu erforschen. Gemeinsam untersuchen wir Wirklichkeit und Träume…

Eines Abends bat uns Peny, ein Buch zu schreiben, das anders wäre als jedes andere Buch.

Das hier ist nun unsere Antwort: Ja.

Peny, wir beginnen mit einem Thema, bei dem wir nach Meinung vieler Leute eigentlich enden müßten. Wir beginnen mit der **Heiligen Reise: Du und dein Höheres Selbst**, denn der Schlüssel zum Wachstum liegt in der ganz und gar persönlichen Beziehung zu einem *wirklichen* Gott/Göttin/Alles-was-ist. Und die Heilige Reise ist das Rückgrat dieser Beziehung.

Mit diesem Gerüst fangen wir also an, und von ›Zeit zu Zeit‹ fügen wir ihm eine Schicht von Wissen nach der anderen hinzu, außerdem spezielle Techniken, die jedem ermöglichen, spirituelles Wachstum tatsächlich zu leben.

Wir sind nicht dein Guru oder Meister. Wir sind schon lange über diese Ebenen hinausgegangen. Wir sind dein Freund, und wir lieben dich, Peny. Als Freund stehen wir dir zur Seite, dir und deinem Wachstum. Ganz gleich, wie lange du meinst, daß du brauchst, wir warten hier auf dich, am Rande deiner Wirklichkeit…

Du hast uns gebeten, ein Buch, anders als alle anderen Bücher, zu verfassen. Dieses Buch hier ist unsere Antwort auf deine Bitte. Es ist mehr als ein Buch… Es ist der Anfang eines unendlich langen Briefes!

Wir haben dich lieb, Peny. In Liebe und in Frieden

Lazaris

Einleitung

von Peny Prestini

Herbst 1987

Als Lazaris mich aufforderte, eine Einleitung für dieses Buch zu schreiben, fühlte ich mich tief geehrt und gleichzeitig ganz und gar unfähig, die Wärme, die Großmütigkeit, die Aufregung und das Erstaunen zu beschreiben, das er in unser Leben bringt.

»Erzähle ihnen einfach, wie es ist, mit uns zusammen zu sein«, erklärte Lazaris. »Die Leute möchten die persönliche Seite kennenlernen.«

Meine Beziehung zu Lazaris hat mich in stetes Staunen versetzt, weil ich die Tiefe und das Ausmaß seiner Liebe am eigenen Leibe spüren kann und die Folgen unserer Bekanntschaft bei mir selbst und bei anderen deutlich sehe. Ich sehe die solide, allgegenwärtige Qualität seiner bedingungslosen Liebe vor meinen Augen wachsen und mit den Jahren immer lebendiger werden. Mit anderen Worten: Ich habe eingesehen, daß ich Lazaris vollkommen vertrauen kann und daß mir damit eine Möglichkeit gegeben wird, mein Leben zu transformieren und von Grund auf zu heilen.

Die historische Bedeutung unserer Erlebnisse mit Lazaris liegt noch außerhalb unseres Begriffsvermögens, doch bietet der Entdeckungsprozeß allein schon genügend Material für eine erstklassige Abenteuergeschichte. Und für so viele von uns ist es das, worauf sie schon so lange gewartet haben.

Während ich an dieser Einleitung arbeitete, geschah etwas, das mich aus dem Gleichgewicht brachte. Wenn ich jene Vorgänge hier schildere, ermöglichen sie ganz sicher einen Blick in unsere Privatwelt, und sie zeigen auch, wie mir Lazaris' Lehren durch ihre universelle Gültigkeit helfen.

Eine gute Freundin von mir erwähnte mich in einem Buch, welches sie gerade auf den Markt gebracht hatte, und zwar nicht gerade einfühlsam. Ich hielt ihre Bemerkungen für ungerecht, unwahr und bevormundend. Aber selbst nachdem sie sich bei mir entschuldigt hatte, fühlte ich mich von ihr hintergangen. Ich wußte, daß ich meine eigene Realität schaffe – in jeder Hinsicht –, und nun rieb ich mir durch die Wut auf mich selbst auch noch Salz in die Wunde, die mir jemand, der mir etwas bedeutete und dem ich vertraut hatte, zugefügt hatte.

Ich bekam Anrufe von verschiedenen Freunden, die das Buch gelesen hatten und über die Selbstherrlichkeit meiner Freundin schockiert waren. Ihre Einfühlsamkeit tat mir wohl, aber ich konnte mich nicht von dem Gefühl befreien, mir selbst eine Grube gegraben zu haben. Ich fühlte mich von mir selbst betrogen und traute mir nicht mehr über den Weg. Um mir wieder vertrauen zu können, mußte ich verstehen, warum ich dieses Erlebnis kreiert hatte. Ich bat Lazaris um Hilfe.

Während Jach in Trance ging, drehte ich mein schmerzendes Genick von einer Seite zur anderen; ich hatte ein typisches Nakken-Schulter-Syndrom auf der linken Seite für mich selbst manifestiert. »Klassisch«, dachte ich. »Du bist wirklich ein klassisches Fallbeispiel für die einschlägige Fachliteratur.«

Lazaris begrüßte mich und beugte sich vor, um meine Hand zu drücken und mir eine Kugel aus Rosenquarz zu überreichen, die ich halten sollte, während er an meinem ätherischen Körper arbeitete. Bald darauf fühlte ich, wie sich meine Muskeln entspannten und die Schmerzen nachließen. Er arbeitete schweigend und mit unendlicher Geduld, nicht nur an mir, sondern er kümmerte sich auch noch um die drei Perserkatzen, die allesamt einen Platz auf seinem (Jachs) Schoß haben wollten (sie reagieren auf Lazaris wie auf einen warmen, sonnigen Platz auf dem Teppich). Die Essenz seiner Gegenwart überflutete mich, und ich fühlte, daß sich meine Perspektive veränderte und erweiterte. Zu Zeiten wie diesen kann ich so weit und so klar sehen, daß alles Vergangene verblaßt.

»Okay, Lazaris, ich glaube, ich kann jetzt an die Sache herangehen. Warum, um alles auf der Welt, habe ich diese Situation geschaffen?«

»Nun... nun gut. Als erstes muß du wissen, daß wir dich lieben. Zum Teil liegt es an dieser Tatsache, daß du dir die Situation selbst kreiert hast. Du fühlst dich schuldig, weil wir dir soviel Aufmerksamkeit und Fürsorge zuteil werden lassen. Du fühlst dich schuldig, weil du nicht weißt, womit du unsere Liebe verdient hast. Aus diesem Grund öffnest du dich dieser Art von unglücklichen Situationen. Es ist beinahe, als dächtest du: ›Ich erlebe so viel Gutes durch Lazaris – wahrscheinlich muß ich mit ein paar Schmerzen und Enttäuschungen dafür bezahlen.‹ Deshalb läßt du solche Begebenheiten zu. Siehst du, du hast nichts getan, was diese Umstände hervorrief, aber einiges dazu beigetragen, sie zuzulassen. Vergiß nicht, daß du deine Realität selbst schaffst, indem du entweder etwas hervorrufst oder etwas zuläßt. Du verstehst diese Worte, mußt ihre Bedeutung aber auch in dich aufnehmen.

Ein weiterer Grund: Manchmal fühlst du ein Schuldbewußtsein, einfach weil du lebendig bist, weil du glücklich bist und über große Kraft verfügst. Fast als wundertest du dich: ›Womit habe ich all dies nur verdient?‹ Was uns zum dritten Grund für deine Kreation bringt.

Diesen nennen wir den ›Teufelskreis des Verdienthabens‹. Schuldbewußtsein produziert die Frage nach dem Verdienthaben, und diese Frage wiederum führt zu einem Gefühl der Mangelhaftigkeit. Mangelhaftigkeit führt zu Selbstzweifeln, und Selbstzweifel führen zur Frage des Verdienthabens. Und dann sitzt du in diesem Spinnennetz gefangen und sagst: ›Ich habe es kreiert, weil ich meine, daß ich etwas nicht verdient habe, und da ich es kreiert habe, ist es klar, daß ich das alles wirklich nicht verdient habe.‹ In diesem Teufelskreis drehen sich deine Gedanken.

Wenn du erst angefangen hast, dir selbst zu mißtrauen, fühlst du, daß du noch weniger wert bist, also unverdientermaßen beschenkt wurdest, und sagst dir: ›Wenn ich das alles verdient hätte, dann hätte ich das Ganze von vornherein nicht zugelassen.‹«

»Genau, Lazaris. Genau das ist es, was ich fühle.«

»Absolut. Und was du nun begreifen mußt, ist die Tatsache, daß du und jeder andere auch verdient hat, was ihm geschieht, einfach weil er existiert. Aber deine bloße Existenz scheint dir nicht Grund genug zu sein, die Liebe Gottes verdient zu haben. Du meinst, du müßtest etwas Großartigeres leisten – etwas Wichtigeres einbringen –, um würdig zu sein. Du suchst rings um dich herum nach diesem Grund für deinen Selbstwert und findest ihn nirgends. Aber anstatt einzusehen, daß du ihn nicht findest, weil es ihn nicht gibt – weil er einfach nicht existiert –, nimmst du an, daß du ihn nicht findest, weil es dir persönlich daran mangelt.«

»Es ist, als versuchte ich andauernd, mir etwas zu verdienen, was mir längst gegeben wurde. Es hängt mit meinem Selbstwertgefühl zusammen, nicht wahr, Lazaris?«

»Genau. Sehr richtig. Dieses ›Verdienen müssen‹ macht dich verrückt. Du mußt einfach einsehen, daß dir deine Würde schon mitgegeben wurde. Aber du inszenierst hin und wieder ein paar Dramen dieser Art, um ein tieferes Verständnis deiner Mangelhaftigkeit zu erlangen – und dabei mangelt es dir an gar nichts! Nichts ist verkehrt an dir, außer deiner Vorstellung einer persönlichen Schuld und Unwürdigkeit.

Peny«, Lazaris nahm meine Hand in seine, »es ist wichtig zu verstehen, daß das Leben ein Geschenk ist; daß es dir gemacht wurde, damit du lernst, wie man Geschenke annimmt, nicht, wie man sie sich verdient. Das Leben ist ein Geschenk, keine Belohnung, verstehst du?«

»Ja, Lazaris. Ich danke dir.«

»Warte noch einen Augenblick – da ist noch etwas anderes. Wir möchten nicht, daß du weggehst und denkst, du hättest deine Freundin dazu gebracht, sich so zu verhalten – als sei sie nur eine Figur auf deinem Schachbrett. Sie hatte ihre besonderen Gründe, sich diese Realität zu schaffen. Nun griffen ihre Gründe für die Erschaffung dieser Situation und deine für ihr Zulassen ineinander wie zwei Zahnräder. Warum genau sie es kreiert hat, wird sie sich eines Tages ansehen müssen. Das ist unvermeidlich. Und danach werdet ihr zwei euch noch viel näherstehen als bisher.«

Wir redeten bis spät in die Nacht hinein, analysierten Lebenssituationen, beschäftigten uns mit Glaubens- und Wahrheitssystemen und allen möglichen Themen, immer mit einem wachsamen Auge auf selbstgesetzte Grenzen in unserem Denken, immer bereit, in die höchsten Höhen zu fliegen, anstatt auf die Bremse zu treten. Wir saßen dort sozusagen außerhalb von Zeit, beim Licht von ein paar Kerzen mit Vanilleduft, umgeben von Bergkristallen in vielen Formen und Schattierungen. Ich fühlte mich mir selbst enthoben... und doch meinem Selbst näher. Michaell betrat irgendwann den Raum, und unser Gespräch wandte sich metaphysischen Themen zu. Ich brachte mein Unbehagen über die diesbezüglich herrschende allgemeine Karnevalsatmosphäre zum Ausdruck, und Lazaris erinnerte uns an die essentielle Reinheit der Suche eines jeden Menschen auf dem Weg zur Vereinigung mit Gott/Göttin/Alles-was-ist – an den bittersüßen Zwang, der uns wieder und wieder suchen läßt, ungeachtet all der Verwirrung und Scharlatanerie, die an jeder Straßenecke feilgeboten wird.

Lazaris sprach über eine Reihe von Büchern und Projekten, die er plant, über die Arbeit, die er auf seine sanfte Art verrichtet, während Michaell und ich von einer tiefen Dankbarkeit, ja fast Demut erfaßt wurden, als wir die kommenden Jahre vor uns sahen.

Ich fühle mich sehr verwundbar, wenn ich diese Situationen aus meinem Leben beschreibe. Oft bekomme ich Briefe von Leuten, die mir sagen, daß sie meinen Humor auf den Kassetten ›Ein Abend mit Lazaris und Peny‹ bewundern, und ich weiß, daß es mir leichter fällt, meine beschwingte, überschäumende Seite zu zeigen als meine ernsthafte. Es ist wahr – ich bringe mich manchmal selbst dahin, mir Sorgen darüber zu machen, ob andere es vielleicht als unfair empfinden, daß ich diese besondere Beziehung zu Lazaris habe. Früher wollte ich überhaupt nicht, daß er darüber spricht. Ihr seht mal wieder, wie ich mir selbst meine Unwürdigkeit schaffe...

Meine Nähe zu Lazaris verstärkt nur immer wieder den Wunsch in mir, ihn mit euch allen zu teilen. Was kann ich sonst tun, angesichts all dieser Liebe?

In den ersten Wochen meiner Beziehung zu ihm (aber er ist natürlich nicht männlich, wie wir es verstehen, sondern steht jenseits all unserer Vorstellungen von Geschlechtlichkeit) begann ich nach und nach das ungeheuerliche Ausmaß seiner Bedeutung für uns zu begreifen... das Ausmaß der Wachstumsmöglichkeiten, die er uns bietet. Er hat mich nie enttäuscht. Lazaris hat alles wahrgemacht. Dieser Satz allein versetzt mich wieder in Staunen.

Meine innere Auseinandersetzung mit Schuld und Selbstwert ist noch nicht beendet, doch ich sehe die letzten Brocken, die ich noch aus dem Weg räumen muß. Und all das habe ich Lazaris zu verdanken. Tausende von euch fühlen das gleiche, und in diesem Sinne sind wir alle miteinander verwandt. Ich sehe uns wie Funken von Licht auf einen gemeinsamen Gipfel zusteuern, in eine neue Welt, zu der er uns führt, und meine Augen füllen sich mit Tränen. Er wartet am Rande unserer Realität. Er wird uns niemals im Stich lassen – und für mich sagt das einfach alles.

In Liebe
Peny
September 1987,
Los Angeles

P.S. Lazaris und ich möchten Valerie Blalock, einer der Vize-Präsidentinnen von Concept Synergy Publishing für ihre Hilfe beim Redigieren und bei der Herausgabe dieses Buches danken.

Teil 1

Der Beginn der Reise

»Wenn du es leid geworden bist,
dich zu fragen, wann das New Age endlich anfängt,
beschließt du, daß es das schon getan hat.«

Lazaris

Erinnerungshilfen auf der Reise

Im Anhang dieses Buches findet man wesentliche Punkte des Inhalts noch einmal kurz zusammengefaßt. Sie können herausgetrennt und als Erinnerungshilfen auf der Reise benutzt werden.

Eins

Weiß irgend jemand wirklich, was das New Age ist?

Weiß irgend jemand wirklich, was das Neue Zeitalter ist? Eins kann man sagen: Mit dem Begriff wird oft wahllos in der Gegend herumgeworfen. Humanistische Psychologen tun das fröhlich, genauso wie gewisse selbsternannte Begründer und Befürworter der ›Bewegung zur Förderung des Menschlichen Potentials‹.

Viele, die einen gewissen metaphysischen Sachverstand für sich beanspruchen, und selbsternannte ›Realitätschronisten‹ benutzen den Terminus, um nahezu alles damit zu beschreiben, was sie für gut und richtig halten. Lästermäuler bezeichnen alles als ›New Age‹, was ihnen suspekt ist. Leute, die vor den Implikationen dieses Begriffs zurückschrecken, verpacken ihre Kritik oft in der Ansicht, daß ›nichts Neues am Neuen Zeitalter‹ zu finden sei. Die beinahe ›jingle‹hafte Qualität des Spruchs ›Nichts Neues am Neuen Zeitalter‹ läßt ihn für manche vielleicht wahrer erscheinen. Aber an ihm ist nichts Wahres.

Den Befürwortern mangelt es oft an Argumenten – und nicht, weil die Kritik so überaus profund wäre, sondern vielmehr, so sehen wir es, weil sie nicht wirklich wissen, was dieses ›New-Age-Dingsbums‹, welches sie propagieren, eigentlich bedeutet. Selbst die wohlmeinenden Menschen, die uns mit der Terminologie bekanntgemacht haben, insbesondere die selbsternannten Gurus und Meister, wissen das häufig nicht.

Der Begriff ist so weit verbreitet und wird mittlerweile so selbstverständlich gebraucht, daß es scheint, seine Bedeutung sei allgemein bekannt. Dann wird wissend mit dem Kopf genickt, um seine Unwissenheit nicht zu zeigen, wenn das Wort fällt. Wir meinen, daß das wissende Nicken nur eine Fortschreibung der alten Mythen und Mißverständnisse darstellt.

Das New Age wird häufig mit dem beschrieben, was wir die esoterische ›Du weißt schon‹-Definition nennen. Wie zum Beispiel: »Das New Age ist... na ja, du weißt schon... es ist eben... du weißt schon, was. Ungefähr... verstehst du... das Zeitalter, das neu sein soll... du weißt ja.« Um dir die Sache nicht allzu schwer zu machen, nickst du dann wissend und... na ja, du weißt schon.

Weiß irgend jemand wirklich, was das New Age ist? Wir behaupten, nein, die meisten Menschen wissen es nicht. Die ganz Bequemen dekorieren das ›Old Age‹ ein bißchen um und benennen es neu. Die Energiegeladenen bemühen sich tapfer, neue Denkmodelle zu schaffen. Ihre Systeme und Modelle mögen neuartig sein, aber sie folgen denselben Mustern wie das Alte Zeitalter.

Für viele Menschen der westlichen Welt mit spirituellen Interessen oder Neigungen ist alles Östliche ›New Age‹. Für andere ist es eine Bezeichnung für alles Ungewöhnliche, Neuartige, das sie noch nicht persönlich kennengelernt haben oder das ihnen einfach noch nicht in den Sinn gekommen ist.

Das New Age beinhaltet in der Tat vieles, was der östlichen Metaphysik – und dem westlichen Mystizismus – entlehnt wurde. Doch gibt es auch viele neue Wahrheiten, die unter diesen Begriff fallen – und mit neu meinen wir auch neu, nicht alt im neuen Gewand! Im Laufe der Zeit werdet ihr uns verstehen, so hoffen wir, wenn wir sagen, daß das New Age uns tatsächlich eine Menge Neuigkeiten bringt!

Es gibt verschiedene Gründe für die Anhäufung von Mythen und Mißverständnissen im Zusammenhang mit dem Begriff des ›New Age‹. Wir meinen, daß es wichtig ist, sich einige davon genauer anzusehen, wenn man versuchen will, das Neue Zeitalter besser zu begreifen.

Die Religion der Alten Zeit

Als erstes möchten wir einigen Leuten, die glauben, ihre alte Religion hinter sich gelassen zu haben, sagen, daß das New Age für sie nichts anderes ist als ihre alte Religion. Nur wurde diese ein bißchen umorganisiert und in neue Worte verpackt. Die religiöse Entfremdung dieser Personen entstand aus einer tiefsitzenden und wachsenden Angst, daß Gott sie nicht lieben würde. Dieser ›alte‹ Gott liebte zwar selbst den Spatzen, der aus seinem Nest gefallen war, doch nicht sie, seine Anhänger. Daraus schlossen sie, daß sie von Grund auf unliebenswert sein müßten, und die daraus resultierende Wut und Verletztheit führten zur Abkehr von den religiösen Gepflogenheiten ihrer Kindheit. Das damit verbundene Schuldbewußtsein konnte ihren Glaubensvorstellungen allerdings nichts anhaben. Ihr alter Glaube wurde lediglich etwas tiefer darunter vergraben. Deshalb meinen wir, daß sie nur die äußere Form, nicht aber den Inhalt ihrer Religion gewechselt haben.

Für diese Entfremdeten wurde Gott zur ›Göttlichen Kraft‹ und die Kirchenführung zur ›Hierarchie‹. Priester und Seelsorger wurden zu ›Gurus und Meistern‹. Diese an und für sich wichtigen eigenständigen Begriffe wurden den alten religiösen Autoritäten ihrer Kindheit nun wie neue Kostüme übergeworfen.

Gleichzeitig muß man sehen, daß diese Reorganisation und Umbenennung die Enttäuschten nicht nur wieder an den alten Platz stellte, sondern daß sie sich damit zugleich auch gewisse ›Kompetenzen‹ aneigneten. Ihre Wut und Verletztheit richteten sich aus einem Mißverständnis heraus gegen einen Gott, den sie nicht verstanden, anstelle sich gegen ein System zu richten, welches sie nicht verstand. Als Folge davon behielten sie das System bei und setzten ihren Gott vor die Tür. Während des ›religiösen Umbaus‹ machten sie sich dann selbst zum Gott, anstatt Gott Gott sein zu lassen.

Diese Entfremdeten findet man häufig unter den Metaphysikern, die eine einzige und sehr einfache Antwort auf sämtliche Fragen haben und sämtliche Probleme und Themen abwehren, indem sie sagen: »Ich bin Gott.« Ganz gleich, mit welcher Situation sie konfrontiert werden, sie treten ihr mit der entweder lauthals oder sanft vorgebrachten Phrase entgegen: »Ich bin Gott. Du bist Gott. Er-sie-es ist Gott.« Und mit dieser Konjugation scheinen sie sich zufriedenzugeben.

Der Schmerz über ihre Entfremdung und die Angst, daß Gott sie tatsächlich nicht lieben könnte, mündet in eine Verleugnung der Existenz eines Gottes, der mehr ist als sie selbst. Zu Anfang kann ein ›allgegenwärtiger Gott‹ in der Tat als übermächtig empfunden werden. Sich selbst an die Stelle dieses Gottes zu setzen, bedeutet, einen Gott, der mehr ist als man selbst, zu eliminieren. Wir meinen, daß die Motivation für die Behauptung, selbst Gott zu sein, oftmals nur durch das Verlangen geliefert wird, die Oberhand über einen Gott zu gewinnen, von dem man nicht geliebt zu werden meint.

Überlege es dir: Wenn jemand Macht über dich hätte – wie der Gott der traditionellen Religionen –, ohne dich zu lieben, wäre es in einem solchen Fall nicht klug von dir, diese Autorität zu eliminieren und ihre Machtposition selbst einzunehmen? Wenn du selber Gott bist, spielt es natürlich keine Rolle mehr, ob er dich liebt oder nicht. Also wird nichts unternommen, um liebenswerter zu werden, sondern einzig das Mahnmal eliminiert, das einen daran erinnert, daß man nicht geliebt wird.

Diese sogenannten Metaphysiker überzeugen sich selbst, indem sie andere zu bekehren versuchen. Wenn es ihnen gelingt, dir klarzumachen, daß du Gott bist, sind sie es natürlich ebenfalls. Und wenn sie Gott sind, brauchen sie sich nicht zu fragen, ob sie Gottes Liebe verdient haben. Sie müssen weder liebenswürdig sein noch selbst lieben. Da sie Gott sind, genügen ihnen ihre Eigenliebe und ihre intellektuellen Konzepte. Sie können sich als ›liebende Menschen‹ bezeichnen… aber glauben sie es auch wirklich? Wissen sie es auch?

Damit können die Angst, der Schmerz und die Wut zwar gelindert werden, aber nicht verschwinden. Der Schmerz hat diese Leute blind gemacht für die Wahrheit. Was ist die Wahrheit? Jeder ist ein *Teil* von Gott! Die Angst hat ihr Bewußtsein getrübt. Ja, du bist Gott, aber dieses Du ist weitaus umfassender als das Du deines momentanen Bewußtseins. Wir meinen, daß du ein Stück von Gott bist und mit zunehmendem Wachstum ein immer größeres Stück von Gott wirst.

In der vorher beschriebenen Situation werden die wahren Gefühle verdrängt und die alte Religion mit neuen Vokabeln aufgemöbelt. Die alten Realitäten werden nur anders benannt, der Schmerz, die Schuld und die Wut darunter begraben. Diese Art der Metaphysik wird zum kontrollierenden Dogmatismus.

Und in diesem Fall haben die Kritiker recht: An dieser Art des New Age ist wirklich nichts Neues.

New Age, aber alte Form

Eins der fundamentalen Konzepte des New Age ist die rückhaltlose Annahme der eigenen persönlichen Kraft und die Übernahme uneingeschränkter Verantwortung für die Realität, die man sich selbst schafft. Auch dieses metaphysische Konzept kann und wird in die alte Form hineingedrängt, wird mißbraucht und mißverstanden, in dem Versuch, anderen die Macht zu entreißen, anstatt die eigene Kraft zu entwickeln. Manche Menschen sind weitaus mehr von der Idee fasziniert, die Realität von anderen zu beherrschen, als die eigene in Ordnung zu bringen. Sie kontrollieren lieber andere, als die Verantwortung für sich selbst zu übernehmen. So benutzen sie das etwas nebulöse Konzept des New Age als Mäntelchen, unter dem sie ihre Manipulationsversuche zu verbergen suchen.

Das sieht dann zum Beispiel so aus: »Wenn ich dich verletzt habe, mußt du dich fragen, was *du* getan hast, um diese Realität zu manifestieren. Warum du mich dazu gebracht hast, mich so zu verhalten.« Wenn der Manipulator in seinen Gefühlen verletzt wurde, sagt er: »Du hast mir weh getan, du hast mir Schmerzen zugefügt. Du bist verantwortlich! Warum hast du das getan?«

Die Unzulänglichkeiten des Manipulators werden von den anderen kreiert, und deren Unzulänglichkeiten werden ebenfalls von ihnen selbst geschaffen! Diese Menschen sind für nichts verantwortlich! Nein, *du* bist für alles verantwortlich.

Das Spiel kann auch auf folgende Weise gespielt werden: »Na gut, ich bin verantwortlich. *Du* hast mich dazu getrieben, und wenn du nicht das und das getan hättest, wäre meine Reaktion eine andere gewesen. Siehst du, ich übernehme die Verantwortung, aber es ist deine Schuld.« Hier übernimmt der Manipulator die Verantwortung, indem er dir die Schuld gibt. Die neue Idee, für alles selbst verantwortlich zu sein, wurde verdreht, um in die alte Form der Schuldzuschiebung hineinzupassen.

Die dritte Variation dieses Spiels ist vielleicht die verletzendste von allen. Unter dem schützenden Schirm des New Age etablieren sich manche Leute als ›Nicht-Lehrer‹-Lehrer.

Ein ›Nicht-Lehrer‹-Lehrer, der permanent behauptet, daß niemand dein Lehrer ist, außer dir selbst. Selbstverständlich wirst du nun angehalten, ihre Workshops und Camps zu besuchen, um unterwiesen zu werden, damit dir klar wird, daß es keine Lehrer gibt...

Die ›Nicht-Lehrer‹-Lehrer arbeiten mit Halbwahrheiten. Es ist richtig, letzten Endes bist du dein eigener Lehrer, aber hierbei geht es darum, daß Wissen aus den verschiedensten Quellen geschöpft wird. Alles was dir geschieht, lehrt dich etwas, und so ist dein ganzes Leben dein Lehrer. Doch jene Gruppe von Lehrern will den Leuten weismachen, daß niemand und nichts dich etwas lehren kann. Diese Art der geistigen Manipulation ist die Domäne der nicht-lehrenden Lehrer.

Diese nicht-lehrenden Lehrer verkünden dann die Nicht-Regeln für das kommende neue Zeitalter, und wenn du ihnen nicht zustimmst, so muß es an deinem negativen Ego liegen, und genau das ist dann ein untrügliches Zeichen für deinen

Mangel an Erleuchtung. Es ist ein klassischer Fall eines Teufelskreises: Wenn du ihnen nicht zustimmst, bist du unerleuchtet und nicht wert, angehört zu werden. Wenn du die ›Weisheit‹ oder das Training der Gruppe empfangen hast und akzeptierst, bist du auf dem Weg zur Erleuchtung und verdienst, gehört zu werden – nur hast du nichts zu sagen!

Dieses kontrollierende, manipulative Verhalten solcher Leute resultiert aus einer tiefen Wut über die Limitierungen, die die äußere Welt ihnen vermeintlich aufzwingt. Um das verdrängte Trauma zu rechtfertigen und ihre Limitierungen zu ›überwinden‹, müssen sie eine ›neue‹ Welt schaffen und andere zu ihr bekehren.

Lichtfunken, die kaum leuchten

Das negative Ego kann sich überall ausdrücken. Es kann innerhalb jeder Gruppe oder Organisation existieren. Es ist sowohl für den erleuchteten Geist ein Problem als auch für den unerleuchteten. Das negative Ego – das in seiner Definition erstaunliche Ähnlichkeiten mit dem Teufel des Juden- und Christentums aufweist – kann spirituelles Wachstum vortäuschen bzw. imitieren. Menschen, die Anzeichen inneren Wachstums nachahmen, fallen in zwei Gruppen, die wir die Kaum-Leuchtenden und die Halb-Dunklen nennen. Wir meinen, daß beide Gruppen ihr Bedürfnis und ihren Wunsch nach Wachstum erkennen. Ihre Motive sind häufig wirklich reiner Natur. Das Problem ist nun, daß sie sich auf ihrem Weg von ihrem negativen Ego leiten lassen.

Siehst du, das negative Ego, welches nur zum Zweck der Illustration von uns personifiziert wird, nimmt eine Haltung ein, die man am besten als ›wenn ich schon nicht besser sein kann, dann laß mich wenigstens dazugehören‹ bezeichnet. Genauer, diese Haltung nimmt man ein, wenn man beschließt, die Wichtigkeit der eigenen Person in den Vordergrund zu stellen.

Beide Gruppen legen ein Verhalten an den Tag, das sich von humorvoller Positivität bis zu gefährlicher Negativität erstreckt. Zur Gruppe der Kaum-Leuchtenden gehören Leute, die heute etwas über die grundlegenden Aspekte der sieben Chakren lernen und am nächsten Mittwoch bereits die *Kundalini* aufsteigen spüren. Am darauffolgenden Wochenende erklären sie sich als vollkommen erleuchtet – kurz vor dem Aufsteigen in die siebte Dimension. Die Kaum-Leuchtenden gehören zu jenen Personen, deren Liste ihrer früheren Inkarnationen einen an das Nachschlagewerk ›Berühmte Persönlichkeiten der Weltgeschichte‹ erinnert. Sie haben kaum zu meditieren gelernt, und schon machen sie sich daran, die Erde und unseren Kosmos zu retten, wobei keine Zeit mehr für eine Säuberung des eigenen Haushalts bleibt. Die Kaum-Leuchtenden sind zu sehr damit beschäftigt, die gesamte Menschheit zu lieben, als daß sie sich um sich selbst oder irgend*einen* einzelnen liebevoll kümmern könnten.

Die Halb-Dunklen nun haben eigentlich die besten Absichten und möchten wirklich gern lieben – sie wissen nur nicht, wie sie diesen Willen dirigieren oder diese Liebe tatsächlich fühlen sollen. Wenn sie willens sind, ihr negatives Ego aufzugeben, diesen Panzer abzustreifen und aus ihrem Käfig herauszukommen, werden die Halb-Dunklen zu den Funken der Liebe, die ihr alle letzten Endes seid.

Allerdings fühlen viele unter den Halb-Dunklen sich zur ›Dunklen Seite‹ hingezogen, was sich darin äußern kann, daß solche Leute privat oder sogar in aller Öffentlichkeit verkünden, sie seien es, die für den Untergang des verlorenen Kontinents Atlantis verantwortlich gewesen wären. Eine extreme Arroganz ist vonnöten, um ernsthaft zu glauben, die Negativität einer einzelnen Person könnte dermaßen wirkungsvoll sein. Es ist wahr, daß die Liebe eines einzelnen Menschen die Welt verändern kann – aber Liebe ist nun einmal sehr viel mächtiger als Haß. Liebe ist stärker als alle negativen Gefühle. Es ist eine Tatsache, daß jedes positive Gefühl stärker ist als irgendein negatives.

Positive Gefühle entstehen spontan. Um etwas Negatives zu empfinden, muß man sich zuerst an die Lüge erinnern. Du mußt dich an die Schuld der anderen und an deine eigene Selbstgerechtigkeit erinnern; an dein Selbstmitleid und die Wichtigkeit der eigenen Person. Du mußt die Illusionen deiner Vergangenheit aufwärmen und so tun, als wären sie die Wahrheit. Du mußt die Begrenzungen der physischen Welt für wahr halten. Du mußt in einer Welt leben, die du bewußt kreiert hast, aber so tun, als wäre dir das alles angetan worden. Du mußt dich an die Lüge erinnern.

Die Halb-Dunklen sind imstande, sich mit der Vorstellung zu peinigen, daß irgendwelche dunklen und bösen Mächte hinter ihnen her seien. Diese Mächte, so verraten sie uns im Flüsterton, seien hinter ihnen her, um sie unschädlich zu machen, weil (Unterbrechung, während der sie sich links und rechts vergewissern, ob wohl in diesem Augenblick dunkle Mächte in der Nähe lauern) sie zu viel wüßten. Sie seien im Besitz von einem Wissen, das die Welt retten könnte, oder dergleichen mehr, und nun seien die dunklen Mächte im Begriff, sie (diese gepeinigten Sucher) ins Jenseits zu befördern, bevor sie selbst vernichtet würden.

Das Kuriose daran: Diese gequälten Seelen, die ›zu viel wissen‹, haben oft keinen blassen Schimmer vom ABC der Metaphysik und stehen dem wahren Wissen seltsam naiv und unbedarft gegenüber. Diejenigen, die sich mit der Materie von Grund auf vertraut gemacht haben und vielleicht tatsächlich über Wissen verfügen, scheinen genug verstanden zu haben, um den Mund zu halten!

Wiederum ist es das negative Ego, das sich geschmeichelt fühlt, wenn ›jemand weiß, wer ich wirklich bin‹. »Irgend jemand kümmert sich um mich.« Es ist ein trauriger Umstand, daß manche Menschen sich nur diese negative Art der Anteilnahme an ihrer Person als echt und wahrhaftig vorstellen können.

Eine weitere Einstellung der Halb-Dunklen: Wenn sie sich

nicht als die Gepeinigten verstehen, dann als die Peiniger, indem sie sich selbst davon überzeugen, daß sie imstande sind, dämonische Kräfte zu benutzen, um andere zu kontrollieren. Mit dem Glauben an die Existenz dämonischer Kräfte kann der Gläubige jede beliebige Art von Realität kreieren. Vielleicht möchten sie nicht unbedingt an das Vorhandensein dämonischer Kräfte glauben, doch erscheint es ihnen als durchaus möglich, daß bestimmte Kräfte auf dämonische Weise mobilisiert werden können. Diese Randgruppe von Halb-Dunklen ist nicht nur überzeugt davon, daß sie teuflische Mächte benutzen kann, sondern sie geht sogar so weit, zu behaupten, sie sei der Teufel selbst!

Die christlichen Fundamentalisten empfinden das New Age ohnehin als eine offensichtliche oder hinterlistig kaschierte Erfindung des Teufels. Für sie ist das Neue Zeitalter voll von Leuten, die entweder bemitleidet oder gefürchtet werden müssen, auf keinen Fall aber ignoriert oder gar toleriert. Ein christlicher Fundamentalist betrachtet jenes Zeitalter als eine gigantische Macht, deren Sinnen und Trachten auf die Vernichtung des Christentums gerichtet ist, und damit als Werk des Teufels.

Die Kaum-Leuchtenden und die Halb-Dunklen schüren die tiefsitzenden Ängste der Fundamentalisten vor einer neuartigen Wahrnehmung der Realität. Sie perpetuieren mit ihrem Verhalten Mythen und Mißverständnisse über das New Age und liefern den Medien permanent neuen, bis zur Absurdität aufgebauschten Publikationsstoff.

Die Tatsache, daß einige unter den Befürwortern des New Age weder wissen, was das Ganze eigentlich bedeutet, noch sich den Ideen des New Age entsprechend verhalten, bedeutet nicht, daß das gesamte New-Age-Denken fragwürdig ist – genau wie die Tatsache, daß ein einzelner Christ strauchelt, nicht das gesamte Christentum in Frage stellt.

Space-Kadetten und ernsthafte Schüler

Politisch interessierte Leute halten das New Age für eine Spinnerei von Leuten mit einer hyperaktiven Phantasie. Uns scheint, sie betrachten das New Age, wie so viele andere Dinge auch, als eine kontinuierliche Progression, von der harmlosen Spinnerei der ›Space-Kadetten‹ bis hin zur gefährlichen sozialen Indifferenz der ›ernsthaften Schüler‹ der Metaphysik.

In der Tat, es gibt Leute, wie die Halb-Dunklen, die sich an das New Age klammern, um persönliches Wachstum zu vermeiden. Es gibt Leute, die von einer Philosophie zur anderen driften, nur um sich immer wieder als Versager bestätigt zu sehen. Innerhalb der Arena, die das ›New Age‹ genannt wird, können sie sich in ihren eigenen Phantasievorstellungen verlieren und zu ›Space-Kadetten‹ werden, das ist richtig. Andere, so meinen wir, erwachen irgendwann aus ihrer Phantasiewelt, erheben sich, und ein Licht geht ihnen auf, sozusagen. Uns scheint, daß viele sich selbst zu heilen versuchen, während sie sich ihren Einbildungen hingeben. Sie wachen dann irgendwann auf – das heißt, ein Licht geht an in den Herzen und Geistern der Halb-Dunklen – und sind ›erleuchtet‹. Danach lassen sie ihre Phantasievorstellungen entweder hinter sich, um ihrer Spiritualität einen produktiveren Ausdruck zu geben, oder sie behalten ihre Träume bei und verwirklichen diese auf der physischen Ebene. Damit steigt der ›Space-Kadett‹ dann in die Klasse der ›innovativen Genies‹ auf.

Jeder Mensch manifestiert seine Träume – doch nicht unbedingt seine Phantasien. Wir definieren den Traum als einen reifen Synergismus von Wunsch, Imagination und Erwartung. Wenn diese Teile auf effektive Weise verbunden werden, entsteht etwas Neues, das mehr ist – oh, so viel mehr – als nur die Summe dieser Einzelteile. Ein Traum wird geboren, ein Traum mit einem Untertext der Entfaltung dessen, was du bist, und einem Übertext, mehr zu werden als das, was du bist.

Eine Phantasievorstellung hingegen ist eine unreife, schlecht vorbereitete Reise in die Welt der Imagination, ohne jeden wirklichen Wunsch und ohne ein solides Fundament an Erwartungen. Man hat die Worte, um seinen Traum mit großer Lebhaftigkeit zu beschreiben, aber es fehlt einem am ›langen Atem‹, an Mut, die Phantasie in die Tat umzusetzen. Vielmehr wird die potentielle Manifestation dieser Art von Traum eher als Bedrohung empfunden, denn als eine Quelle von Inspiration und Freude.

Die ›Space-Kadetten‹ manövrieren also auf zwei Ebenen: Entweder sie verstecken sich hinter unreifen Phantasien und Träumen, die sie niemals zu realisieren beabsichtigen, oder sie träumen einen Traum, dessen Zeit einfach noch nicht gekommen ist.

Selbstverständlich hielt man Albert Einstein für einen ›Space-Kadetten‹. Er hatte nämlich tatsächlich eines Nachts einen Traum. Er träumte, daß er auf einem Lichtstrahl durch den Weltraum ritt, und war hinterher derartig von dieser Vorstellung besessen, daß sie ihm nicht mehr aus dem Kopf gehen wollte. Er war ein ›Kadett‹ mit einem Traum, den niemand auch nur im entferntesten begreifen konnte. Er war ein ›Kadett‹ – bis sich der Traum in der Relativitätstheorie manifestierte.

Ein Beispiel aus unserem näheren Bekanntenkreis: Eine gute Freundin von uns lernte, mit Hilfe unserer 33-Sekunden-Methode auf der Kausalebene der Realität zu wirken. Sie beschloß, die Methode zu benutzen, um für sich ein Auto zu manifestieren – und nicht nur irgendein Auto! Sie hatte die Marke und das Aussehen ganz klar im Kopf und wußte genau, welche Farbe und Extras sie haben wollte. Der Preis ihres Traumwagens überstieg ihr Budget um ein Vielfaches; selbst in Monatsraten hätte sie den teuren Sportwagen nicht abstottern können. Kurz gesagt, es wäre ein Wunder gewesen, wenn sie diesen Traum verwirklicht hätte.

Sie erklärte allen ihren Bekannten, daß sie diesen Traum wahrmachen würde, und zwar mit Hilfe unserer Methode. Sie wurde von vielen nachsichtig als ›Space-Kadett‹ bespöttelt und von anderen, die sich von ihrem Traum eher bedroht fühlten, als totale Spinnerin.

Innerhalb einer Woche begegnete sie einem Mann. Es war nicht das, was du denkst! Der Mann war in finanziellen Schwierigkeiten und brauchte Hilfe. Er besaß einen Sportwagen und war gezwungen, ihn zu verkaufen. Ja, und es war genau das Auto, das sie sich erträumt hatte, bis ins letzte Detail. Aber wie sollte sie es bezahlen?

Der Mann bat unsere Freundin, ihm aus der Klemme zu helfen, indem sie die Ratenzahlung für ihn übernahm... ohne Anzahlung, irgendwelche Bedingungen. Sie *glaubte* es! Es war ein Traum, wie wir ihn verstehen, keine Phantasie. Sie mußte nicht etwa Hunderte von Dollars im Monat zahlen, wie viele vielleicht annehmen – ihre monatliche Rate betrug nicht mehr als 125 Dollar.

Als sie in ihrem Traumwagen durch die Straßen fuhr, war sie keine ›Space-Kadettin‹ oder Spinnerin mehr. Die Leute baten sie *(»just dream a little dream for me«)*, doch mal für sie auf diese Art und Weise zu träumen!

Uns scheint, daß, wenn ein ›Space-Kadett‹ seine Träume manifestiert, die Spötter ebensoschnell zum Jubelvolk avancieren wie der ›Space-Kadett‹ zum ›innovativen Genius‹. Die vormaligen Lästerer vergessen schnell die Vergangenheit – aber die ›Spinner‹ vergessen sie nicht.

Ein ›Kadett‹, der der Realität durch Phantasien entflieht, ist ein Produkt seiner Welt, nicht des New Age. Ganz gleich, was die Kritiker und Verleumder sagen, in eurer Welt gab es diese ›Kadetten‹ von Anfang an. Das New Age gibt ihnen nun eine Chance, Atem zu holen – die Chance, aus ihren Phantasien entweder manifestierte Träume werden zu lassen oder eine Welt zu schaffen, die ihnen genügend Sicherheit bietet, so daß sie nicht länger meinen, sich verstecken zu müssen. Denn nur wenn sie sich sicher fühlen, können sie ihre Phantasien aufgeben.

Gewisse Mythen und Mißverständnisse, die um das New Age herum wuchern, haben jene Leute vielleicht an den Rand gedrängt oder sie überhaupt erst zu ›Space-Kadetten‹ werden lassen. Die wahre neue Spiritualität bietet den ›Kadetten‹ eine Umkehrmöglichkeit aus ihrer Phantasiewelt zu einer produktiveren, funktionaleren Realität.

Und wie steht es nun um die ›ernsthaften Schüler‹, deren Apathie und Dekadenz so häufig kritisiert wird? Es ist leider wahr, daß es Leute gibt, die sich als ›ernsthafte Schüler‹ bezeichnen, während sie nur sehr oberflächliche Vorstellungen davon haben, inwieweit sie selbst ihre eigene Realität schaffen. Sie *sind* in der Tat oftmals denk- und gefühlsfaul. Für sie ist das Schaffen von Realität nur ein bequemes philosophisches Konzept, um die Verantwortung für ihre Welt nicht selbst übernehmen zu müssen, anstatt die Wahrheit des Konzepts in verantwortlicher Weise zu *nutzen*, um ihre Welt zu *verändern*.

Leute dieser Kategorie sollten vielleicht eher als ›oberflächliche Schüler‹ bezeichnet werden denn als ›ernsthafte Schüler‹. Uns scheint, daß sie die Terminologie des New Age wie einen Schutzschild gegen das Übernehmen von Verantwortung benutzen, weil sie sich vor dieser Verantwortung fürchten. Aus diesem Grund wird die grundlegende Idee der Eigenverantwortung so weit verdreht, daß Teilnahmslosigkeit und Lieblosigkeit zu einer legitimen Haltung der Welt und allen Dingen gegenüber wird.

Die Gleichgültigkeit dieser ›Oberflächlichen‹ kann gefährliche Ausmaße annehmen. Sie nehmen keinen Anteil am Leben, weil ihr oberflächliches Verständnis ihnen weismacht, daß ›jeder leidet, weil er sein Leiden selbst geschaffen hat‹. So weit, so wahr. Aber nun sagen sie, daß das alles nichts mit ihnen zu tun hat, nicht wahr? Sie vergessen bequemerweise, daß auch sie die Realität schaffen. Wenngleich sie nicht diejenigen sind, die momentan leiden, so sind sie sich doch des Leidens bewußt, welches sie so nonchalant als ›nicht mein Problem‹ abtun.

Wenn du dir eines Problems gewahr wirst, dann bist du ein Teil davon. Wir wollen das wiederholen: Wenn du dir irgendwo eines Problems gewahr wirst, bist du ein Teil davon!

Der wahrhaft ›ernsthafte Schüler‹ mit einem umfassenden Verständnis dessen, was Realitätsschaffung bedeutet, weiß das. Ein wahrer Schüler der Metaphysik betrachtet das Gewahrwerden eines Problems als eine Chance, etwas zu seiner Lösung beizutragen, nicht als eine willkommene Gelegenheit, die Schuld den anderen zu geben und teilnahmslos zuzuschauen.

Kritiker der New-Age-Bewegung mit einem ausgeprägten Sinn für soziale Gerechtigkeit sehen hier zu Recht eine Gefahr. Sie haben allerdings unrecht, wenn sie die ›Ernsthaften‹ und die ›Oberflächlichen‹ über einen Kamm scheren.

Wir meinen, daß die Indifferenz der ›Oberflächlichen‹ kein Resultat des New-Age-Denkens ist. Sie ist vielmehr ein Produkt der Angst und des Gefühls der Machtlosigkeit. Wenn es das New Age nicht gäbe, fänden sie ein anderes Versteck.

Wer leidet wirklich?

Die begrenzten Definitionen des und der allzu simple Kritizismus am New Age werden allgemein hingenommen, so meinen wir, weil nur wenige wissen, was dieses ›New Age‹ wirklich ist. Darüber hinaus wird das Prinzip der Urteilslosigkeit selbst innerhalb der New-Age-Bewegung oft nur vage verstanden oder ungenau vermittelt; und so bemüht sich niemand um Richtigstellung, wenn Irrtümer über das New Age verbreitet werden – aus Furcht, man könnte ›urteilend‹ wirken.

Wir meinen, daß es nicht wichtig ist, die Kritiker von irgend etwas zu überzeugen – soviel ist sicher. Die Kritiker finden immer etwas, das kritisiert werden kann, weil jede Verurteilung nichts anderes ist als ihre bemäntelte Angst. Ihre Kritik zu widerlegen würde bedeuten, ihnen die Maske vom Gesicht zu reißen – aber der darunterliegenden Angst würde man damit nicht begegnen können. Sie würden sich eine neue Maske suchen, hinter der sie ihre Furcht verbergen könnten – neue Argumente oder einen neuen ›Rationalismus‹, der ihre Verdammungen legitimieren soll. Nein, wir denken, daß es nicht darum geht, irgendeine Kritik zu widerlegen oder die ungläubigen Lästerer zu bekehren. Wir meinen, daß es irgendwann vielleicht notwendig sein wird, auf die Angst zu reagieren und nicht auf den Kritizismus.

Aber der wahre Proponent des New Age – was auch immer damit gemeint ist – leidet auch unter den irreführenden Definitionen und den unehrlichen Kritiken, die im Raum hängenbleiben und schweigend hingenommen werden. Dadurch werden wahre Sucher entmutigt und in die Irre geführt. In der Tat mögen manche vielleicht die Suche ganz einstellen, wenn sie sich in dieses Netz von Mißverständnissen verstrickt sehen.

Ein interessantes menschliches Phänomen: Wenn du dich völlig in einem Netz von Mißverständnissen verfangen hast, meinst du irgendwann, daß es aus deinem ›Gefängnis‹ keinen Ausweg mehr gäbe. Du fühlst dich machtlos. Du bekommst Angst. Du wirst wütend. Wenn es dir aber gelingt, andere in die gleiche Falle zu locken, denkst du, du wirst befreit. Je mehr Menschen du von deinen begrenzten Ideen überzeugen kannst, desto freier meinst du zu werden. Deine Angst und Wut lassen dich nicht nach Lösungen und einem tieferen Verständnis suchen, sondern nach Leuten – so vielen wie möglich –, die du in das Gefängnis deines mittlerweile zur Institution gewordenen Mißverstehens ziehen kannst. Diese Strategie, so meinen wir, führt zu nichts. Doch anstatt diesen irregeleiteten Befreiungsversuch aufzugeben, bist du ständig auf der Suche nach neuen Befürwortern und sklavisch Abhängigen von deinen Theorien.

Nein, es sind nicht die Kritiker, nicht die ›oberflächlichen Schüler‹ und nicht die Mitläufer, die von den Mythen und Mißverständnissen über das New Age verletzt werden. Die Kritiker beziehen ihren Brennstoff ja gerade aus eben diesen Mythen und Mißverständnissen, und die ›Oberflächlichen‹ und Mitläufer haben ohnehin nicht ihr eigenes Wachstum im Sinn. Du bist es, der dadurch verletzt wird, du, der wahre Sucher. Du, der sich ernstlich bemüht, den Weg zu finden, sich in der Tat auf die

Reise zu machen, auf die Reise nach Hause, in das innerste Heiligtum, zurück zu Gott/Göttin/Alles-was-ist.

Persönliche Verantwortung

Weiß irgend jemand wirklich, was das New Age ist? Ja. **Das New Age ist ein Zeitalter der Menschlichkeit – ein Zeitalter der Bewußtheit –, in dem jeder einzelne willentlich und voller Enthusiasmus die persönliche Verantwortung für die bewußte Erschaffung der Realität übernimmt.** Das Wort ›willentlich‹ ist, so meinen wir, ein wichtiger Aspekt verantwortlicher Realitätsschaffung.

Wir sind der Auffassung, daß das Alte Zeitalter von einer Art Pflichtverantwortung geprägt war, die schnell zur unerschöpflichen Quelle von Kampf, Aufopferung und Leiden wurde und die auch Schuldzuweisung und Bestrafung bedeutete.

Allzu oft erinnert dich das Wort ›Verantwortung‹ sofort an eine Zeit in deiner Kindheit, als deine Mutter dich mehr oder minder drohend fragte: »Wer ist für diese Unordnung verantwortlich?« Du wurdest angehalten, deine Taten einzugestehen, weil ›es‹ (die notwendige Bestrafung) dann für dich leichter ausfallen würde. Die Worte ›Verantwortung‹ und ›Missetat‹ waren immer eng miteinander verbunden, wenn nicht gleichbedeutend. Niemand betrat dein tadellos aufgeräumtes Kinderzimmer und erkundigte sich nach der Person, die für die Ordnung verantwortlich war. Solche positiven Ereignisse wurden mit Phrasen wie: »Das wurde aber auch Zeit« oder: »Na ja, man soll nie die Hoffnung aufgeben« abgetan.

Jetzt hörst du das Wort ›Verantwortung‹, und sofort zieht sich dein inneres Kind zurück, um sich die Ohren zuzuhalten. Etwas, das tatsächlich hätte Spaß machen können, wurde zu einer Last, die man unbedingt zu vermeiden suchte. Die Chance der Verantwortung wurde zur bitteren Auflehnung gegen alles, was nach ›Verantwortlichkeit‹ roch.

Diese ›mahnende‹ Verantwortlichkeit ist ebenso ein integraler Bestandteil eurer Konsensus-Realität wie das Schuldbewußtsein, das empfunden wird, wenn man die Verantwortung *nicht* übernimmt. Wir meinen, daß *diese* Verantwortlichkeit keinen Platz im New Age hat. Wenn du Verantwortlichkeit in dieser Weise definierst, dann ist tatsächlich nichts Neues an unserer Zeit.

Verantwortung ist die Fähigkeit, eine Antwort zu geben. Bitte erlaube uns, ein etwas simples Beispiel anzuführen – simpel, aber treffend. Stell dir vor, das Telefon läutet. Du sitzt irgendwo hinten im Zimmer und sagst Hallo. Nichts geschieht. Du sagst wieder Hallo, aber niemand antwortet. Du versuchst es noch einmal, diesmal lauter. Immer noch keine Antwort. Warum? Weil du den Hörer nun einmal nicht abgenommen hast. Um antworten zu können, mußt du zum Telefon gehen, den Hörer abnehmen, die Sprechmuschel in die Nähe deines Sprechwerkzeuges bringen und dann erst Hallo sagen.

Was kann dich davon abhalten zu antworten? Was kann dich hindern, die notwendigen Schritte zu unternehmen, um ein Gespräch zu führen? Nun, wir meinen, daß es eine Vielzahl von Hinderungsgründen gibt, unter anderem körperliche, emotionale und geistige Beschränkungen (ein Invalide zu sein, eine technische Störung im Apparat, Angst vor Menschen oder vor dem Unbekannten, Furcht vor schlechten Nachrichten). Darüber hinaus gibt es Leute, denen ihre ›intuitiven Vorahnungen‹ da im Weg stehen.

Wenn du nicht in der Lage bist, auf eine Situation in adäquater Weise zu antworten, verhältst du dich unverantwortlich, so meinen wir. Und im täglichen Leben entstehen ständig Situationen, denen du nicht in verantwortlicher Weise begegnen kannst, weil weitaus wichtigere Dinge dich daran hindern als eine Abneigung gegen das Telefonieren.

Trägheit (in gewohnheitsmäßigen Verhaltensmustern steckengeblieben sein) und psychische Projektionen/Identifikationen sind hier am häufigsten anzutreffen. Wir meinen, daß

Trägheit angesichts einer sich ständig verändernden, expandierenden Welt spiralenförmig nach unten und in immer größere Lähmung hineinführt. Weil du nicht denken und nicht fühlen möchtest und daher nichts unternimmst, bist du unfähig, der momentanen Situation verantwortlich zu begegnen. Du wartest andauernd, daß irgend jemand oder irgend etwas dein Leben in Ordnung bringt. Damit stehst du still in einer Welt, die ständig vorwärts geht. Aber wenn du nicht mit ihr Schritt hältst (oder dich schneller bewegst), fällst du zurück.

Wenn du etwas auf andere Leute projizierst (meistens einen Elternteil), identifizierst du dich automatisch, und zwar (meistens) mit dem Kind. Wenn du ein Mann bist und auf eine Frau reagierst, als wäre sie deine Mutter, dann hast du unversehens die Identität eines Kindes angenommen. Sie ist unglücklich, und du fragst dich sofort, was du falsch gemacht hast – wie ein kleiner Junge –, anstatt dich zu fragen, wie sie sich selbst dazu gebracht hat – wie ein reifer Mann.

Projizierst du kindliches Verhalten auf andere, so mußt du dich automatisch als Elternteil identifizieren. Menschen, die sich vor der Stärke anderer fürchten, reagieren oft damit, diese als Kinder zu behandeln. Viele Männer möchten ihre Frauen als niedliche kleine Mädchen sehen, weil die reife Frau ihnen Angst einjagt. Genauso geht es den Frauen: Sie halten ihre Männer oft für kleine Jungs in großen Körpern, denn der Mann, der sich vielleicht dahinter verbirgt, ist ihnen unheimlich. Wenn du einen anderen Erwachsenen nur als Kind sehen willst, machst du dich zu seinem Vater oder seiner Mutter – und meistens zum verurteilenden Vater oder Mutter –, in einer Wiederholung der Verhaltensweisen deiner eigenen Eltern.

Bei vielen sind Projektionen auf andere lediglich eine Nebenerscheinung des Bedürfnisses, sich eine bestimmte Identität zuzulegen. Wenn du dich für einen netten Menschen hältst, dann muß dein ›nicht so nettes‹ Verhalten auf andere projiziert werden. Wenn du deine Identität darin siehst, der schlaueste Kerl in deinem Bekanntenkreis zu sein, müssen Dummheit und Ignoranz auf deine Bekannten projiziert werden. Wenn du dich mit dem Starken identifizierst, demjenigen, auf den sich alle anderen verlassen können, dann umgibst du dich mit schwachen Leuten und projizierst irgendwelche eigenen Schwächen, falls es notwendig wird.

Beim Vorgang der Projektion/Identifikation verhält man sich in der aktuellen Zeit-Raum-Realität nicht erwachsen. Demzufolge ist man nicht fähig, neuen Situationen adäquat zu begegnen, genau wie der Mensch, der auf das Klingeln des Telefons mit einem Hallo reagiert, ohne den Hörer abzunehmen.

Langeweile, Rachsucht, Eifersucht, Schuldbewußtsein, Überbesorgtheit und Depressivität sind ebenfalls Hindernisse für ein verantwortliches Handeln. Langeweile ist eine gesteigerte höhere Oktave von Trägheit. Wenn du dich weigerst, zu denken und zu fühlen, wenn du dich weigerst, Maßnahmen zu ergreifen, langweilst du dich. Am Ende stagnierst du in deiner eigenen Langeweile, unfähig und nicht willens, auf deine Umgebung zu antworten. Wie man so schön sagt: »Zu gelangweilt, um im Bett zu bleiben – zu gelangweilt, um nicht im Bett zu bleiben.«

Und wenn deine Projektionen keine entsprechende Leinwand finden – wenn diese Frau sich weigert, deine Mutter zu spielen, und der Boss einfach nicht dein Vater sein will –, stellt sich Verbitterung ein. Rache und Eifersucht sind die höheren und aggressiveren Oktaven des Projektionsbedürfnisses.

Obwohl du mit aller Macht versuchst, deine Identität auf diese Weise zu bewahren, entgleitet sie dir natürlich immer wieder. Das macht dich schuldbewußt, sorgenvoll und deprimiert. Diese drei Zustände verursachen ihrerseits ein gesteigertes Verlangen nach Erhaltung der Identität, und nun beginnst du aktiv, jede Verantwortung abzulehnen.

Die Kombination all dieser Vorgänge führt dann zur letzten Ausrede, um die Flucht vor der Eigenverantwortung zu rationalisieren: zu abgrundtiefem Selbstmitleid. Man betrachtet sich als Opfer, als Märtyrer, man bemitleidet sich selbst – und damit ist man am Boden des Abgrundes der Verantwortungsverweigerung angelangt.

Das Recht, sich als Opfer und als Leidender zu betrachten, ist ein Grundstein des alten Zeitalters. Wir meinen, daß dieses Recht in der heutigen Konsensus-Realität sehr rasch zum Zwang wird.

Die New-Age-Bewegung behauptet nicht, daß es kein Leid und keine Opfer gibt – auch wenn ihre Kritiker es gern so darstellen. Wir glauben, daß diese Bewegung ein Zeitalter der Menschlichkeit propagiert, in dem sich die Leute bemühen, das durchaus reale Gefühl des Selbstmitleids durch die weitaus zuverlässigeren des Einfühlungsvermögens und tatkräftigen Enthusiasmus zu ersetzen.

Wir wissen, daß manche der modernen Metaphysiker kategorisch erklären, es gäbe einfach keine Opfer. Das ist eine irritierende, allzu simple Metaphysik, die lediglich dazu geeignet ist, den Kritikern neuen Mut zum nächsten Angriff zu machen, während sie wahre Sucher entmutigt und entfremdet.

Du vernimmst die These, nach der es keine Opfer gibt, und schaust dich um in deiner Welt – und ob es dir gefällt oder nicht, wir meinen, daß sie voll von Opfern ist – voll von Leuten, die ihre eigene Realität geschaffen haben, ohne wirklich bewußtes Gewahrsein, ohne bewußte Verantwortlichkeit! Ja, sie haben ihre eigene Realität kreiert, also mußten sie es so gewollt haben. Dennoch werden sie so lange Opfer sein, bis sie sich bewußt geworden sind, warum und wie sie sich ihre Realität geschaffen haben. Ja, sie sind selbstkreierte Opfer und Leidträger, aber dennoch tatsächliche Opfer.

Erst wenn ein Mensch erkennt, daß er die eigene Wirklichkeit selbst kreiert, *bewußt* kreiert, hat er eine Wahl. Dann hat er die Wahl, sich zum Opfer zu machen oder es bleiben zu lassen. Die Entscheidung liegt bei ihm. Sobald diese Entscheidungsfreiheit erkannt ist, stimmen auch wir in den Chor ein, der da singt: »Es gibt keine Opfer.«

Wir meinen, daß ein Mensch, der die Bewußtheitsstufe der

Entscheidungsfreiheit erlangt hat, aber dennoch weiterhin das Opfer spielt, ganz eindeutig versucht, andere zu manipulieren. Solche Leute sind nicht länger Opfer, sie sind Manipulatoren.

Ja, es gibt Opfer in eurer Welt, und das New Age ist eine Gelegenheit, Opfertum und Märtyrertum aufzugeben. Das allerdings kann nicht geschehen, indem ihr die Worte ›Opfer‹ und ›Märtyrer‹ aus eurem Vokabular streicht.

Bewußtes Kreieren

Ein weiterer wichtiger Schlüssel zu einem besseren Verständnis des New-Age-Konzepts ist, zu erkennen, was ›bewußte Realitätserschaffung‹ bedeutet. Die verschiedenen Psychologien wie auch die zeitgenössischen Religionen sind sich darin einig, daß jeder Mensch seine eigene Realität selbst erschafft. Was sie damit sagen wollen, ist, daß du die eigene Realität durch deine Einstellung zum Leben schaffst. Wenn du beispielsweise paranoid bist und meinst, die anderen seien allesamt hinter dir her, dann kann diese Einstellung dich dazu bringen, irgendwelche Dummheiten zu machen, vorschnell zu reagieren oder dergleichen. Damit hast du also eine bestimmte Realität für dich kreiert. Wenn du andererseits die Einstellung hast, das Leben sei großartig, wirst du irgendwelche Pannen einfach ignorieren. Halte fest, hier wird also suggeriert, daß Pannen weiterhin vorkommen können – nur ignoriert man sie eben oder kümmert sich nicht darum.

Wenige unter den ›New Agern‹ gehen so weit, zu behaupten, daß du wortwörtlich deine eigene Realität kreierst. Sie machen Einschränkungen und sagen, daß deine Einstellung auch etwas damit zu tun hat, wie du »die Dinge« deines Lebens wahrnimmst, aber sie sagen nicht, daß deine Einstellung buchstäblich für alles, was dir geschieht, verantwortlich ist und die nämlichen Dinge *erschafft!*

Wir meinen: Viele sogenannte Metaphysiker von heute tragen die entsprechenden Worte zwar im Mund, doch wenn man die Liste der Ausnahmen und Einschränkungen hinuntergeht, wird klar, daß sie nicht wirklich davon überzeugt sind, ihre eigene Realität in vollem Umfang selbst zu schaffen. Auf jeden Fall verhalten sie sich so, als glaubten sie es selber nicht!

Du kreierst alles in vollem Umfang! Da gibt es keine Ausnahmen. Nichts Kleingedrucktes. Keine Fußnoten. Nicht nur kreiert jeder die Art und Weise, wie er die Dinge betrachtet, sondern jeder kreiert auch die Dinge, die er betrachtet.

Dieser Satz kann endlos wiederholt werden: Nicht nur, daß du die Art und Weise schaffst, wie du die Dinge siehst – du schaffst die Dinge, die du siehst. Du schaffst dir die Gesamtheit deiner Realität, und du machst es bewußt.

Die Quantenphysiker eurer Realität demonstrieren tagtäglich die Wahrheit dieser Lehre! Die einzigen in sich konsistenten, zuverlässigen Theorien und Realitätsparadigmen basieren auf folgenden Thesen: Die Realität ist eine Illusion, die durch Beobachtung und/oder Bewußtsein geschaffen wird. Die Realität ist bestenfalls eine vom Denken kreierte Wahrscheinlichkeit, ein Gedankenprodukt. Die Realität ist eine Illusion von Licht, das durch Beobachtung und Gedanken eingefangen wurde.

Es erstaunt uns immer wieder, daß ein wissenschaftlich orientierter Mensch die Nase über das Konzept der bewußten Realitätsschaffung rümpft, während er die ›Doppelblind‹-Versuche in den Labors der Quantenphysiker voller Enthusiasmus akzeptiert. Wir meinen, der ›Doppelblind‹-Versuch entstand aus der wissenschaftlichen Erkenntnis heraus, daß *es keinen wissenschaftlichen ›Nur-Beobachter‹ gibt.* Jeder Experimentator ist Teil des Experiments und *bestimmt (kreiert) insofern auch seine Resultate.* Oder: Die Erwartungen des Forschers beeinflussen die Forschungsergebnisse. Gedanken in Form von Erwartungen sind ein determinierender Faktor der Realität, die im Versuchslabor kreiert wird. Wenn der Wissenschaftler erwartet, daß eine bestimmte Substanz Krebs bei seinen Ratten hervorruft, so ist es wahrscheinlich, daß seine Erwartung sich erfüllt. Das heißt, seine Erwartungen spielen eine größere Rolle als die Substanz, die getestet wird! Die Wissenschaftsgläubigen tun sich schwer, das Konzept der bewußten Realitätsschaffung ernst zu nehmen – dabei müßte es gerade ihnen eigentlich schwerer fallen, die Idee zu akzeptieren, daß Gedanken so viel im Versuchslabor bewirken und so wenig außerhalb des Labors. Woher wissen die Gedanken, wo sie sich befinden?

Das Alte Zeitalter hat die verschiedensten Interpretationen für das Konzept der bewußten Realitätsschaffung gehabt. Das Neue Zeitalter kann es nur folgendermaßen sehen: Jeder kreiert bewußt die eigene Realität. Entweder indem er sie herstellt oder indem er sie zuläßt.

Selbsterzeugte Illusion

Das New Age ist ein Zeitalter der Humanität – ein Zeitalter der Bewußtheit –, in dem jeder einzelne begreift, daß seine Welt eine selbsterzeugte Illusion ist, die keine Grenzen hat, außer jenen, die er sich selbst durch freie Wahl und Entscheidung, durch seine Gedanken, Gefühle, Einstellungen und Glaubensvorstellungen setzt.

Die Erkenntnis, daß die Realität eine selbsterzeugte Illusion ist, kommt einer nie dagewesenen Befreiung der heutigen Menschheit gleich. Wie alle befreienden Gedanken wird auch dieser von vielen gefürchtet und nach Kräften bekämpft. Erinnert euch nur einen Augenblick an eure politische Geschichte, in der verschiedene solcher befreienden Konzepte hin und wieder geboren wurden: Von den ursprünglichen Ideen, die den in der amerikanischen Verfassung verankerten Menschenrechten zugrunde liegen, bis zu jenen der Frauenrechtsbewegung – alle diese Konzepte wurden gefürchtet, attackiert und als gefährlich und schädlich für die gesellschaftliche Moral verurteilt.

Die Kritiker greifen das Konzept der bewußten Realitätschaffung oftmals mit der Frage an: »Wie machst du einem Hungernden oder dem Opfer einer Vergewaltigung klar, daß sie ihre eigene Realität geschaffen haben?« Sie meinen, daß ein solches Verhalten nicht nur äußerst unsensibel, sondern regelrecht grausam sei.

Ein naiver Befürworter, in seinem Eifer, Metaphysiker und New-Age-Bewegung zu rechtfertigen, beeilt sich nun womöglich, dieses hypothetische Verhalten zu verteidigen, was in der Tat unsensibel und grausam ist.

Wir meinen, daß der wahre Metaphysiker keinem Hungernden oder Vergewaltigungsopfer etwas über Realitätsschaffung erzählt – jedenfalls vorerst nicht. Zunächst wird er sich bemühen, die Wunden zu heilen. Erst nachdem der Mensch wieder bei Kräften ist, wird die Metaphysik ins Spiel gebracht.

Eine der grundlegenden Kritiken an der Außenpolitik der Amerikaner in den späten 50er und frühen 60er Jahren war die, daß die amerikanische Regierung politisch unterdrückten und hungernden Völkern Vorträge über die Menschenrechte und die Genialität von Thomas Jefferson hielt, anstatt ihnen zu helfen. Erst muß man ihre Lebenssituation verbessern helfen, dann kann man über höhere Dinge reden. Die Bäuche müssen voll sein, bevor der Geist etwas aufnehmen kann.

Hätte man nun das amerikanische politische System in den 50er und 60er Jahren aufgeben sollen, weil es grausam und unsensibel und daher falsch handelte und seine Prinzipien falsch anwandte? Ganz sicher nicht. Und warum die gesamte Metaphysik und das New Age aufgeben, weil theoretische Prinzipien falsch angewendet werden?

Beide, der Kritiker wie der wahre Metaphysiker, kümmern sich zuerst darum, daß die Wunden geheilt werden. Sie befassen sich mit den Gefühlen und den emotionalen Verletzungen. Doch danach, so meinen wir, trennen sich ihre Wege. Der Metaphysiker weckt in dem Opfer die Hoffnung auf eine Zukunft, die anders aussieht als die Vergangenheit, indem er über die bewußte Realitätsschaffung spricht. Der Kritiker macht dem Opfer Hoffnungen auf politische und ökonomische Reformen, die irgendwann in der Zukunft zu Veränderungen führten, wenn die richtige Regierung an der Macht und das und das geschehen sei... und so weiter und so weiter. Und nun fragen wir: Welche Haltung ist einfühlsamer?

Zugegeben, wir haben keinen Körper. Doch wenn wir einen hätten und er wäre mißhandelt worden, dann würden wir rechtzeitig wissen wollen, daß wir diese Realität selbst geschaffen haben und daher in der Zukunft etwas dagegen unternehmen können. Zu wissen, daß wir diese Mißhandlungen entweder hervorgerufen oder zugelassen haben, ist eine Quelle immenser Macht – einer befreienden Macht. Überzeugt davon zu sein, daß wir ohnmächtige Opfer sind und nichts tun können, um eine Wiederholung des Alptraums zu verhindern – mit der Überzeugung zu leben, daß wir auf andere warten und hoffen müssen – auf die Gesetzgeber und Regierungsbürokraten, die uns eine Sicherheit in der Zukunft versprechen –, ist bestenfalls furchterregend.

Zuerst muß man die Wunden heilen, seien sie physischer, emotionaler oder psychischer Natur. Heilt zuerst die Wunden! Danach kann man sich daranmachen, die Zusammenhänge zu erkennen und sich selbst und den anderen zu vergeben, falls das notwendig sein sollte. Die eigene Realität wird transformiert, indem man begreift, wie man sie kreiert hat.

Grenzen der Schöpfung

Der Selbst-Erschaffung sind Grenzen gesetzt. Die elementaren Begrenzungen schaffst du durch deine persönliche Wahl und deine Entscheidungen. Jeden Tag wählst du bestimmte Dinge, und aus dieser Wahl heraus triffst du bestimmte Entscheidungen für deine Zukunft. Schon im Augenblick des Erwachens wählst du ganz still für dich einen Zustand: Ob du froh oder traurig, zufrieden oder enttäuscht, sanftmütig oder wütend sein willst. Wir meinen: Meistens bist du dir dieser Wahl nicht bewußt, weil du gewohnheitsmäßig, automatisch, entscheidest. Vielleicht gibt es auch in deinem Bekanntenkreis Leute, die beschlossen haben, mißmutig zu sein. Ganz gleich, was geschieht oder was ihnen gesagt wird, sie sind fest entschlossen, weiterhin unglücklich zu bleiben. Sie erzeugen nicht nur eine entsprechende Einstellung, sie strahlen auch eine bestimmte Energie aus, bilden um sich ein Energiefeld, ein magnetisches Feld – das buchstäblich das Unglück anzieht. Angefangen damit, daß alle Ampeln auf dem Weg ins Büro Rot zeigen, bis hin zu den ›schlechten Neuigkeiten‹, die sie den ganzen Tag über hören – sie haben alles ihrer eigenen Wahl und ihren Entscheidungen entsprechend kreiert. Wenn du in der Lage bist, das bei anderen zu beobachten, kannst du es auch bei dir selbst. Die Tatsache, daß diese Vorgänge automatisch ablaufen, nimmt ihnen nichts von ihrer Macht über dein Leben.

Die nächsten Grenzen setzt du dir durch deine Gedanken und Gefühle. Und schließlich, so meinen wir, sind es deine Einstellungen und Glaubensvorstellungen, die dir Grenzen bei der Schaffung deiner eigenen Realität setzen. Was begrenzt dich am meisten? Deine Glaubensvorstellungen.

Aber diese Dinge sind nicht nur Limitierungen. Wir meinen, sie sind auch das Rohmaterial, aus dem die Illusion gemacht wird. Aber so wie sie dem, was dir möglich ist, Grenzen setzen, so sind sie es auch, mit deren Hilfe man diese – von ihnen geschaffenen – Grenzen überschreitet. Das Rohmaterial, das die Begrenztheit bedingt, bedingt zugleich die Befreiung von aller Begrenztheit.

Wenn du morgens aufwachen kannst und deine Wahl bewußt triffst – meinetwegen glücklich zu sein und einen erfolgreichen Tag zu haben –, dann geschieht es! Du fängst an, ein wenig genauer auf deine Gedanken und Gefühle zu hören und – noch wichtiger – sie zu ändern, dein Bewußtsein zu ändern, und so schaffst du dann bewußter deine eigene Realität. Das gleiche gilt für deine Einstellungen und Glaubensvorstellungen: Du suchst dir aus dem Angebot von verschiedenen Haltungen ein paar positivere und inspirierendere aus und schaffst dir damit eine positivere und inspirierendere Realität.

Die Macht des Glaubens

Eins der schwierigsten metaphysischen Konzepte: **Glaube erzeugt Erfahrung.** Die gängige Vorstellung ist die, daß zuerst Erfahrungen gemacht werden, aus denen dann die Glaubensvorstellungen erwachsen. Newtons Theorie, die besagt, daß Beweise auf der Wiederholbarkeit von Erfahrungen beruhen, hat einen grundlegenden Einfluß auf eure Weltsicht gehabt. Die Quantenphysik weist allerdings recht kategorisch nach, daß Newton zwar wohlmeindend war, mit seinen Theorien aber verkehrt lag!

Die Quantenlehre geht davon aus, daß die Realität nicht durch Erfahrungen kreiert wird, sondern durch Erwartungen. Die Realität ist ein Produkt dessen, was du zu erfahren erwartest, was nur ein anderer Ausdruck für ›Der Glaube erzeugt Erfahrungen‹ ist.

Der Glaube erzeugt die Erfahrungen. Die getroffene Wahl manifestiert sie.

Persönliche Macht ohne Einsamkeit

Das New Age ist ein Zeitalter der Menschlichkeit – ein Zeitalter der Bewußtheit –, in dem jeder einzelne sich freudig seine persönliche Macht zurückholt und selbst zum Meister-Schöpfer wird, in einer ko-kreativen Beziehung zu Gott/Göttin/Alles-was-ist.

Wir meinen, daß mittlerweile genug über die Gefahren gesagt wurde, denen man sich aussetzt, wenn man die persönliche Macht anderen überläßt, und darüber, wie wichtig es ist, sie jenen aufrichtigen und unaufrichtigen Gurus und Meistern wieder wegzunehmen.

Zwei Punkte, so meinen wir, werden allerdings oft übersehen. Zum einen: Einmal abgesehen von Leuten, die dir deine Macht wegnehmen möchten – Leuten, die in das ›Geschäft‹ mit dem Wachstum einsteigen, weil sie meinen, die eigene Macht sei nicht genug, und deren Streben sich darauf richtet, andere zu ihren Anhängern zu machen; einmal abgesehen von Leuten, die anderen die Macht sozusagen zum Spaß wegnehmen möchten, nur um zu sehen, ob es ihnen gelingt; abgesehen auch von jenen, die deinen Seelenhunger ausbeuten, um ihre Wachstums-›Marke‹ zu verkaufen – was geschieht, wenn du deine Macht den *wirklichen* Ausbeutern gibst? Wie steht es um die Macht, die du ständig deiner Vergangenheit gibst, im sinnlosen Versuch, sie erneut zu leben – sie irgendwie im nachhinein in Ordnung zu bringen? Wie steht es um die Macht, die du der Zukunft gibst? Wieviel deiner Zeit verbringst du damit, auf eine zukünftige Berichtigung eines vergangenen Unrechts zu hoffen? Wieviel von deinem Jetzt vergeudest du mit dem Warten auf irgend jemanden, der deine Zukunft bereichern und verschönern soll? Wieviel deiner Gesamtenergie fließt in die Angst vor einer ungewissen Zukunft?

Wann nimmst du der Vergangenheit und der Zukunft die Macht wieder fort, die du ihnen gegeben hast?

Und wie steht es um die Gegenwart, in der du in der Zwangsjacke der Konsensus-Realität festgehalten wirst? Wieviel deiner Macht ist in den sogenannten ›Tatsachen‹ und der ›Logik‹ einer stets oppressiven Wirklichkeit verlorengegangen?

Vergangenheit, Gegenwart und Zukunft können dich versklaven, so meinen wir, und gleichzeitig können sie zu den großen und wunderbaren Instrumenten deines Wachstums werden. Aber du mußt dich entscheiden, deine Macht wieder zurückzuholen, nicht nur von den menschlichen Gurus und Meistern, sondern auch den ›Gurus‹ und ›Meistern‹, zu denen du Vergangenheit, Gegenwart und Zukunft ernannt hast.

Zeit und Raum wurden von dir (von euch allen) geschaffen, damit sie dir bei der Erfahrung der physischen Dimension assistieren. Aber dann hast du Zeit und Raum deine Macht gegeben. Du hast ihnen erlaubt, so meinen wir, dir deine Realität zu diktieren. Wieviel von dir, von dem, was du tust und denkst – wieviel von deiner Identität –, wird von Zeit und Raum kontrolliert? Inwieweit läßt du dir deine Wünsche und Erwartungen von der Zeit diktieren, die du zu haben meinst oder nicht zu haben meinst, und inwieweit läßt du dich vom Raum in deinen Vorhaben einschränken? Wieviel von deiner Imagination hast du von Zeit und Raum Fesseln anlegen lassen? Wir meinen, du hast deine Macht der Träume jenen ›Meistern‹ überlassen, die ursprünglich dir dienen sollten.

Ja, es ist wichtig, die Macht sämtlichen Instanzen, denen man sie überlassen hat, wieder wegzunehmen. Es ist ebenso wichtig, zu erkennen, wo und an wen man sie gegeben, sie verloren hat.

Zum anderen geht es uns um Verständnis dafür, daß die Menschen des New Age ihre Macht nicht allein zurücknehmen, sondern in einer ko-kreativen Beziehung zu Gott/Göttin/Alles-was-ist. Zu Meister-Schöpfern werden sie in einer ko-kreativen Beziehung zu Gott/Göttin/Alles-was-ist, nicht allein. Wenn es darum geht, die Macht zurückzuholen, werden so oft diese großen Worte im Mund geführt, aber zur Tat wird dann nicht geschritten, aus Angst vor der Einsamkeit.

Du bist also kein metaphysischer Schwächling, wenn du deine Macht nicht voll und ganz an dich nimmst, wie dir geraten wurde – du bist einfach nur ängstlich. Du hast Angst, vollkommen allein dazustehen und daher einsam zu sein. Alle eure Mythen und Religionen lehren dich, wie gefährlich das Geschäft mit irgendwelchen Mächten ist. Prometheus stahl das Feuer, und euren Legenden zufolge war Feuer ein Symbol für die Gottesmächte. Als die Götter sahen, daß Prometheus das Feuer an sich genommen hatte, befürchteten sie, daß er als nächstes die Macht über Leben und Tod erlangen würde – also die Unsterblichkeit. In der jüdisch-christlichen Mythologie, so meinen wir, holten sich Adam und Eva ihre Macht zurück, denn die Erkenntnis des Guten und des Bösen, von Gott und Teufel, verleiht die Macht, zu differenzieren und sich für etwas zu entscheiden. Gott, so geht die Geschichte, vertrieb sie aus dem Garten Eden, und seitdem habt ihr versucht, dahin zurückzukehren. Die eigene Macht zurückzuholen hat ernste Folgen, wenn man euren Mythen Glauben schenkt, und zwar die, daß ihr verstoßen und in einen Zustand der Isoliertheit und Einsamkeit getrieben werdet.

Das Alte Zeitalter betrachtet das Zurückholen der persönlichen Macht weiterhin als einen äußerst gefahrvollen Akt. Und ganz abgesehen von euren Mythen – ihr steht unter ständigem Druck von seiten der Eltern, der Schulen und Kirchen, die euch anhalten, die Finger von eurer eigenen Stärke zu lassen.

Der Druck dieser Institutionen ist zwar intensiv, kommt aber nicht unerwartet und kann auf verschiedene Weise kompensiert werden. Vollkommen unerwartet kommt nun aber häufig ein Druck von einer Spiritualität, die dem Alten Zeitalter zugehört, sich aber das Mäntelchen des New Age umgehängt hat und euch gleichermaßen davor warnt, ›die Sache in die eigene Hand zu nehmen‹.

Wenn du deine eigene Stärke aus freiem Willen annimmst, dich als integralen Teil von Gott/Göttin/Alles-was-ist erkennst und dein eigener Meister-Schöpfer zusammen mit Gott/Göttin/Alles-was-ist werden willst, dann wirst du kein Alleinsein und keine Einsamkeit mehr erfahren – statt dessen aber das Fest der Freiheit!

Selbst-Herrschaft über die eigene Welt

Das New Age ist ein Zeitalter der Menschlichkeit – ein Zeitalter der Bewußtheit –, in dem jeder einzelne voller Freude und Liebe die Herrschaft über die eigene Welt übernimmt, anstatt über andere dominieren zu wollen.

Eine Welt, in der es darum geht, andere zu dominieren, hat, wie wir meinen, folgende Charakteristika:

1. Du mußt manipulieren oder dich manipulieren lassen; kontrollieren oder selbst kontrolliert werden.
2. Du mußt Macht als die Möglichkeit sehen, andere zu beherrschen und zu unterdrücken, als die Möglichkeit zur Über-Macht.
3. Du mußt deine Unwürdigkeit Gott gegenüber eingestehen und um seine Barmherzigkeit bitten. Um Gottes Liebe zu erhalten, mußt du ihn durch Gebete und gute Taten manipulieren.
4. Du mußt Vergangenes immer wieder neu durchleben, um zu versuchen, es ›diesmal richtig zu machen‹. Du mußt dein negatives Ego ständig in dem Wunsch unterstützen, besser als andere zu sein.
5. Du mußt in einer ungerechten Welt existieren – in einer Welt, die global und persönlich unfreundlich ist.
6. Du mußt nehmen, oder es wird dir genommen.
7. Du mußt anderen die Schuld zuschieben oder sie dir von anderen zuschieben lassen.

Das Alte Zeitalter ist eine Welt, in der andere dominiert werden. Nun darf man Dominanz nicht mit politischer Diktatur verwechseln. Eine Diktatur ist eine tyrannische Herrschaft, aber der Wille zu dominieren äußert sich nicht unbedingt diktatorisch. Im Gegenteil – oft zeigt er sich als Schwäche! Die dominierende Person kann ein Tyrann sein, doch ist sie viel häufiger ein Opfer. Wenn ein Tyrann sich mit einem Opfer zusammentut, dann behält das Opfer – so meinen wir – die letztendliche Kontrolle. Bedenkt folgendes: Bei einer Beziehung zwischen Tyrann und Opfer kann der Tyrann aufhören, ein Tyrann zu sein, während das Opfer weiterhin das Opfer bleibt. Ein Tyrann braucht das Opfer. Das Opfer hingegen ›braucht‹ niemanden.

Glaube schafft Erfahrung. Wenn du glaubst, die Welt sei so und so, dann ist sie natürlich auch so – für dich. Aber hier ist noch mehr am Werk als nur der Glaube. Ein bestimmter Glaube ›färbt‹ die Geisteshaltung, die ihrerseits die Gedanken und Gefühle über die Konsensus-Realität beeinflußt. Wenn du in einer Welt lebst, in der andere beherrscht werden müssen, wirst du dich für eine dominante Einstellung entscheiden, die deine tägliche Wahl von Verhaltensweisen beeinflußt, welche wiederum deine Gedanken und Gefühle beeinflussen, die ihrerseits deinen ursprünglichen Glauben bestärken. Das System wird selbst-perpetuierend. Es brauchen keine neuen Informationen mehr über die dominierte Welt aufgenommen zu werden. Du hast ein eigenes kleines ›Umwelt-System‹ der falschen Informationen kreiert.

Für unsere nun schon mehrmals zitierten Kritiker und sogenannten Skeptiker ist die Welt der Herrschaft über andere die einzige, die existiert. Sie lachen jeden aus, der sich auch nur vorsichtig fragt, ob da nicht noch vielleicht etwas anderes ist. Aus Angst, daß ihre selbstgesetzten Grenzen und Beschränkungen gesprengt werden könnten, wird jeder Versuch verurteilt, dieser Welt zu entrinnen. Das heißt, niemand darf zugeben oder erkennen, daß er einer Welt angehört, die möglicherweise nicht die einzige ist, die es gibt. Aber es gibt auch andere Welten. Ja, du befindest dich in einer Welt – aber es gibt auch andere. Es gibt die Welt der Selbst-Herrschaft.

Diese Welt der Herrschaft über sich selbst hat folgende Charakteristika:

1. Du erschaffst selbst deine eigene Realität auf kreative Weise, ohne manipulieren und kontrollieren zu wollen.
2. Du verstehst Macht als die Fähigkeit und den Willen zu handeln, nicht als Gelegenheit, dich über etwas oder jemanden zu erheben, nicht als ›Über-Macht‹.
3. Du betrachtest Gott/Göttin/Alles-was-ist als Partner in einer ko-kreativen Beziehung. Du bittest um Hilfe, nicht um Erbarmen. Du hast eine nicht-manipulative Beziehung zu Gott/Göttin/Alles-was-ist.

4. Du läßt deine Realität mehr werden, als sie es momentan ist. Du unterstützt dein zukünftiges und dein spirituelles Selbst in seinem Streben, immer liebevoller zu werden.
5. Du lebst in einer Welt, die initial persönlich freundlich und dann von ›globaler‹ Freundlichkeit ist. Du erlebst die Welt als ein Netzwerk der Unterstützung und als deinen Verbündeten.
6. Du gibst.
7. Du liebst.

Im New Age geht es darum zu erkennen, welcher Welt du angehörst. Es geht darum, die Alte Welt, das Alte Zeitalter hinter sich zu lassen und die Neue Welt, das Neue Zeitalter zu betreten.

Es ist real

Weiß irgend jemand wirklich, was das New Age ist? Ja. Dieses Zeitalter ist dort, wo die Leute freiwillig und frohen Mutes die Verantwortung für die Welt, in der sie leben und die sie kreiert haben, übernehmen. Wo sie eine Reise in die Bereiche der persönlichen Macht antreten, bei der die eigenen Entscheidungen, Gedanken und Gefühle Einstellungen und Glaubensvorstellungen als Rohmaterial zur Transformation benutzt werden. Wie die eigene Realität nach eigenen Wünschen, Erwartungen und Imaginationen selbst geformt, aus Träumen und Visionen selbst kreiert wird – bewußt kreiert und ko-kreiert mit Gott/Göttin/Alles-was-ist. Das ist die neue Welt der Selbst-Herrschaft; das ist die Morgendämmerung, der neue Tag, das neue Zeitalter der Menschlichkeit. Es ist real! Es ist wirklich!

Eure alten Mystiker, so meinen wir, wußten, daß diese Zeit kommen würde. Die Wahrsager und Propheten der fernen Vergangenheit wußten es ebenfalls. Prophezeiungen wurden über Jahrtausende hinweg in großer Vielzahl gemacht, doch enden sie abrupt, jetzt, kurz vor dem Ende des 20. und dem Beginn des 21. Jahrhunderts. Viele schließen daraus, daß hiermit das ›nahe

Ende‹ verkündet würde. Ja. Ja, wir meinen, daß ein Ende tatsächlich naht: das Ende des Alten Zeitalters und der Beginn des Neuen.

Wer nun einsichtsvoll genug war, solche tiefschürfenden Voraussagen zu machen, war ganz sicher auch einsichtsvoll genug, keine Prophezeiungen über das Zeitalter der Menschlichkeit zu machen, in dem die Leute ihre persönliche Macht zurückholen und zuerst ihre eigene, persönliche Realität und dann die globale Realität bewußt schaffen, aus ihrer persönlichen Beziehung zu Gott/Göttin/Alles-was-ist heraus und in dieser Beziehung.

Seht ihr, auch im Alten Zeitalter habt ihr eure eigene Realität selbst geschaffen, nur wolltet ihr euch dessen nicht bewußt werden. Aus diesem Grund, so meinen wir, ist die ›Blaupause‹, die ihr in eurem Unterbewußtsein angelegt habt, jene Blaupause, die ihr nun bewußt auslebt. Jene, die sensibel genug waren, eure unterbewußten Blaupausen zu sehen bzw. zu ›lesen‹, konnten eure Zukunft mit erstaunlicher Genauigkeit voraussagen. Wenn ein Individuum in das Neue Zeitalter eintritt, wird die Realität bewußt geschaffen, was heißt, die Blaupause für die Zukunft kann willentlich verändert werden – mit dem eigenen freien Willen. Die Menschen, die empfindsam genug sind, die Blaupausen *aufrichtig* zu sehen und zu lesen, sind auch bescheiden genug, nicht länger von einer absolut und endgültig festgelegten Zukunft zu sprechen, statt dessen aber von möglichen und wahrscheinlichen ›Zukünften‹. Wichtig ist hier das Wort ›aufrichtig‹.

Wenn ihr in das Neue Zeitalter hineinwachst, werden eure ›Zukünfte‹ zur Zukunft. Sie werden zu dem, was ihr bewußt gewollt habt. Im gleichen Maße, wie mehr und mehr von euch ins New Age eintreten, wird das Neue Zeitalter wirklicher als das Alte. Deshalb verstummen die Wahrsager, und die Propheten hören auf, etwas zu prophezeien.

Wann beginnt das Neue Zeitalter?

Die Christen sprechen von der Zeit der Offenbarung. Viele haben ein bestimmtes Datum im Sinn – in der Illusion, die Zeit nun einmal ist! In der Bibel heißt es sinngemäß, daß Christus einer Frau, nach seiner Wiederkunft gefragt, antwortete: Wäre sie schwanger, würde er wiederkommen, noch bevor sie das Kind zur Welt brächte. Wir geben zu, ein sehr unkörperliches Dasein zu führen, aber unseren Berechnungen nach hätte er dann vor Ablauf von neun Monaten wiederkehren müssen. Da stimmt doch etwas nicht...

Ein aufgeklärter Christ von heute weiß, daß damit eine symbolische Wiederkunft Christi gemeint ist: die Wiederkehr des Christus-Bewußtseins. Sein erstes Erscheinen wurde in der Bibel beschrieben; sein zweites Erscheinen ist eine individuelle Offenbarung des Gottesbewußtseins im eigenen Innern. Selbst die traditionellen Christen, so meinen wir, beginnen, die private Natur einer erneuten Beziehung zu ihrem Friedensfürsten, ihrem Gottessohn, zu begreifen. Nur die Fundamentalisten klammern sich noch an irgendein bestimmtes Datum.

Auch das New Age ist eine persönliche Erfahrung. Wartet also nicht auf einen bestimmten Tag, an dem die Sterne nach astrologischen Berechnungen günstig stehen. Wartet nicht darauf, daß andere euch das Zeichen zum Anfangen geben. Wenn du sagst: »Ich nehme meine eigene Macht zurück, sobald du mir die Erlaubnis erteilst«, widersprichst du dir selbst und stagnierst. Die Fundamentalisten unter den Metaphysikern sind immer noch dabei, ein bestimmtes Datum festzulegen. Die traditionellen Metyphysiker meinen, daß das New Age vielleicht – aber auch nur vielleicht – beginnt, wenn eine ›kritische Masse‹ da sei. Sie wandern herum und murmeln etwas von 99 Affen oder dergleichen.

Bei der kritischen Masse und der Theorie vom 99. Affen geht es um die Idee, daß eine bestimmte magische Anzahl von Leuten erleuchtet werden müsse; denn wenn eine gewisse magische

Anzahl von Personen mit dem New Age begänne, würden auch alle anderen erleuchtet und in das Neue Zeitalter eintreten. Obwohl diese Theorien von einigen Leuten verbreitet werden – besonders von jenen, die keine Lust haben, die Verantwortung für ihre eigene Realität zu übernehmen –, so meinen wir doch, daß keines der beiden Konzepte korrekt ist.

Seit Jahren betonen viele Leute, daß die Theorie vom 99. Affen der wissenschaftliche Beweis für die Theorie der kritischen Masse sei. Bei näherer Betrachtung der angeführten wissenschaftlichen Fakten wird einem allerdings die Unzulänglichkeit der Beweisführung deutlich. Bei den 99 Affen ging es um Versuche, bei denen festgestellt wurde, daß, nachdem eine bestimmte Anzahl von Affen (und zwar 99) gelernt hatte, ihre Kartoffeln erst zu waschen, bevor sie sie auffraß, die Zahl der Affen, die ihre Kartoffeln vor dem Essen säuberten, exponentiell zunahm. Was die Verfechter der Theorie von der kritischen Masse nicht erwähnen, ist die Tatsache, daß die Kartoffelwäscher sämtlich schwangere Affenweibchen waren, die ungefähr zur gleichen Zeit ihren Nachwuchs zur Welt brachten. Diese Geburten – und nicht das Konzept von der kritischen Masse –, so sehen wir es, erklären die rasante Zunahme von Kartoffelwäschern unter dem Affenvolk. Was mit dem 99-Affen-Versuch bewiesen wurde, war die einfache Tatsache, daß Kinder von ihren Müttern lernen.

Seit Anbeginn der Menschheitsgeschichte sind die Menschen auf der Suche. Viele haben gefunden, was sie suchten. Inmitten eures Alten Zeitalters leben Menschen, die das Neue Zeitalter für sich selbst entdeckt haben. Es geschieht jedem auf individuelle Weise. Also wartet auf nichts und niemanden.

Der erleuchtete Metaphysiker ›erinnert‹ sich daran, daß das New Age in dem Moment beginnt, in dem er sich ganz leicht und elegant vom Alten Zeitalter löst. Es beginnt mit einem Menschen, dann dem nächsten und dem nächsten... Je mehr Leute suchen und finden, desto leichter, so meinen wir, wird es für diejenigen, die ebenfalls suchen.

Jeder muß es für sich selbst tun, aber wenn sich mehr und mehr Leute für ein inneres Wachstum entscheiden, wird es einfacher, es für sich selbst zu tun. Das Universum existiert in einer vollkommenen Harmonie. Jetzt, in dieser Zeit, in der so viele Menschen euch klarmachen wollen, wie schlimm die Zeiten sind, wird der Schritt euch leichter denn je gemacht – dieser Schritt in das Licht, in den neuen Tag, die neue Welt, das Neue Zeitalter.

Weiß irgend jemand wirklich, was das Neue Zeitalter ist? Tu den Schritt. Finde es selbst heraus. Laß die Reise beginnen.

Teil 2

Vier Wege für ein bewußtes Wachstum

»Wir sind auf der Suche: Wer begründete die ›Bewegung zur Förderung des menschlichen Potentials‹?
Das menschliche Potential begann mit dem Gefühl:
Das Leben ist mehr als ein bloßes Überleben…
da muß noch mehr sein.
Wer fühlte dieses Gefühl zuerst? Du warst es!«

Lazaris

Zwei

Die vier Wahlmöglichkeiten für ein bewußtes Wachstum

Das New Age ist ein individueller Prozeß der Entdeckung. Jeder Mensch tritt in das Neue Zeitalter ein, sobald er bereit dazu ist. Inmitten eures Alten Zeitalters haben manche ihr New Age entdeckt. Und wie hat das alles angefangen?

Als du noch eins mit Gott/Göttin/Alles-was-ist warst, warst du ein Bewußtseinsfunke, ein undefinierbarer Funke von Licht, ein Stückchen Liebe, das nicht wußte... Du warst ein Stückchen Liebe, das nicht wußte.

In einer Zeit vor der Zeit, in einem Raum vor allem Raum, verspürte diese grenzenlose Liebe einen Wunsch. Sie wünschte, sich selbst zu kennen. Aus ihrem Wunsch heraus zu wissen, erwartete die Liebe. Sie erwartete, eine Antwort zu erhalten, obwohl sie nicht wußte, wie die Antwort ausfallen würde. In ihrem Wunsch und ihrer Erwartung begann die Liebe, sich etwas vorzustellen. Sie fragte sich: »Warum...?«

Warum was? Du kannst die Antwort auf diese Frage nicht wissen, weil diese Liebe, diese grenzenlose Liebe, die Gott/Göttin/Alles-was-ist ist, noch nicht aufgehört hat zu fragen. Der Gedankengang ist noch nicht vollendet.

Alles was in den Illusionen all deiner Realitäten von Anbeginn der Zeit bis zur Gegenwart geschehen ist, geschah, während die Liebe einmal kurz Atem holte. Wenn du wieder eins mit Gott/Göttin/Alles-was-ist bist, wird die Frage vollständig, die Antwort gegeben worden sein.

Alles begann mit einem Traum der Liebe, mit einem Traum von Allem-was-ist, und alles setzt sich als dieser Traum fort. Die Liebe, die Alles-was-ist ist, erträumt ihre eigene Existenz und wundert sich, warum. Dieser Vorgang des ›Sichwunderns‹ geschicht auf makrokosmischer Ebene genauso wie auf mikrokosmischer, also im Leben eines jeden einzelnen. Auch du fragst dich: Warum? Und mit dieser Frage beginnt dein Wachstum.

Im Zuge der initialen und sich fortsetzenden Explosion dieser Frage wird der eine Funke zu vielen. Diese Vielen fragen die Frage ebenfalls und explodieren. Die Vielen werden zu noch mehr Vielen. Diese Vielen fragen die Frage... Und nachdem es noch viel mehr geworden sind, entsteht ein Funke von Bewußtsein, ein Teil von dir selbst, das man das Höhere Selbst nennt. Ein Stückchen Liebe entsteht, das wachsen will.

Wenn du dich entschließt, auf der körperlichen Ebene zu wachsen, schlagen wir vor, daß du dir nicht gleich eine anspruchsvolle, spirituell hochentwickelte menschliche Form aussuchst. Das ist eine Möglichkeit, aber du solltest sie nicht wahrnehmen. Der Hauptgrund, es nicht zu tun, ist der, daß du auf einer sehr tiefen Ebene weißt, daß der Schlüssel zum Wachstum nicht im Ende eines Prozesses zu finden ist, sondern auf dem Weg dahin.

Ein guter Freund von uns kann hier als Beispiel herhalten. Er ist ein besonders talentierter Maler. Er genießt das fertige Produkt seiner Kreativität, doch empfindet er ein noch größeres Vergnügen, jeden einzelnen Pinselstrich auf die Leinwand zu setzen. Oft vergißt er seine vollendeten Werke sofort wieder, weil ihm der Zustand der Erwartung lieber ist als der Zustand der Vollendung. Für ihn gibt es nichts Schöneres, als sich im Malen zu verlieren und im Gemälde wiederzufinden. Das Vergnügen und das Lernen sind das Wichtigste, nicht das Endprodukt.

Der Zweck des Wachstums: sich mit Gott/Göttin/Alles-was-ist zu vereinigen. Dieses Ziel ist garantiert. Eines Tages erzielst du vielleicht dieses Endresultat. Inneres Wachstum ist der Prozeß und Weg dorthin. Inneres Wachstum ist das Leichte oder das Schwere – das Unbeholfene oder das Elegante –, mit dem du das erreichst.

Du siehst, du bist ein Teil der Quelle. Du kannst das nicht vergessen. Du kannst dir vormachen, du seist separiert, doch du kannst es nicht wirklich sein. Erleuchtet wird man, wenn man aufhört, sich etwas vorzumachen. Wenn du aufhörst, dir etwas vorzumachen, erkennst du, was die ganze Zeit schon eine Tatsache war: Du bist eins mit der Quelle aller Dinge – du bist eins mit der Liebe.

Das Ziel, eins zu werden mit der Quelle, wird von jedem erreicht. Aber worum es wirklich geht, so meinen wir, ist der Weg dahin. Kümmere dich nicht darum, ob du wachsen wirst und ob du ›es schaffst‹. Richte statt dessen deine Aufmerksamkeit darauf, *wie* du wachsen wirst und wann.

Die erste Wahl eines jeden besteht darin zu wachsen. Was allerdings nicht heißt, daß du sofort in ein menschliches Dasein mit voll entwickeltem Potential hineinspringst. Du fängst mit einer Wahl an und triffst auf dem Weg noch viele weitere ›erste Wahlen‹.

Die Reiche anfänglicher Existenz

Nach der anfänglichen Explosion des Bewußtseins und der ersten Entscheidung für ein Wachstum ist eine der ersten Fragen: Möchte ich in beschränkter, enger Form weiterwachsen (physisch) oder in einer lichten Form (nicht-physisch)? Wenn du dich für ein Wachstum innerhalb einer begrenzten Welt entschlossen hast, steht dir eine Reihe von Möglichkeiten offen. Nun suchst du dir ein bestimmtes Universum, ein Sonnensystem und einen Planeten aus, auf dem du weiterwachsen kannst.

Bei euren ersten Ausflügen in der Grobstofflichkeit wart ihr noch sehr vorsichtig und behutsam. Anfangs wart ihr nur eine Gedankenenergie – ein roher Gedanke zwar, doch nichtsdestoweniger Gedankenenergie. Danach habt ihr euch weiter verdichtet und euch als Bewußtseinseinheiten von Gedanken ausgedrückt, als noch unbestimmte, aber willige Bewußtseinseinheiten von Gedanken. Danach habt ihr euch dann selbst als subatomare Teilchen und dann als Atome manifestiert.

Gedanken haben einen eigenen Willen zu wachsen. Bewußtseinseinheiten – also ein funktionsfähiger Zusammenschluß von Gedanken – haben Erwartungen. Subatomare Teilchen träumen davon, ein Atom zu werden und mehr zu erreichen. Sie träumen davon, mehr zu werden, als was sie sind. Als nächsten Wachstumsschritt streben die Atome nach einem Dasein im Reich der Mineralien.

Im Mineralreich gibt es keine Reinkarnation. Du fängst nicht als Kieselstein an, um dich im Laufe unzähliger Wiedergeburten zu einem Diamanten zu entwickeln. Nein, du erfährst ein Dasein im Reich der Mineralien, solange du es für notwendig hältst. Manche von euch halten sich dort nicht lange auf, weil es für sie auf ihrer Reise nach Hause aus bestimmten eigenen Gründen nicht notwendig ist. Andere, so meinen wir, halten sich für lange Zeit in diesem Reich auf. Was auch immer das richtige für euch ist, es wird auf dieser physischen und auf der Bewußtseinsebene ganz automatisch geschehen. Wenn du ›fertig‹ bist – wenn du erfahren hast, was du erfahren mußtest –, wirst du dir ein nächstes Reich suchen.

Das Pflanzenreich bietet eine andere Ebene des Wachstums und Lernens. Auch hier gibt es keine Wiedergeburt. Du fängst nicht als staubiges Unkraut an, das davon träumt, eines Tages eine Orchidee oder dergleichen zu werden. Nein. Auch hier entscheidest du dich für bestimmte Lernprozesse, die dir notwendig erscheinen, und vollziehst sie mit so viel Anmut, wie dir möglich ist. Manche, so meinen wir, wählen das Dasein einer Lilie, um sich auszudrücken, während andere sich für die Form eines Mammutbaums entscheiden. Alles hängt davon ab, welche Erfahrungen man für notwendig hält.

Der Traum der Devas*

In jedem dieser Reiche lernt man das, was man als wichtig für sein zukünftiges Wachstum ansieht. Wachstum wird nicht von dem, was man gewesen ist, diktiert, sondern von dem, was man werden will.

Dies ist ein sehr wichtiger Punkt, und er sollte nicht einfach übergangen werden. Was du warst, als alles anfing, war ein unidentifizierter Teil des Ganzen – eines wundervollen Ganzen, welches Gott/Göttin/Alles-was-ist genannt wird. Was du werden willst, ist ein voll identifizierter und selbst-realisierter Teil dieses Ganzen. Die Quelle deines Antriebs ist also offensichtlich das, was du werden willst, und nicht das, was du warst.

Du hast dich aus der Einheit gelöst, um nach dir selbst zu suchen. Du warst ein Funke, aber ohne jede Identität. Aus eigenem, freiem Willen hast du dich abgespalten, um dich selbst zu finden. Sobald du dich gefunden hast, gehst du in die Einheit zurück. Dann bist du wieder ein Funke, aber diesmal weißt du, wer du bist, und hast eine Identität. Was treibt dich zum Wachstum? Die Suche nach dir und deiner Identität. Was motiviert dich zu wachsen? Deine Zukunft.

In jedem jener Reiche erfährst du die Quelle als eine Erinnerung an deinen Weg. Die Devas des Mineral- und Pflanzenreichs sind die Repräsentanten der ursprünglichen Liebe. Wer eine relativ lange Zeit in dem einen oder dem anderen Reich verbrachte, erhielt durch die Devas, die das Reich der Mineralien und Pflanzen in ihrer Obhut haben, ein Gefühl für das Ausmaß dieser ursprünglichen Liebe.

Beobachtet, wie leicht es einem Stein fällt, die Liebe Gottes in sich aufzunehmen, wie vollkommen eine Pflanze sich ernähren läßt! Erkennt auch in diesem Reich den Wunsch, die Erwartung und die Imagination und den Traum von der Erfüllung.

* Aus dem Sanskrit: Himmlische Wesen; Theosophie; eine Hierarchie von Geistern, die das Universum regieren helfen; Anm. d. Red.

Das Tierreich

Nachdem die ersten Reiche ›vollendet‹ sind, läßt dich das Bewußtsein, so meinen wir, in das Reich der Tiere ›springen‹. Meistens wird dieses Reich zunächst auf einer recht unverfälschten, natürlichen Entwicklungsstufe betreten. Gewöhnlich fängt man also als einzelliger Organismus an. Im Tierreich wird Reinkarnation erfahren; und so entwickelt man sich hier zu höheren Organismen, und meistens geschieht das auch recht schnell. Man kreiert die Illusion von Leben und Tod und lernt dabei. Angezogen von dem, was man wird, angezogen von seiner Zukunft, lernt man. Erkundend, sich ausdehnend und streckend, lernt und wächst man und wird mehr als das, was man ist.

Nach jedem Tierleben bewertest du – nun wieder als reines Bewußtsein – und triffst neue Entscheidungen und Wahlen. Wir meinen, daß diese Entscheidungen und Überlegungen zur Grundlage für die ›nächste Runde‹ von inkarnativen Erfahrungen werden. Du erklimmst die Leiter der Evolution auf deine ureigenste Weise und gelangst so schließlich vielleicht in ein Reich, das dir wie der Gipfel allen Wachstums vorkommen muß: das Menschenreich.

Wenn du ein Reich einmal hinter dir gelassen hast, kehrst du nie wieder dorthin zurück. Sobald du die Grenze überschritten und das Menschenreich betreten hast, gehst du nicht wieder zurück – was auch immer gewisse östliche Philosophien behaupten. Du machst keine Rückschritte. Die letzte Inkarnation als ein Tier ist allerdings eine äußerst bedeutsame Erfahrung des Übergangs. Bestimmte Tierarten haben es leichter bei diesem Übergang in ein menschliches Dasein als andere. Unter den verschiedenen Vogelarten zum Beispiel haben es, so meinen wir, die Adler, die Habichte und die Eulen leichter, das Menschenreich zu betreten, als etwa ein Bussard. Keine Spezies ist besser als die andere, nur fällt es bestimmten Tieren einer Spezies leichter, den Sprung zu machen.

Das Tier, das du zuletzt gewesen bist, bleibt auch, so meinen wir, meist dein spiritueller Verbündeter *(Spirit Animal)*. Wenn du dich an diese letzte Inkarnation erinnern kannst, dann kann das eine große Hilfe bei deinem jetzigen Wachstum sein. Es kann eine Hilfe sein, soviel ist richtig, aber es ist keine Notwendigkeit für dein Wachstum.

Das Menschenreich

Selbst beim Eintreten in eine menschliche Existenz fängt man nicht gleich als Universitätsprofessor oder ähnliches an. Deine ersten menschlichen Inkarnationen, so meinen wir, wären dir heutzutage zweifellos überaus peinlich. Deine ersten Ausflüge ins Menschsein lassen sich am besten mit dem Begriff ›Mensch-Tier‹ bezeichnen.

Es ging ums Überleben. Dein Leben beschränkte sich auf den heutigen Tag und auf die Notwendigkeit, bis morgen zu überleben. Du hattest keine Hoffnung, keine Vision; du hattest nur den Willen zum Überleben und deine nackte Existenz. Du hast existiert, um zu existieren.

So lebtest du ein Leben nach dem anderen. Wir nennen diese Arten des Lebens deine ›Sparflammen-Lebenszeiten‹. Du hattest genügend Lebenskraft, um die Flamme zu erhalten und brennen zu lassen, aber nicht genug, um wirklich ›Dampf zu machen‹. Es war eine Zeit der Reibung – des ständigen Kampfes und der Entbehrung. Doch Kampf und Entbehrung sind keine notwendigen Requisiten des Wachstums. Aber Träume sind es. Und du hattest keinen Traum.

An einem bestimmten Punkt in diesem Kreislauf von ›Überlebens-Inkarnationen‹ passierte dann etwas. Etwas geschah, das die Sparflamme veranlaßte, hochzulodern. Etwas geschah, was den Mikrokosmos dieser ursprünglichen Bewußtseinsexplosion kreierte. Etwas führte zu der Erkenntnis, daß das Leben mehr ist als ein bloßes Überleben. Du wußtest nicht, was dieses ›Mehr‹ war, aber es war plötzlich da, und du trafst deine Wahl.

Du trafst deine uranfängliche Entscheidung, und damit fing die Reise an. Wir nennen das Leben, in dem du diese Entscheidung trafst, deine erste richtungweisende Lebenszeit. Das war das Leben, in dem du dich für ein Wachstum entschieden hast; das Leben, mit dem die Reise begann – diese Reise, auf der du dich noch immer befindest –, die Reise nach Haus.

In jenem Leben machtest du einen Sprung vom Mensch-Tier zum ›Menschsein‹. Für viele ist es wichtig zu wissen, was genau geschah, aber wichtiger noch, so meinen wir, ist es zu wissen, daß es überhaupt geschah! Ganz gleich, was das Ereignis hervorrief – es gehörte Mut dazu, weil du dich mit diesem Schritt aus einer sehr begrenzten Konsensus-Realität herausbegabst. Was unmittelbar nach diesem Schritt geschah, ist auch nicht so wichtig. Wichtig ist, daß du den Schritt getan hast. Du fingst an zu wachsen!

Das Leben bietet mehr als die bloße Möglichkeit zu überleben, und du wolltest herausfinden, *was es ist.* Damit begann eine Entdeckungsreise, die noch immer nicht zu Ende ist. Auch wenn deine richtungsweisende Lebenszeit inzwischen Tausende von Inkarnationen zurückliegt, bist du, so meinen wir, weder langsam noch dumm. Von einem höheren Standpunkt aus betrachtet, kommst du relativ schnell voran.

Du hast dich auf die Suche nach diesem Etwas gemacht, das *mehr* zu sein versprach. Du fingst an, dein Menschsein zu entwickeln. Du lerntest, in einer Welt zu existieren, in der man selbst die Dinge und Angelegenheiten kreiert.

Jenseits des Menschseins

Nachdem man zum menschlichen Wesen geworden ist, erkennt man, daß da *immer noch mehr ist.* Die Idee, daß das Leben mehr als ein bloßes Überleben bietet, entwickelt sich weiter und wird zu dem Gedanken: *Das Leben ist mehr als ein bloßes Besitzen von Dingen.* Es gibt eine Qualität, die zum Menschsein gehört, die wichtiger ist als jede Quantität. Auf der Suche nach dieser mysteriösen Qualität tust du einen fast unmerklichen Schritt vom Menschsein in die Fülle eines ›Menschseins mit Potential‹. Das ist die zweite Wahlmöglichkeit für ein bewußtes Wachstum. Und die dritte Wahl wird getroffen, wenn du dich entschließt, über ein Menschsein mit Potential hinauszugehen, um in ein ›metaphysisches Menschsein‹ einzutreten.

Anfangs sind manche Menschen geneigt, sämtlichen Besitztümern, den Quantitäten, zu entsagen, um ihren Entschluß zu demonstrieren, nur mehr nach Qualität zu streben. Aber am Ende realisieren sie vielleicht, daß solche Demonstrationen unnötig sind, und danach, so meinen wir, erlauben sie sich, beides zu haben: die Quantität wie auch die Qualität eines metaphysischen Daseins.

Es gibt noch eine weitere Wahlmöglichkeit. Nachdem man über eine Existenz als Mensch-Tier hinausgegangen ist und vom ›Menschsein mit Potential‹ ins ›Metaphysische Menschsein‹ eingetreten ist, hat man die Möglichkeit, sich für ein ›Spirituelles Menschein‹ zu entscheiden.

Die Entscheidung, über die Ebene des Mensch-Tieres hinauszugehen, liegt lange zurück. In vielen deiner vergangenen Leben, wie du es nennst, hast du jedoch auch die Wahl getroffen, dich jenseits des ›Menschseins mit Potential‹ zu bewegen. Auch in diesem Leben hast du diese Wahl noch einmal getroffen.

Während der jetzigen Lebenszeit wurde dir von den Repräsentanten der Konsensus-Realität beigebracht, daß du mit harter Arbeit und guten Manieren erreichst, was du in deinem Leben wolltest. Du mußt nur tun, was sie sagen, dann geht alles in Ordnung. Die industrielle Revolution, die Medien, Beweglichkeit ›nach oben‹ und der amerikanische ›way of life‹ würden dir alles bringen, was du dir nur wünschen konntest. Oder, so meinen wir, wenn auch nicht alles, was du dir wünschen konntest, so doch zumindest das, was du dir wünschen *solltest.*

Es hat nicht funktioniert.

Manche von euch schlossen sich daraufhin der ›Bewegung zur Förderung des Menschlichen Potentials‹ an, die euch verheißt, in jedem von euch das Potential zu erschließen. Ihr wurdet analysiert und therapiert. Ihr wurdet gerolft und massiert. Ihr habt eure Kleidung und eure Berufe gewechselt und das Essen, das ihr zu euch nahmt. ›Es‹ wurde euch gegeben, und ihr habt ›es‹ aufgeschnappt. Ihr hingt an Bio-Feedback-Maschinen und wurdet psycho-kybernetisiert. Es funktionierte, in gewisser Weise.

Ihr wolltet einen besseren Beruf, ein neues Auto und eine befriedigendere Liebesbeziehung haben. Ihr wolltet gesünder werden und spürbaren Erfolg im Leben haben. Ihr habt die richtigen Einstellungen gelernt und die richtige Art, euch selbst darzustellen. Es funktionierte... gewissermaßen.

Der Besitz all der Dinge, die ihr haben wolltet, machte euch eure innere Leere allerdings erst richtig deutlich. Irgendwie hattet ihr immer noch nicht genügend Spaß und genügend Macht. Ihr seid gerannt, so schnell ihr konntet – aber es war nicht schnell genug. Ihr hattet, was ihr haben wolltet, und es reichte nicht! Es war einfach nicht genug...

Indem ihr euch an die Spitze der ›Bewegung zur Förderung des Menschlichen Potentials‹ und seiner verschiedenen Strömungen setztet, seid ihr dann in die Bereiche der Metaphysik und des Paranormalen gestolpert. Metaphysik: die Erforschung der Welten jenseits (und zwischen) den physischen Dimensionen. Hier habt ihr weitere Antworten gefunden.

Als der ›Amerikanische Traum‹ sich nicht erfüllte, ›übersprangen‹ andere von euch, so meinen wir, die Angebote der ›Bewegung zur Förderung des Menschlichen Potentials‹, um sich der Erforschung ihres individuellen Potentials in der Privatheit ihres Wohnzimmers hinzugeben. Ihr habt die einschlägige Literatur gelesen und angefangen, darüber nachzudenken. Heimlich, still und leise kamt ihr dann irgendwann zum selben Schluß: Es war noch immer nicht genug...

›Sich selbst zu lieben‹ wurde wichtiger, als ›richtig angezogen zu sein‹. Die ›richtigen Leute zu kennen‹ wurde ersetzt durch ›das innere Kind‹ kennenlernen – und den ›inneren Heranwachsenden‹ ebenfalls! Anstatt euch weiterhin von der gesellschaftlichen Realität einschüchtern zu lassen, habt ihr neue metaphysische Techniken angewandt, die euch die eigene Macht zurückgeben sollten.

Wir meinen: Wenn du gelernt hast, deine eigene Realität bewußt herzustellen – wenn du in der Tiefe deines Seins *wirklich* begriffen hast, daß du allein dein Leben gestaltest – und wenn du erkennst, daß nur du wissen kannst, wie du es gestalten willst, dann kannst du dich allen Ernstes und voller Bescheidenheit einen Metaphysiker nennen. Sobald du diese Stufe erreicht hast – und nur du weißt, wann das tatsächlich der Fall ist –, werden dir sämtliche Zusammenhänge mit jedem Moment klarer. Jetzt fängst du an, die Fähigkeiten zu verfeinern, die eine bestimmte, von dir gewollte Realität manifestieren.

Der metaphysische Mensch erfährt eine Lebensqualität und eine Quantität von Lebendigkeit, die es ihm möglich macht, sich ohne Zwang und ohne Angst seinem Lebens-Fokus zuzuwenden. Wir sagen lieber ›Lebens-Fokus‹ als zum Beispiel ›Lebens-Zweck‹, obwohl natürlich jeder das Wort benutzen kann, das ihm am besten gefällt. Der Terminus ›Zweck‹ hat einen Beigeschmack von Vorbestimmtheit – als hättest du keine eigene Wahl, weil irgend jemand deinem Leben einen bestimmten Zweck zuordnete, bevor du die physische Welt betratest. Das Wort ›Lebens-Fokus‹ hingegen impliziert mehr Selbstbestimmung. Ähnlich wie bei einer Kamera wählst du je nach Objektiv ein Weitwinkel-Objektiv oder eine ›Gummilinse‹. Du kannst deinen Fokus verändern, du kannst ihn auch ganz wechseln.

An einem bestimmten Punkt deiner Entdeckungsreise in die Bereiche der Metaphysik – auf einer bestimmten Stufe auf der Reise nach Haus angelangt – entdeckst du eine neue Spiritualität. Du entdeckst das New Age – das Zeitalter der Menschlichkeit und der Bewußtheit –, und es befindet sich in deinem eigenen Innern.

Zu deiner Überraschung stellst du fest, daß das New Age eine persönliche, offenbarende Erfahrung ist, die keinen wirklichen Anfang in der Zeit hatte. Es ist eine private Feier, die irgendwo in den Tiefen deines Bewußtseins stattfindet. Obwohl du noch immer ein Metaphysiker bist, so bist du doch schon irgend etwas ›mehr‹. Du brauchst niemandem davon zu erzählen und dich auch nicht selbst rational davon zu überzeugen: Du weißt es einfach.

Dieses Wissen, so meinen wir, ist der Beginn deines privaten und ureigenen New Age. Es ist der Schritt über ein Dasein als metaphysischer Mensch hinaus in die wunderbaren unbekannten Bereiche des spirituellen Menschseins.

Das geschieht, wenn du schließlich erkennst, daß du dieses ›Mehr‹, nach dem du so lange gesucht hast, nun tatsächlich gefunden hast. Dieses ›Etwas‹, das jenseits des Willens zum Überleben existiert, jenseits allen ›Habens‹, jenseits sogar von Sein, dieses ›Etwas‹ ist…

Du bist dieses ›Mehr‹; du und dein Traum. *Du* bist es, dein Traum und deine Beziehung zu Gott/Göttin/Alles-was-ist.

Gerade als du dachtest, du hättest das Ziel deiner Reise erreicht, stelltest du voller Dankbarkeit und Freude fest, daß sie nun wieder neu anfängt. Vorher warst du allein, doch jetzt fängst du an, dich als ein Team zu verstehen. Du beginnst den spirituellen Abschnitt deiner Reise nach Hause, in einer kokreativen Partnerschaft mit Gott/Göttin/Alles-was-ist.

In dem Moment, in dem du dein Alleinsein voll erkannt hast, bist du nicht mehr allein!

Die Stadien des Wachstums

Bewußtsein

Mineralreich — *Spirituelles Menschsein*

Pflanzenreich — *Metaphysisches Menschsein*

Tierreich — *Menschsein mit Potential*

Mensch-Tier/Menschenreich

Du beginnst als identitätsloses Bewußtsein und versuchst dich selbst zu erkennen, indem du dich fortlaufend fragst: »*Warum?*« Nach einer Serie von simultanen und fortlaufenden Explosionen des Bewußtseins nimmst du, als dein Höheres Selbst, bestimmte Formen an; erst als Gedanken, dann als Bewußtseinseinheiten, dann als subatomare Partikel und schließlich als Atome. Wir meinen, daß du auch an diesem Punkt noch Bewußtsein bist, das sich nach einer grobstofflicheren Form umschaut.

Also gehst du in das Reich der Mineralien und lernst, was du lernen möchtest. Es ist ein individueller Vorgang, und sobald er abgeschlossen ist, begibst du dich in eine vertikale Form der Stofflichkeit hinein, in das Pflanzenreich. Hier lernst du wiederum, was du für notwendig hältst. Wenn du fertig bist, springst du in eine gerichtete, beweglichere Form der Stofflichkeit – in das Tierreich. In einem Labyrinth von Inkarnationen innerhalb des Tierreichs findest du schließlich den Ausgang – die Teile des Puzzles fügen sich ineinander, und du tust den Schritt, der dir wie die höchste Stufe des Daseins vorkommen muß: den Schritt in das Mensch-Tier-Reich.

Bis zu diesem Punkt ist das Wachstum ein nahezu automatischer Prozeß. Dein Höheres Selbst, dein unbewußtes Selbst und dein unterbewußtes Selbst bringen dich bis zu dieser Stufe des Wachstums. Doch von nun an, so meinen wir, hängt alles von dir ab. Du mußt dich nunmehr für ein Wachstum von hier aus entscheiden, du mußt *wählen.* Die Wahlen, die vorher mehr oder minder automatisch vollzogen wurden, müssen nun bewußt getroffen werden.

Die erste bewußte Wahl

Die erste bewußte Wahl wird getroffen, wenn man erkennt, daß das Leben mehr ist als ein bloßes Überleben, und sich entschließt herauszufinden, was dieses ›Mehr‹ ist.

Damit beginnt die Reise zurück nach Haus. Damit hört man auf, sich von Gott/Göttin/Alles-was-ist zu separieren. Hier beginnt die Umkehr, und du schlägst eine andere Richtung ein – die Richtung nach Hause. Siehst du es? Diese Umkehr muß bewußt vollzogen werden, oder jedes Wachstum ist bedeutungslos. Die automatische Abspaltung von der Quelle ist zunächst notwenig für dein Wachstum – genauso wie die bewußte Rückkehr. Würde die Rückkehr aber ebenfalls automatisch erfolgen, gäbe es keine Entwicklung, weil du dann weiterhin nur wie ein Roboter existiertest.

Als Neugeborenes ist man durch die Nabelschnur mit der Mutter verbunden – mit der Quelle seines Lebens. Wenn die Nabelschnur durchschnitten wird, existiert man getrennt von der Mutter, aber es dauert noch einige Jahre, bis das Kind erkennt, daß es emotional mit der Mutter nicht eins ist. Mit dieser Erkenntnis beginnt ein eigenes bewußtes Wachstum.

Die Mutter bindet dir die Schnürsenkel zu, bis du sie zurückweist und darauf bestehst, es selbst zu tun. Obwohl du anfangs noch sehr ungeschickt bist, ist es notwendg, diese Dinge zu lernen. Es ist wichtig, Dinge allein und bewußt zu tun.

Wenn es jemanden gibt, der euch wirklich liebt, was wäre euch lieber: daß seine Liebe eine bewußte Wahl oder daß sie eine automatische, instinktive Reaktion ist? Was, glaubt ihr, gefällt Gott/Göttin/Alles-was-ist besser?

Obwohl diese Analogien nicht vollkommen sind – keine Analogie ist es (wenn sie vollkommen wäre, dann wäre sie keine Analogie mehr, sondern die Sache an sich!) –, so illustrieren sie doch hoffentlich den Punkt, um den es hier geht: die Notwendigkeit einer Trennung und einer bewußten Rückkehr.

Der Teil von dir, der Gott/Göttin/Alles-was-ist ist – dein Höheres Selbst –, führt dich bei deiner Trennung und leitet dich bis zur ersten bewußten Wahl. Dieser Teil leitet dich also bis zum entferntesten Punkt von Gott/Göttin/Alles-was-ist, aber du – das bewußte Du – mußt dich für die Heimkehr entscheiden.

Würde die Heimkehr ebenfalls automatisch erfolgen, so wäre sie bedeutungslos. Die Reise nach Haus ist eine bewußte Reise.

Vergiß nicht: Du bist ein Teil der Quelle; du bist ein Stück der Liebe. Du kannst diesen Ursprung nicht verlieren. Du kannst dir einbilden, getrennt zu existieren, aber du kannst niemals wirklich getrennt existieren. Dein Höheres Selbst weiß, daß es eine Illusion ist, wenn es dich bis zum entferntesten Punkt deiner Trennung von Gott/Göttin/Alles-was-ist leitet. Es ist eine Illusion! Nochmals: Es ist eine Illusion!

Du bildest dir ein, getrennt zu sein, bist aber niemals wirklich getrennt. Erleuchtung bedeutet, diese Einbildung aufzugeben – und zwar bewußt. Voll bewußt!

Wenn du mit vollem Bewußtsein aufgehört hast – und *wirklich* aufgehört hast –, dir etwas vorzumachen, bist du wieder eins mit der Liebe.

Eine ›Nach-Wahl‹: Die Vorbereitung für die ›Heilige Reise‹

Mit der ersten bewußten Wahl beginnt die Heimreise, doch hört sie damit keineswegs auf. Diese Wahl muß bewußt erfolgen – und sie erfolgt auch so, aber du mußt eine Reihe von anderen Wahlen treffen, bevor du aufhören wirst, dir etwas vorzumachen. Jeder in eurer Realität hat die erste bewußte Wahl getroffen, außer den wenigen, die vielleicht auch heute noch in irgendwelchen entlegenen Gegenden eures Planeten als Mensch-Tiere existieren. Diese *Homo sapiens* sind vielleicht dermaßen isoliert, daß sie noch immer nur leben, um zu überleben, ohne Sinn für das ›Mehr‹. Diese Wesen sind allerdings isoliert, nicht wirklich Teil dessen, was ihr eure Realität nennt.

Aber die Menschen innerhalb eurer Realität haben alle den ersten Schritt getan – sie haben die erste bewußte Wahl getroffen. Selbst Menschen, die eurer Meinung nach in keiner Weise auf der Suche sind, haben die bewußte Wahl getroffen, zur ursprünglichen Liebe zurückzukehren. Vielleicht wehren sie sich dagegen; vielleicht fürchten sie sich; vielleicht leugnen sie, auf der Suche zu sein... Aber dennoch sind sie auf dem Weg. Wir meinen, daß auch ihr alle diese Verhaltensweisen zu bestimmten Zeiten an den Tag gelegt habt. Aber jeder hat die erste ursprüngliche bewußte Wahl getroffen, nicht allerdings die darauffolgenden Entscheidungen. Die Heimreise beginnt mit der ersten bewußten Wahl, doch sie wird erst mit den nachfolgenden Entscheidungen fortgesetzt – erst dann wird sie zur ›Heiligen Reise‹.

Das menschliche Potential

Die zweite bewußte Wahl ergibt sich aus der Erkenntnis: Das Leben ist mehr als ein bloßes Anhäufen von Besitztümern. Es muß auch eine Tiefe, eine bestimmte Seinsqualität haben. Diese Seinsqualität werde ich finden!

Diese Wahl führt zu der fünften Stufe des Wachstumsprozesses: zum ›Menschen mit Potential‹. Auf dieser Stufe, so meinen wir, wird damit begonnen, die Fülle des menschlichen Potentials zu erschließen. Manche tun es mit einem lauten Knall und viel Trara. Andere tun/taten es mit einem leisen Flüstern, indem sie für sich allein entdecken, wer sie sind.

Das menschliche Potential zu entwickeln bedeutet, zu lernen, daß die ›richtige Einstellung‹, die ›richtige Weltanschauung‹, die einschlägige Sprache und das ›richtige physische Image‹ die Dinge sind, mit denen die eigene Realität geschaffen wird. Es gibt Beispiele in eurer Geschichte: historische ›highlights‹, Individuen, die das menschliche Potential in seiner Fülle demonstrieren. Die ›Bewegung zur Förderung des Menschlichen Potentials‹ sagt, daß *jeder* Mensch ein Potential hat, das entwickelt werden kann, nicht nur einige wenige. Manche entwickeln sich auf ganz natürliche Weise; andere ergreifen sehr spezifische Maßnahmen, um ihr Potential bewußt zu entwickeln.

Eine der Grundideen der Bewegung ist die, daß einem Menschen mit der richtigen Einstellung und genügend Vitalität Möglichkeiten offenstehen, die uns heute noch schier unmöglich erscheinen. Jeder macht seine eigene ›Bewegung zur Förderung des menschlichen Potentials‹, sei es auf einem öffentlichen Marsch mit vielen Teilnehmern oder, ohne jedes Trara, als privates Unterfangen.

Der öffentliche Marsch wird oft der ›Bewegung zur Förderung des Menschlichen Potentials‹ zugeschrieben und hat vielen neuen Ideen gesellschaftliche Anerkennung eingebracht und eure soziale Kultur wesentlich verändert. Mitbestimmung am Arbeitsplatz, Streß-Reduzierung, Management-Trainingskurse, bei denen Meditation und Kommunikation gelehrt werden, und Networking sind alles Bestandteile des öffentlichen Marsches in ein Zeitalter der Förderung des Potentials eines jeden einzelnen.

Und damit kommen wir zu einem weiteren Begriff, der von der Öffentlichkeit in diesem Zusammenhang aufgegriffen und gebraucht wird, ohne daß er in seinem tiefsten Sinne auch verstanden würde: New Age.

Diese beiden Worte stehen heute offenbar für alles, was über eine Existenz des ›Haben wollens‹ hinausgeht. Wenn du besitzt, was du haben wolltest, wenn du das menschenmögliche getan hast, um zu erreichen, was du erreichen wolltest, zu werden, was du werden wolltest, stellst du fest, daß auch dies noch nicht genügt. Du weißt nicht, was dir fehlt, aber dir fehlt noch etwas. Du fühlst dich schuldig, weil du doch eigentlich zufrieden sein solltest. Aber du bist weiter ruhelos. Du meinst, es müßte noch mehr geben, als die Möglichkeiten immer wieder neu zu kombinieren, mehr als die ›richtige Einstellung‹ und die ›richtige Lebensart‹. Es hat eine Zeitlang für dich funktioniert, aber nun funktioniert es nicht mehr.

Es bringt dir nichts mehr! Eine weitere Sitzung, noch ein Seminar und die nächste Massage bringen dich einfach nicht weiter. Das menschliche Potential, obwohl bedeutungsvoll, ist nicht die ganze Antwort. Es gibt noch mehr – und deine Sehnsucht treibt dich.

Das metaphysische Potential

Die dritte bewußte Wahl ist die metaphysische. Es ist die Entscheidung, die eigene Realität selbst zu schaffen. Ja, menschliche Ressourcen und das ›richtige Material‹ sind hilfreich und wichtig, aber sie schaffen nicht deine Realität. *Du* kreierst sie. Das menschliche Potential ist nicht die Quelle deines Erfolgs, sondern lediglich das Rohmaterial, welches du benutzt, um dein ›Glücklichsein‹ zu schaffen. Du bist die Quelle deines Erfolgs.

Wenn sie richtig genutzt wird, ist die ›Bewegung zur Förderung des Menschlichen Potentials‹ eine wichtige Hilfe bei der Vorbereitung auf den nächsten Schritt. Die wahren Führer dieser überaus wichtigen Bewegung sind mutige Leute, die wissen, daß ihnen die Verantwortung dafür obliegt, das Rohmaterial, das jedem einzelnen innewohnt, zu erschließen. Die wahren Führer kennen ihre wahre Aufgabe. Sämtliche Therapien, vom Encounter über Primär-Therapie bis zum Samadhi-Tank, sind dazu da, die Leute so weit zu klären und zu öffnen, daß sie erkennen konnten, was schon in ihrem Inneren vorhanden war. Alle Körperarbeit, von der Feldenkrais-Methode bis zum Rolfing, hat zum Ziel, den Leuten eine Möglichkeit zu geben, das Rohmaterial in sich selbst zu entdecken. Die echten Führer wissen das.

Aber es gibt Führer, die nicht sind, was sie vorgeben. Sie haben die Neigung, ihre Technik, ihr System zu vergöttern, in göttliche Nähe zu rücken. Damit werden die Mittel zum Zweck. Die Therapien zum Beispiel werden zum Selbstzweck und nicht mehr als Wege zum Ziel verstanden. Das heißt, so meinen wir, daß die Menschen danach bewertet werden, an welchen Gruppen und Seminaren sie teilgenommen haben, anstatt zu sehen, was sie durch irgendeine Methode gelernt haben.

Viele sind zu dem geworden, was wir die ›Vinyl-Wärmer‹ nennen. Das sind die Leute, die an allen möglichen Workshops teilnehmen und meinen, daß sie sich mit dem Eintritt automatisch das Wissen erkauft haben. Das sind diejenigen, die tun, als hätten sie einen Anspruch auf Erleuchtung, wenn sie auf den vinylbezogenen Stühlen einer Kongreßhalle sitzen.

Es genügt dir, teilzunehmen, dazusitzen und hinterher darüber reden zu können. Daß du in keiner Weise verändert bist, daß du deinem eigenen Potential immer weniger Bedeutung beimißt, weil du dich mehr und mehr auf das versprochene Potential eines bestimmten Systems verläßt – daß du innen leer bist und dich nicht traust, deine Hohlheit einzugestehen, ist nicht mehr wichtig, wenn ein System zur *message* wird.

Die Führer, die keine sind, zusammen mit den ›Vinyl-Wärmern‹, die ihnen folgen, überlassen ihre Macht dem System oder der Bewegung. Ihr *right stuff* wird wichtiger als das, was du selbst denkst und fühlst. Er wird mächtiger als du.

Die Fähigkeit, andere einzuschüchtern, zu manipulieren und zu benutzen, ist oftmals das Kriterium, an dem der Erfolg gemessen wird. Für manche spielt es keine Rolle, ob du glücklich oder zufrieden bist, solange du dein Leben an ihren Vorschriften ausrichtest. Wenn du unglücklich bist, darfst du nicht fragen, warum. Sieh zu, daß du glücklich wirst – es ist deine Sache!

Die Verherrlichung von Techniken und Systemen läßt viele

in der ›Schlinge‹ der ›Bewegung zur Förderung des Menschlichen Potentials‹ steckenbleiben. Traurigerweise finden sie nie wirklich heraus, was das menschliche Potential, das entwickelt werden soll, eigentlich ist, und irgendwann erklären diese Enttäuschten die gesamte Bewegung dann für tot oder für niemals dagewesen.

Nun – was eigentlich ist das menschliche Potential? Es ist deine Fähigkeit, eine Wahl und, auf dieser Grundlage, bestimmte Entscheidungen zu treffen. Wir meinen, daß es deine Fähigkeit ist, zu denken und zu fühlen und diesen Gedanken und Gefühlen dann eine Bedeutung zu geben, sie im Sinne von Veränderung wirken zu lassen. Es ist die Fähigkeit, die eigenen Einstellungen und Glaubensvorstellungen bewußt zu beobachten und sie nach freiem Willen zu verändern. Das wahre menschliche Potential ist das Rohmaterial, aus dem jeder einzelne seine eigene Realität schafft.

Das metaphysische Potential zu entwickeln bedeutet, die Rohmaterialien zu erkennen, seine eigenen Möglichkeiten zu erkennen und sie mit Hilfe der neu erworbenen Werkzeuge, des neu erworbenen Wissens, auszudrücken. Ein wahrer Metaphysiker lernt, wie er die Werkzeuge der Schöpfung gebraucht, wie er mit ihnen die Rohmaterialen ›bearbeitet‹; er lernt, wie er durch eine dynamische Vereinigung von Instrument und Material das in seiner Realität manifestiert, was er gewollt hat. Ein Metaphysiker zu sein, so meinen wir, bedeutet auch mehr, als nur das zu kreieren, was man sich vorgestellt hat. Es bedeutet, daß man seine gesamte Realität selbst erschafft, auf persönlicher wie auf globaler Ebene.

Die Werkzeuge der Schöpfung? Wunsch, Imagination und Erwartung. Das sind sie. Es gibt keine anderen. Jeder von euch hat nur diese Werkzeuge, was immer er auch kreiert. Welche Realität auch immer von wem geschaffen wird, bewußt oder unbewußt, sie wird mit diesen Werkzeugen geschaffen – und nur mit diesen. So sehr ihr auch daran glauben möchtet, daß ein erfolgreicherer Mensch als ihr irgendwelche geheimen Waffen oder besonderen Vorteile genutzt haben muß – er hat nichts anderes als diese Werkzeuge gehabt.

Der Unterschied liegt in der Anwendungsweise. Er setzt seine Werkzeuge mit größerer Präzision ein, mit klarerem Vorsatz, mit einer umfassenderen Vision. Solche Leute, die erfolgreicher sind als du, setzen ihre Mittel anders ein, aber die Mittel, die ihnen zur Verfügung stehen, so meinen wir, sind die gleichen wie die, die dir zur Verfügung stehen.

Die letztliche Motivation

Dein metaphysisches Potential liegt darin, erst dich selbst zu lieben und dann die anderen. Wir wissen, daß das sehr vereinfacht klingt, aber es ist wahr. Das metaphysische Potential ist deine Kapazität, dich erst einmal selbst zu lieben und daraufhin genug Liebe für die anderen zu entwickeln, dich selbst zu motivieren, deine Werkzeuge und dein Material zu benutzen, um auf spontane Weise eine liebevolle Realität zu schaffen.

Siehst du, du kannst dein menschliches Potential – dein Rohmaterial – benutzen, um eine ›angenehme‹, eine ›akzeptable‹ oder sogar eine ›luxuriöse‹ Realität zu schaffen. Aber dann stellt sich die Frage, wie tief du gehen willst: Wieviel Liebe existiert in deiner Realität? Inwieweit ›nährt‹ dich deine Realität?

Mit deinen Werkzeugen und deinem Rohmaterial kannst du eine scheinbar liebevolle oder auch tatsächlich liebevolle Realität schaffen, aber wenn deine Motivation ist, es zu tun, ›weil man es von dir erwartet‹, dann bist du zwar nahe dran, aber noch immer nicht am Ziel. Es muß spontan geschehen, ohne daß du auch nur darüber nachdenken mußt! Am Ziel bist du, wenn die Liebe für dich selbst und andere so stark und automatisch aus dir herausströmt, daß du keine Pläne mehr für deine Realität machen mußt – deine Realität ist zu einer Spiegelung deiner mühelosen Liebe geworden.

Aber im Moment liebst du dich selbst und die anderen noch

nicht genug, um es so zu tun. Deshalb ist die metaphysische Welt voll von Techniken, die du erst noch nutzen mußt.

Sobald du dich und dann andere auf diese bedingungslose Weise lieben kannst – ein Idealzustand, wir geben es zu –, wirst du keine Techniken zur Realitätsschaffung mehr nötig haben. Du schaffst dir dann selbst ganz automatisch diese liebevolle Realität. Die Automatik ist dir bewußt geworden – trotzdem passiert es weiter automatisch!

Halte für einen Moment inne: Das Automatische vollzieht sich bewußt, ist aber immer noch automatisch. Du siehst, du beginnst deine Evolution des Wachstums mit einer unbewußten, automatischen Realitätsschaffung und kehrst dann letztlich wieder zu einer automatischen Realitätsschaffung zurück, die aber diesmal bewußt stattfindet. Du hast so eine wahrhaft elegante Welt kreiert!

Wenn du dich selbst umfassend lieben würdest, wäre es dir unmöglich, eine andere Realität als eine positive zu schaffen. Oder würdest du aus deiner totalen Liebe heraus Schmerzen und Entbehrungen schaffen? Meinst du, daß andere aus totaler Liebe heraus eine Welt des Leidens und der Grausamkeit schaffen würden? Nein. Ihr schafft statt dessen eine Welt der vollkommenen persönlichen und globalen Freude und des Glücks.

Das Wie und Warum

Einige von euch warten auf diese utopische Welt der völligen Selbstliebe. Bis es soweit ist, ist es wichtig, sich mit dem Wie und Warum der Realitätsschaffung vertraut zu machen.

Andere halten eine solche Utopie selbst als Vorstellung für eine reine Zeitverschwendung. Sie meinen – und manche fühlen es auch mit großer Ernsthaftigkeit –, daß ein derartiger Idealismus nicht nur verantwortungslos, sondern auch überaus gefährlich sei. Wir wollen nicht dagegen argumentieren. Wir sagen nur soviel: Wenn sie ihrer Sache so sicher sind, dann sollten sie sich (mehr noch als die Leute, die auf die Zeit der vollkommenen Liebe warten) so schnell wie möglich mit den Wies und Warums der Realitätsschaffung vertraut machen!

Bei der Frage, ›wie‹ diese Realität geschaffen werden kann, geht es in erster Linie darum, die eigene Macht zurückzuholen. Der erste Schritt wird getan, wenn man erkennt, daß man seine Wünsche, seine Imagination und seine Erwartungen als Werkzeuge benutzen muß. Zu wissen, wie sie benutzt werden, ist Macht. Sein eigenes Rohmaterial zu akzeptieren, ist von grundlegender Wichtigkeit. Es bewußt zu nutzen, ist Macht, persönliche Macht. Bei der ganzen Metaphysik geht es nur darum, wie die Realitätsschaffung im einzelnen funktioniert.

Die Warums der Realitätsschaffung sind ein weiterer integraler Bestandteil des Zurückeroberns von Macht. Wir wissen, daß die Frage ›warum‹ unpopulär geworden ist, zumindest bei bestimmten Gruppen innerhalb der New-Age-Bewegung. Sie erklären, daß das Warum durch deine Erfahrung Antwort findet. Du wirst angehalten, niemals ›warum‹ zu fragen; immer nur ›wie‹.

Nun darfst du a priori niemals fragen, warum, aber dann werden Zitate von Autoritäten angeführt, die dieses Tabu rechtfertigen sollen. Meistens wird Fritz Perls als der Urheber dieses Konzepts bezeichnet, aber er wäre sicherlich erstaunt, wenn er erfahren würde, wie seine Ideen aus dem Zusammenhang gerissen wurden, um eine ›Pop-Psychologie‹ zu stützen, vor der er selbst zu Lebzeiten gewarnt hat.

Ja, diese fatale Frage zu stellen kann dich in der Tat daran hindern, Erfahrungen zu machen, aber nur wenn du das ›Warum‹ fragst, das wir das ›rechtfertigende Warum‹ nennen. Fragst du hingegen das ›erklärende Warum‹, so werden deine Erfahrungen nicht nur nicht eingeschränkt, sondern im Gegenteil, sie werden intensiviert, und deine persönliche Macht wird dadurch erhöht.

Worin liegt der Unterschied? Die Frage: »Warum kommst du so spät?« kann auf zwei Arten beantwortet werden. Die rechtfertigende sieht folgende Antwort vor: »Ich komme zu spät, weil die Ampeln alle auf Rot standen und die Straßen völlig verstopft waren.« Es wird von Telefonanrufen in letzter Minute und Autos, die nicht anspringen wollten, geredet, von Zeit, die einem davongelaufen ist und von gewissen Eigenarten, die man nun einmal habe. All das verhindert jede wirkliche Erfahrung.

Bei der zweiten Art der Antwort – der auf das ›erklärende Warum‹ – wird mit Abneigungen oder Widerständen argumentiert, die das Zusammentreffen verzögert hätten. Von Selbstaufopferung und Frustration ist dann die Rede, von Schuldgefühlen, ›immer wieder zu spät zu kommen‹, oder dergleichen. Hier geht es um das eigene Image und um den Grad der Selbstliebe und der Liebe für den anderen. Es ist eine Tatsache, daß derartige Eingeständnisse den meisten nicht leichtfallen werden, aber sie sind besser geeignet, einen Teil der eigenen Macht zurückzubekommen. Es mag unangenehm sein, diese Dinge zuzugeben, aber eine solche Diskussion kann zu einer Transformation führen – zu einer bewußten Veränderung –, die nur aus einem vollen Verständnis der Sachlage entstehen kann, nicht aus ihrer Rechtfertigung.

Ein anderes Beispiel dafür, was wir meinen, ist das folgende: Oft weißt du genau, was du tun mußt, um dich glücklich zu machen. Du weißt sogar, wie du es tun mußt, aber aus irgendeinem Grund, den du selbst nicht verstehst, kannst du es einfach nicht tun. Dabei geht es nicht darum, wie leicht oder schwer es ist, diese Sache zu tun – das spielt keine Rolle. Du kannst es einfach nicht tun, du kannst es einfach nicht...

Obwohl du das ›Wie‹ genau kennst, bleibst du machtlos, solange du nicht erforschst, warum du dich dennoch davon abhalten läßt, zu tun, was dich glücklich macht. Und du bleibst in dieser Machtlosigkeit stecken, bis du verstehst, erklären kannst (nicht rechtfertigst), ›warum‹.

Die ›rechtfertigenden Warums‹ hindern dich daran, wirkliche Erfahrungen zu machen, und sie verhindern die Erkenntnis, daß du deine Realität selbst geschaffen hast. Die Antworten darauf, die Ausreden, lassen das Ganze so aussehen, als hätte die Realität dich geschaffen und nicht du sie: Damit erzeugst du bei dir das Gefühl, für die Schaffung deiner eigenen Realität nicht verantwortlich zu sein.

Die ›erklärenden Warums‹ verleihen dir zwar Macht, aber sie machen dich auch verletzbar und für andere transparent und damit manipulierbar. Aus diesem Grund, so meinen wir, ist es nicht verwunderlich, daß viele Leute dieses potentiell gefährliche Warum aus ihrem Vokabular streichen möchten.

Tatsächlich ist es aber so, daß du, wenn du mit diesen ›erklärenden Warums‹ arbeitest, wirklich erfährst, daß du deine eigene Realität selbst schaffst. Und so gewinnst du an Macht. Solange du nur weißt, *wie* du eine bestimmte Realität kreierst, ohne zu begreifen, *warum*, solange kannst du nie sicher sein, ob du sie auch in der Zukunft wieder herstellen kannst – oder auch nicht wieder herstellen kannst, je nachdem. Du würdest zwar wissen, wie du sie wieder oder auch nicht wieder schaffst, aber deine ursprünglichen Motive, die diese ›Wies‹ zur Erfüllung brachten, wirst du so nicht erkennen.

Solange du also noch nicht in dem Stadium der absoluten Selbstliebe und der Liebe für andere bist, solange lernst du das ›Wie‹ und ›Warum‹ der Realitätsschaffung. Darüber hinaus lernst du, daß du selbst alles kreierst. Es gibt niemanden, der es sonst für dich macht. Du bist allein mit deiner Schöpfung.

Die Angst vor der Einsamkeit hält viele potentielle Metaphysiker zurück. Wir meinen, daß du nicht nur allein dorthin kommen mußt, du mußt diese Furcht und diese Art der Einsamkeit auch ganz und gar erfahren, bevor du dir erlauben kannst, dem Geheimnis auf die Spur zu kommen. Du mußt erst vollkommen allein mit deiner Verantwortung sein, bevor du dir die Erlaubnis erteilen kannst, die vierte bewußte Wahl zu treffen.

Das spirituelle Menschsein

Wenn du weißt – nicht nur vermutest –, daß du derjenige bist, der nicht nur die eigene Realität, sondern die Gesamtheit der Realität selbst kreiert, dann bist du reif. Wenn du weißt – nicht nur annimmst –, daß alles in deiner Welt und auf der physischen Ebene von dir geschaffen wurde, näherst du dich einer neuen Stufe des Gewahrseins. Auch wenn du nicht sämtliche ›Wies‹ und ›Warums‹ erkannt hast, auch wenn du noch kein Meister im Umgang mit den Werkzeugen der Schöpfung bist und mit den Rohmaterialien für die Realitätsschaffung noch nicht mit absoluter Eleganz umgehen kannst – wenn du weißt, wirklich weißt, daß du es bist, der alles kreiert, dann bist du fähig, das Geheimnis zu lüften.

Das Geheimnis ist: Du bist nicht wirklich allein. Du hast eine Quelle; diese Quelle ist Liebe; diese Quelle ist Gott. Wir meinen, daß es Gott/Göttin/Alles-was-ist gibt.

Die vierte bewußte Wahl entwickelt sich aus der Verknüpfung verschiedener Erkenntnisse. Die erste ist die, daß das Leben mehr ist als ein Überleben; die zweite, daß es mehr ist, als ›haben wollen‹; die dritte, daß du dir alles selbst geschaffen hast, du aber weißt, daß es da noch etwas mehr gibt. Die vierte Wahl wird getroffen, wenn du sagst: »Was auch immer dieses ›Mehr‹ ist – ich werde es finden.«

Was dir noch fehlt, bist *Du*. Du und dein Traum. Deine Spiritualität. Jenseits von ›Haben‹, jenseits der absoluten Eigenverantwortung und der Macht und der Befriedigung, die das Gewahrwerden dessen mit sich bringt, liegt deine Spiritualität. Das ist jenes ›Mehr‹, das dich dazu bewegt, den siebenten Schritt in deinem Wachstumsprozeß zu tun. Es führt dich in das Reich des spirituellen Menschseins.

Hier wird nun endlich das Selbst entdeckt, das mehr ist, als du je zuvor gewesen bist. Hier erfährst du dich als einen Teil von Gott/Göttin/Alles-was-ist und erkennst, daß du die ganze Zeit schon auf tiefste und innigste Weise damit verbunden warst.

Auf dieser Stufe wird ein volles spirituelles Dasein erfahren, erforscht und ausgelebt.

Was ist ein spirituelles Dasein? Um eine Antwort auf diese Frage geht es die ganze Zeit schon bei diesem Unternehmen. Es gibt keine definitive Antwort, die für alle gültig ist. Jeder muß es für sich selbst herausfinden und leben. Und jeder findet es letzten Endes selbst heraus. Irgendwann – vielleicht – lebt jeder ein spirituelles Dasein.

Viele werden unwillkürlich an die Religion ihrer Kindheit erinnert, wenn sie das Wort ›Spiritualität‹ hören, und sagen sofort: »Nein Danke!« Viele von euch haben sich gewissen metaphysischen Strömungen zugewandt, um den Schmerz, die Isolation und die Schuld hinter sich zu lassen, die für sie korrekter- oder inkorrekterweise mit der traditionellen Religion verbunden waren. Ihr laßt eure traditionelle Religion in der Versenkung verschwinden und meint dann, ihr habt eure Spiritualität damit überhaupt hinter euch gelassen. Wenn ihr dann im Laufe eures Wachstums über das Konzept der Spiritualität stolpert, kommen euch sofort wieder die alten Bilder der traditionellen Gottesvorstellung, anstatt daß ihr eure eigene Beziehung zu Gott erkennt.

Spiritualität ist die Beziehung zum eigenen Ursprung, zur Quelle, zur Liebe, zu Gott/Göttin/Alles-was-ist. Auch der hartnäckigste Atheist hat eine Beziehung zu diesem Ursprung und somit eine Spiritualität. Die Beziehung mag gut oder schlecht, indifferent oder vollkommen unbewußt sein, dennoch *ist* sie die Spiritualität des jeweiligen Menschen.

Das innere Kind sieht Bilder einer limitierenden traditionellen Spiritualität, die ihren Ursprung in der Konsensus-Realität haben, welche, wie das Wort schon sagt, auf Übereinstimmung beruht, nicht auf der Wahrnehmung der Wirklichkeit. Manche erinnern sich sofort an ihre alte Sonntagsschule oder Kirche, wo sie endlos langweiligen Predigten zuhören mußten, während sie den Drang, nach draußen zu rennen, laut zu schreien und zu spielen, kaum unterdrücken konnten. Diese Art der Spiritualität bedeutet Kirchenbänke, die zu hart sind, und angekaute Bleistiftstummel. Sie repräsentiert all das Pflichtbewußtsein und die Machtlosigkeit, der ihr als Kinder entrinnen wolltet.

Für andere bedeutet Spiritualität nichts anderes als eine muffige Frömmelei, hinter der sich Anmaßung und Arroganz verbergen. Schon allein das Wort ruft Bilder einer zornigen Selbstgerechtigkeit hervor, die sich als Mitleid ausgibt. Das Wort ist gleichbedeutend mit der Heuchelei und Zwanghaftigkeit der institutionalisierten Religionen eurer Kindertage. Wieder andere sehen Bilder einer modrigen Süßlichkeit inmitten eines Knäuels unentwirrbarer Dogmen und Gebote, wobei das salbungsvolle Geflüster kaum die Einsamkeit und Entfremdung oder die Angst und Bitterkeit der vom Leben Enttäuschten verbergen kann.

Vor dieser Art von Spiritualität seid ihr davongelaufen, als ihr die Reise nach Haus begannt. Nun sieht es aus, als wäret ihr wieder dort angekommen! Das ist der Grund, warum viele Leute diesen siebenten Schritt nicht tun. Das ist der Grund, warum viele vor einer Auseinandersetzung mit ihrer Spiritualität zurückschrecken.

Nun kann man in drei verschiedene Richtungen gehen. Manche Leute haben alle drei ausprobiert.

Die erste Richtung: Du kannst an deinen alten Bildern festhalten und versuchen, ihnen neues Leben einzuhauchen, wie es die christlichen Fundamentalisten, besonders in Amerika, tun. Die Wiederbelebung der fundamentalistischen Dogmen und Ideen, im Zeitalter der Elektronik über ›Fernseh-Evangelien‹ vermittelt, ist nicht wirklich überraschend. Die Leute haben die erste, die ursprüngliche Entscheidung getroffen zu wachsen, und sie sind auf ihrer Reise nach Haus vorangekommen. Wenn sie auf der jetzigen Wachstumsstufe an ihren alten Bildern festhalten, müssen sie sich zwangsläufig der alten Spiritualität erneut zuwenden – nur mit mehr Elan. Sie werden zu *born again Christians* und Jesus-Freaks.

Die Alternative: Du kannst deine alten Vorstellungen ablehnen und jede Möglichkeit einer echten Spiritualität leugnen. Du kannst eine ›Schein-Spiritualität‹ kreieren, die von einem Nicht-Gott geführt wird, dessen Nicht-Anhänger von Nicht-Lehrern unterwiesen werden, wobei niemand für irgend etwas verantwortlich ist. Unter der Kappe der ›Bewegung zur Förderung des menschlichen Potentials‹ haben manche Derartiges versucht. Sie haben ihre Nicht-Doktrinen unter lautem Geschrei der Öffentlichkeit zur Nicht-Beurteilung vorgestellt. Ein Großteil der Kritiken an metaphysischen, spirituellen und New-Age-Unternehmungen richtet sich, so meinen wir, eigentlich nur gegen die Repräsentanten dieser Alternative.

Weil diese Wenigen ihre Thesen so lauthals, so häufig und so emsig verkündet haben, wurden sie fälschlicherweise für die Sprachrohre und geistigen Führer einer allgemeinen Bewegung gehalten, die in Wahrheit eine sehr persönliche Reise ist. Es ist eine Ironie, daß eine kleine Gruppe von Leuten, die im Grunde genommen Angst vor dem Sprung in die wahre Spiritualität haben, weil sie sich nicht von den Bildern der Vergangenheit trennen können, sich für die Führer des New Age hält und auch von der Allgemeinheit als solche betrachtet wird. *Ihr* seid die wahren Lehrer. Ihr seid die Führer. Jeder von euch ist sein eigener Führer auf dem Weg nach Haus.

Die dritte und beste Möglichkeit besteht darin, die Bilder der Kindheit als das zu erkennen, was sie sind. Erkenne, daß es deine Bilder sind und daß du selbst sie geschaffen hast. Vergib dir. Dann ändere die Bilder, die du von Spiritualität hast. Sieh, daß ein spirituelles Leben ein Leben auf der Suche nach neuen Bildern ist – ein Leben, in dem du eine neue Beziehung zu Gott/Göttin/Alles-was-ist suchst.

Ein spirituelles Leben bedeutet ständige Veränderung und Erweiterung. Sobald du neue Bilder in dir trägst, mußt du erkennen, daß auch sie altern und vergilben. Wenn das geschieht – morgen, nächste Woche, nächstes Jahr oder im nächsten Jahrzehnt –, mußt du willens sein, deine alten Bilder loszulassen und sie durch neue zu ersetzen. Das Antlitz von Gott/Göttin/

Alles-was-ist verändert sich andauernd. Schaffe dir neue Bilder!

Eines der größten Probleme mit der Spiritualität ist die Tatsache, daß die meisten Menschen versuchen, Gott/Göttin/Alles-was-ist auf irgendeine Weise ›einzufangen‹. Die Wissenschaftler machen den Versuch, die Quelle allen Seins auf eine mathematische Formel auf der Wandtafel zu reduzieren. Die Theologen blättern in den Seiten irgendeiner Heiligen Schrift oder bedienen sich der Syllogismen gewisser induktiver oder deduktiver Beweisführungen. Die Philosophen fahnden nach einem Gott, welchen Namens auch immer, indem sie die menschliche Natur durchdenken und immer wieder neu durchdenken. Die Mediziner spähen in das Innere von Zellen. Die Sucher bemühen sich, die Liebe in ein System einzuordnen, im sinnlosen Versuch, sie garantiert jederzeit zugänglich zu machen.

Gott/Göttin/Alles-was-ist wird niemals bewiesen werden. Die Liebe wird niemals eingefangen werden, weil sie sich ständig verändert, erweitert, wächst! Wenn du ein spirituelles System gefunden hast, mußt du wissen, daß es irgendwann überholt und veraltet sein wird. Wachstum bedeutet, Systeme zu definieren und wieder ›zerplatzen‹ zu lassen, um einem neuen System Platz zu schaffen, welches wiederum definiert wird und ›zerplatzt‹ usw. usf.

Die dritte Alternative besteht darin, ein spirituell lebendiger Mensch zu werden, der permanent sucht, findet und wieder sucht und findet – in einer immer neuen, immer tiefer werdenden, ausschließlich persönlichen Beziehung zu Gott/Göttin/Alles-was-ist. Das ist dann die letzte Reise.

Das ist die Heilige Reise nach Haus.

Herzlich Willkommen...

Teil 3

Die Schritte, die ans Ziel führen

»Wenn du auf der Suche nach der Wahrheit bist –
wenn du wirklich nach deiner Wahrheit suchst –,
darfst du eins nicht vergessen:
Die Schritte, die dich ans Ziel führen,
sind immer auch die Zustände, die du am Ziel erfährst.«

Lazaris

Drei

Die Reise beginnt: Liebe

Also… wo befindest du dich? Sehr viel weiter auf deinem Weg, als du annimmst. Vor unzähligen Inkarnationen hast du erkannt, daß das Leben mehr ist als ein bloßes Überleben. Jeder von euch hat die erste richtungweisende Lebenszeit längst hinter sich. Ihr habt viele Lebenszeiten spektakulären Wachstums und Erleuchtung erfahren. Dies ist weder das erste Mal, daß ihr das menschliche Potential in eurem Innern erkannt habt, noch ist es das erste Mal, daß ihr an eurem metaphysischen Potential arbeitet. Ihr habt schon viele Male mit der spirituellen Reise begonnen – oder es zumindest versucht.

Jedes eurer vielen Leben hat das Potential, euch nach Hause zu führen. Die Tatsache, daß ihr wieder hier seid, weist darauf hin, daß ihr bis jetzt noch nicht entschieden habt, nach Hause zu gehen. Das ist ganz in Ordnung, denn ihr habt ja euer jetziges Leben, um diesen Entschluß zu fassen. Ihr könnt euch jetzt dafür entscheiden!

Seht ihr, wir meinen, daß dieses Leben so etwas wie einen Mikrokosmos eures umfassenderen Wachstums darstellt. In eurer momentanen Körperlichkeit ist euch mittlerweile auch schon klargeworden, daß das Leben mehr als ein Überleben und mehr als ein ›Haben müssen‹ ist. Ihr seid auf euer menschliches Potential, in Gemeinschaft oder ganz für euch, gestoßen. Wir meinen, daß ihr vielleicht nicht euer gesamtes Potential nutzt, daß es euch aber in einer Weise zugänglich ist, wie nie zuvor in der Geschichte des Bewußtseins. Ob ihr es nutzt oder nicht – es gibt eine Fülle von Techniken und Methoden, die euch eine volle Ausnutzung eures menschlichen Potentials möglich machen.

Jeder von euch mag sein metaphysisches Potential ein wenig anders ausdrücken oder definieren, aber ungeachtet dieser Unterschiede habt ihr allesamt euer metaphysisches Potential schon entdeckt.

Nun wartet nicht länger!

Ihr seid am Endpunkt der ›vier Wege zum Wachstum‹ angelangt. Ihr seid nun bereit, euer *spirituelles Potential* zu entwikkeln. Ihr seid in der Lage, euch auf die Heilige Reise zu begeben. Ihr könnt die magische Anziehungskraft dieser Einsicht beinahe spüren. Ja, ihr wißt, daß ihr angekommen seid. Ihr wißt, daß ihr so weit seid. In mancher Hinsicht seid ihr schon weitergegangen. Trotzdem fühlt ihr eine Angst, die sagt: »Noch nicht! Ich bin noch nicht so weit. Ich brauche mehr Zeit.«

Erinnert ihr euch, mit welcher Inbrunst ihr früher auf den ersten Ferientag oder Weihnachten gewartet habt? Ihr habt euch so danach gesehnt, daß ihr es kaum aushalten konntet. Dann kam der Tag, auf den ihr gewartet habt. Erinnert ihr euch an eure Gefühle? Ihr wart aufgeregt und erleichtert. Und dann war da eine seltsame Leere, eine innere Hohlheit, die ihr nicht loswerden konntet. Ihr wurdet traurig – und dahinter war eine Angst.

Wie der erste Ferientag oder der Weihnachtsabend ist die Reise nach Hause schon so lange euer Traum gewesen, daß ihr sie für immer ein Ziel oder einen Traum sein lassen wollt. Und nun, da das Ziel in greifbare Nähe gerückt ist, spürt ihr einen Widerwillen, eine Angst, die sagt: »Noch nicht!«

Ihr habt euch entschieden, nicht zur traditionellen Spiritualität eurer Kindheit zurückzukehren. Für manche ist das ein bedeutender und mutiger Schritt. Ihr habt entschieden, daß diese Art der Spiritualität nichts für euch ist.

Andere unter euch haben den zweiten Alternativ-Weg mit allen seinen Möglichkeiten ausgeschöpft. Im Laufe der 60er, 70er und frühen 80er Jahre habt ihr eure Nicht-Spiritualität mit Hilfe der Nicht-Lehrer aus allen Nicht-Blickwinkeln betrachtet und erforscht.

Ihr seid gestolpert, und oft habt ihr euch dabei weh getan. Ihr kamt euch teilweise wie die größten Idioten vor. Leute, denen ihr vertraut habt und von denen ihr die höchste Meinung hattet, lachten und ließen euch auf der Straße liegen. Ihr wurdet abgekanzelt, lächerlich gemacht und ignoriert. Man hat euch als verantwortungslos, unwürdig oder sogar gemeingefährlich bezeichnet, da ihr nicht mehr in das allgemein akzeptierte Realitätsbild paßtet und somit nicht verstanden werden konntet.

Ihr habt euch immer wieder selbst aufgerichtet und den Staub von euren Kleidern geklopft. Ihr habt es mit einer neuen Gruppe, einem neuen Weg, einem neuen Workshop oder einem neuen Spezialseminar versucht, wo ›garantiert etwas passieren würde‹ – vielleicht sogar die ›sofortige Erleuchtung‹. Aber auch diese ›sofortigen Erleuchtungsknüller‹ dauerten zu lange oder schienen euch zu oberflächlich. Also fandet ihr eine Gruppe, in der man euch sagte, daß eure Erleuchtung immer nur eine Sache der Ewigkeit sein könnte. Tatsächlich – so wurde euch erklärt – würdet ihr es möglicherweise nie schaffen. Andere gerieten in Torschlußpanik, weil man ihnen mitteilte, daß sie sich beeilen müßten, weil die Tore zur Erleuchtung gerade *jetzt* offen stünden, und wer es jetzt nicht ›brächte‹, würde es nie bringen. Viele von euch sind den Lehrern und Nicht-Lehrern auf zu vielen Pfaden der Nicht-Spiritualität gefolgt. Dann gabt ihr es auf. Verwundet und verbittert habt ihr eurem Wachstum den Rücken gekehrt.

Es gab zu viele Wege, die irgendwo endeten. Zu viele Wege…

Die Traurigkeit

Für viele von euch besteht das Traurige darin, daß sie durch ihr eigenes negatives Ego motiviert wurden. Während euer Bewußtsein sich abwandte und davonlaufen wollte, krallte sich das negative Ego um so hartnäckiger an den versprochenen Belohnungen fest, wobei jede egoistische Selbsterfüllung als zukünftige Belohnung verstanden wurde. Oft sind die Motive des negativen Egos nicht ohne weiteres durchschaubar, doch kann es durchaus sein, daß jemand sich einer spirituellen Gruppe anschließt, nur um hinterher jemanden zu haben, dem die Schuld zugeschoben werden kann: »Es war ein Fehler der Gruppe. Sie hat mir die falschen Sachen... auf die falsche Weise... beigebracht...« Es ist durchaus möglich, daß das negative Ego sich zielstrebig in irgendwelche metaphysischen Sackgassen hineinbegibt, nur um ein gewohnheitsmäßiges Selbstmitleid und/oder Selbstherrlichkeit zu rechtfertigen. Bestimmte Gruppen und Bewegungen bauen auf der grundsätzlichen Prämisse auf, daß sie von niemandem verstanden werden, und so wird das Gefühl ›wir Ärmsten‹ mit der Überlegenheit einer exklusiven Zugehörigkeit vermischt. Das negative Ego mancher Menschen fühlt sich unwiderstehlich von dem Jargon angezogen, den viele Nicht-Gruppen benutzen, gerade weil er ausschließlich von ›Eingeweihten‹ verstanden werden kann. Auch hier ist es eine zweischneidige Angelegenheit, weil das negative Ego sich einerseits ›über den anderen stehend‹ fühlen kann, wenn nur die Mitglieder begreifen, wovon die Rede ist. Andererseits tun sich diese ›Eingeweihten‹ dann aber ständig selber leid, weil niemand sie versteht!

Während euer spirituelles Selbst in die Knie ging und lächerlich gemacht wurde, hungerte euer negatives Ego nach einer Machtposition, nach der Macht zur Manipulation, und nach dem versprochenen ›kürzesten Weg zur Erleuchtung‹. Macht aber ist die Fähigkeit und die Bereitschaft zu handeln. Macht hat nichts mit Furchteinflößen, mit Einschüchterung oder mit ›Über-Macht‹ zu tun.

Aber ihr definiert Macht fast immer auf diese Weise. So oft tut euch jemand Gewalt an, flößt euch Furcht ein, und ihr gesteht eure Furcht und Demütigung nicht ein. Statt dessen beneidet ihr solche Leute um ihre ›Macht‹. Ein wirklich mächtiger Mensch braucht seine Stärke nicht fortwährend zu demonstrieren. Er muß nicht auf Manipulation zurückgreifen, um seine

Realität zu kontrollieren – oder andere zu kontrollieren, was in der Tat so oft das Streben der Machthungrigen ist. Macht ist die Fähigkeit und der Wille zu handeln.

Euer negatives Ego war auf der Suche nach einem Weg, andere zu kontrollieren, und nannte es den Weg der Erleuchtung. Während ihr die wahre Spiritualität abgelehnt habt, um das negative Ego mit einer Pseudo-Spiritualität zu befriedigen, während ihr die zweite Alternative als die vierte essentielle Entscheidung für euer Wachstum wähltet, habt ihr euer wahres Selbst verleugnet, und ironischerweise war es dann dieses wahre Selbst, welches letzten Endes kontrolliert wurde. Daher eure Traurigkeit.

Der Schmerz

Der Schmerz kommt für viele daher, daß sie von einem echten wunderbaren Bedürfnis nach Wachstum motiviert waren. Eure Bereitwilligkeit und Ernsthaftigkeit sind etwas Wunderschönes... Als ihr irgendwo auch nur eine entfernte Möglichkeit saht zu wachsen – als irgend jemand auch nur andeutete, daß er etwas wüßte, was euch weiterhelfen könnte –, habt ihr die Ohren gespitzt und wart auf wunderschöne Weise bereit, euch dafür zu öffnen.

Allzu oft wurdet ihr dann ausgenutzt. Manche von euch wurden wirklich in die Irre geführt und übervorteilt. Da das negative Ego in keiner Weise davon profitierte, wurdet ihr tatsächlich verletzt. Dennoch habt ihr weiterhin gesucht – und nicht, weil ihr so dumm wart, wie viele euch einreden möchten, sondern weil ihr so ehrlich interessiert wart und... ja, so naiv. Ihr wurdet angehalten, nichts zu verurteilen; gleichzeitig aber wurde euch auch beigebracht, nicht kritisch wahrzunehmen! Es war der pure Seelenhunger, der euch blind gemacht hat. Daher euer Schmerz.

Ihr wacht nun mehr und mehr auf. Die erste Alternative, die Rückkehr zur alten Spiritualität, habt ihr abgelehnt. Durch die zweite Alternative habt ihr euch hindurchgearbeitet. Jetzt ist es an der Zeit, euch selbst zu vergeben.

Jetzt seid ihr reif für die dritte Richtung: für neue Bilder, für eine neue Beziehung zu Gott/Göttin/Alles-was-ist. Ihr seid reif für die Heilige Reise.

Wartet nicht länger!

Der Anfang ist Liebe

Ihr habt es schon so oft gehört. Fast jedes Selbst-Hilfe- und ›Wie-fängt-man-es-an‹-Buch erklärt, daß Liebe der Schlüssel zu allem ist, was euch weiterhelfen könnte. Da stehen dann in der Regel ein paar glühende Beschreibungen, die in der Weisheit gipfeln, daß *du dich selbst mehr lieben mußt!*

»Ist es das? Ist das der Weisheit letzter Schluß?« fragst du dich daraufhin. Ja! Meistens. Jeder erklärt dir, daß du dich selbst mehr lieben mußt. Manche gehen dann weiter und sagen, du mußt auch die anderen lieben. Sehr wenige geben Aufklärung darüber, wie man das machen soll. Wie liebt man? Welche Schritte muß man im einzelnen tun?

Und nun wird dein negatives Ego lebendig und unterbricht mit einem entschiedenen: »Nein! Die Liebe muß ein Mysterium bleiben!« Es sagt: »Du darfst die Liebe nicht entmystifizieren. Wenn sie echt ist, passiert sie einfach. Du brauchst nichts über Liebe zu lernen; du mußt nur lieben!« Um sicherzustellen, daß die Sache damit erledigt ist, sagt das negative Ego vielleicht noch: »Wenn du lernen mußt zu lieben, machst du sie kaputt. Wenn man es dir beibringen muß, dann stimmt etwas nicht bei dir.«

Du schluckst und liest weiter in deinem Buch, als wüßtest du nicht, daß du dich selbst mehr lieben mußt. »Wie tiefschürfend«, murmelst du gelangweilt.

Die Wahrheit ist: Du weißt längst, daß du dich selbst mehr lieben mußt. Aus diesem Grund hast du überhaupt angefangen, dieses Buch zu lesen! Du weißt, was du tun mußt. Du weißt hingegen nicht immer, wie es getan werden kann.

Die Heilige Reise beginnt mit Liebe. Zugegeben, es ist ein Klischee. Da du es schon oft gehört hast, kann dein negatives Ego dir einreden, daß du hier absolut nichts Neues lernst.

Nun... wir könnten wahrscheinlich auch sagen, daß die Heilige Reise damit beginnt, daß jeder sich von oben bis unten mit Ketchup und Senf einschmiert. Das würde euer negatives Ego befriedigen – das hat es garantiert noch nicht gehört. Die Tatsache, daß es nicht stimmt, spielt für das negative Ego eine sehr untergeordnete Rolle. Es ist ein neuer, origineller und exotischer Vorschlag. »Wen kümmert es, ob es wahr ist?« fragt das negative Ego.

Wir sind nicht hier, um euer negatives Ego zu unterhalten. Wir kehren nicht zu dem Klischee von der Liebe zurück. Ein Klischee ist manchmal nur deshalb ein Klischee, weil die Phrase zu häufig benutzt wurde. Manchmal wird eine Wahrheit zum Klischee, weil sie nur intellektuell verstanden wurde. Die Wahrheit ist ein Klischee, einfach weil sie die Wahrheit ist.

Die Heilige Reise fängt in der Tat mit Liebe an. Sie beginnt mit der Liebe für das Selbst und erweitert sich zu einer Liebe für alles andere. Auf der Reise nach Hause wird Liebe gegeben und empfangen – Liebe gelebt. Letzteres ist für viele von euch vielleicht ein völlig neues Konzept.

Ihr wißt, was Liebe zu empfangen und zu geben bedeutet – ob ihr es tut oder nicht. *Liebe* leben aber bedeutet, sich so weit zu öffnen, daß Liebe euch tatsächlich verändert – »Ich werde anders, weil sie mich lieben.«

Interessant wird es, wenn es das eigene Höhere Selbst ist, von dem man die Liebe empfängt. Das ist eine wunderbare magische und mystische Erfahrung. Du veränderst dich, weil du von deinem eigenen Höheren Selbst geliebt wirst... Tatsächlich brauchst du keine andere Motivation für deine Transformation.

Du weißt längst, wie wichtig Liebe ist. Was aber ist ihre Bedeutung in deiner Beziehung zu Gott/Göttin/Alles-was-ist? Das

Offensichtliche: Wenn du dich selbst nicht liebst, kannst du keine Liebe von irgend jemandem annehmen, schon gar nicht von Gott/Göttin/Alles-was-ist. Und ohne andere Menschen zu lieben, kannst du deine wirkliche und echte ›bessere Hälfte‹ nicht lieben.

Das nicht so Offensichtliche: Liebe ist ein Gefühl und ein Seinszustand. Sie ist beides, eine Emotion und eine Ebene des Bewußtseins. Darüber hinaus ist sie das einzige Gefühl/Bewußtseinszustand, das sämtliche Energieformen transmutiert, transformiert und transzendiert. Liebe ist ein universelles Phänomen. Es ist das einzige Gefühl/Bewußtseinszustand, das über jede Bewußtseinsstufe hinausgeht und alle Bewußtseinsstufen transformiert. Liebe ist der einzige ›direkte Draht‹, der bis zu Gott/Göttin/Alles-was-ist reicht.

Gefühl oder Bewußtseinszustand?

Es gibt Leute, die Liebe für ein Gefühl halten – und nur für ein Gefühl. Sie bezeichnen die Liebe als vergänglich, veränderlich, ständig zwischen Ausdehnung und Zusammenziehung schwankend.

Dann gibt es andere, die verkünden, daß Liebe nicht eigentlich ein Gefühl sei, sondern ein Bewußtseinszustand, nach dem ständig getrachtet, der aber nie vollends erreicht würde.

Wir meinen, daß Liebe tatsächlich beides ist. Es ist ein Gefühl, das spontan erfahren werden kann, und gleichzeitig eine Kunst, die erlernbar ist, die man sich aneignen kann.

Liebe ist auch ein Ideal. Sie ist ein Seinszustand oder eine Bewußtseinsebene, nach der du ständig strebst. Obwohl du die Totalität der Liebe nie völlig erfährst, wirst du immer mehr zu dem, was du suchst. Du wirst immer mehr zu deinem Ideal. Du wirst zu der Liebe, nach der du dich sehnst.

Transmutation, Transformation, Transzendenz? Noch mehr New-Age-Jargon? Nein, es sind drei wichtige Konzepte, die einen integralen Part bei eurem Wachstum spielen. Sie werden oft mit den gängigen metaphysischen ›Du weißt schon, was‹-Erklärungen definiert, die dir nichts sagen und dich häufig nur noch mehr verwirren. Nun… wir werden nicht alles abhandeln, was mit diesen drei Konzepten gemeint sein kann; aber ein Überblick ist vielleicht angebracht.

Du stehst vor einem Getränkeautomaten mit einem Zehnmarkschein in der Hand. So sehr du dich auch bemühst, du kannst den Geldschein nicht in den Schlitz zwängen. Vielleicht hast du genügend Geld, um sämtliche Schokoladenriegel oder Brausen und Colas aus der dummen Maschine zu kaufen, aber mit einem Zehnmarkschein bist du impotent. Du gehst und wechselst dein Geld. Ein Verkäufer in einem Laden gibt dir die Münzen, die du brauchst. Gott segne den Wechsel!

Transmutation bedeutet, etwas von einer Form in eine ähnliche zu verwandeln, die den gleichen Wert hat, aber nützlicher ist und daher von größerem persönlichen Wert.

Der Zehnmarkschein ist eine Form, und das Fünfmarkstück und die fünf einzelnen Markstücke sind eine ähnliche, aber gewechselte Form. Es ist weiterhin ein Zahlungsmittel mit demselben Wert, aber die eine Form ist nützlicher und daher wertvoller für jemanden, der etwas aus einem Getränkeautomaten herausbekommen will.

Ihr habt es alle verschiedentlich erlebt – und öfter als ihr momentan zugeben wollt. Ihr habt eure ›Impotenz‹ erlebt. Ihr wendet eure Techniken an, meditiert nach besten Kräften und ruft euer Höheres Selbst oder eure Geistführer an, ohne daß irgend etwas passiert. Vielleicht werdet ihr wütend, mutlos oder verzweifelt. Vielleicht versucht ihr es um so hartnäckiger und geratet in eine Abwehrposition. Dann seid ihr steckengeblieben und vollkommen machtlos. So sehr ihr euch auch bemüht, ihr könnt in einer Verbohrtheit und Abwehr nichts verändern, nichts ›wechseln‹, genausowenig wie ihr einen Zehnmarkschein in den Münzeinwurf hineinbekommt.

Wenn ihr die Verbohrtheit in Entschlossenheit verwandelt und die Abwehr in Empfangsbereitschaft, dann werdet ihr vorwärtskommen! Dann können eure Techniken und Meditationen eine Wirkung zeigen. Dann könnt ihr auch die darunter liegenden tieferen Gefühle transmutieren.

Ihr könnt euren Gefühlen eine andere, ähnliche Form verleihen, aber die neuen Formen (Entschlossenheit und Empfangsbereitschaft) sind weitaus nützlicher und daher wertvoller für euer Vorhaben. Nun denkt ihr vielleicht, daß Entschlossenheit keine Ähnlichkeit mit Verbohrtheit hat. Das kommt daher, daß Entschlossenheit durchweg die nützlichere Form des Gefühls für euch ist. Der Wert an sich wird leicht mit dem persönlichen Wert oder Nutzen verwechselt. Aber ein Gefühl ist ein Gefühl. Obwohl bestimmte Gefühle euch mehr Nutzen bringen, sind sie weiterhin ähnliche Formen anderer Gefühle mit dem gleichen Grundwert.

Gefühle sind Gefühle. Deshalb bedeutet Transmutation von einem Gefühl zum anderen nichts anderes als einen Wechsel auf eine Ebene, die euch aktuell größeren Nutzen bringt. Liebe hat die stärkste transmutierende Wirkung von allen Energien. Wenn ihr die Liebe nutzen könnt, werden unnütze Gefühle mit Leichtigkeit in sinnvolle verwandelt.

Sobald du deinen Geldschein ›transmutiert‹, die Münze eingeworfen und den richtigen Knopf gedrückt hast, spuckt die Maschine dein Getränk aus. Somit bist du Zeuge einer Transformation geworden!

Jetzt hast du ein Fünfmarkstück, vier einzelne Markstücke und eine Dose mit Flüssigkeit. Neunzig Prozent deines Geldes befinden sich weiterhin in transmutierter Form: ähnlich und von gleichem Wert, aber eine Mark, also zehn Prozent, wurde transformiert und erschien nun in Form eines Brausegetränks in einer Dose.

Transformation bedeutet, daß etwas von einer Form in eine andere, unähnliche Form verwandelt wird, die grundsätzlich einen anderen Wert hat, aber persönlich nutzbringender und daher persönlich wertvoller ist. Der neue Wert kann geringer oder höher sein als der Einkaufswert, Hauptsache das Ding hat eine völlig andere Form! Du kannst nicht sagen, ob die Dose tatsächlich mehr oder weniger als eine Mark wert ist, aber du kannst sagen, daß ihr Wert grundsätzlich ein anderer ist. Besonders, wenn du Durst hast und nichts anderes vorhanden ist!

Verbohrtheit und Abwehr, hinter denen sich Wut, Angst und Schmerz verbergen, werden erst zu Entschlossenheit und Empfangsbereitschaft *transmutiert* und daraufhin in Schwungkraft und Aktivität *transformiert*. Schwungkraft und Aktivität sind etwas Neues – es sind keine Zustände mehr, sondern die Fähigkeit, diese Zustände umzusetzen, zu handeln –, und ihr Wert ist ebenfalls ein anderer. Sie sind von weitaus größerem persönlichen Nutzen, wie jeder weiß, der einmal die Entschlossenheit hatte, etwas zustande zu bringen, aber keine Schwungkraft und keinen Willen. Ihr wißt alle, wie es sich anfühlt, sehr offen und empfangsbereit zu sein, aber ohne es in einer Tat oder einem Werk ausdrücken zu können. Eine Transformation findet statt, wenn etwas Mögliches verwirklicht wird. Gute Absichten können etwas potentiell Destruktives zu etwas Produktivem transmutieren, aber eine anhaltende Veränderung wird nur durch eine Manifestation erreicht – durch eine dynamische Manifestation der guten Absichten. Permanente Veränderungen werden nur durch Transformation erzielt.

Willens und bereit zu sein, Liebe zu geben und zu empfangen, ist die größte motiverende Kraft – der wirksamste Treibstoff – in Richtung Transformation. Die einmal empfangene Liebe ›zu leben‹, bewirkt die volle Transformation.

Und nun! Du hast ein Stück Papier in eine Anzahl von Münzen gleichen Gesamtwertes transmutiert. Eine deiner Münzen wurde in eine Getränkedose verwandelt, also transformiert, und nun hältst du diese Dose an deine Lippen, legst den Kopf zurück und trinkst (obwohl manche hier wohl einwenden würden, daß das Zeug ungesund ist).

Nun... ein Zehnmarkschein hat soeben deinen Durst gelöscht. Das nennt man Transzendenz!

Transzendenz bedeutet, daß etwas von einer Form in eine andere auf einer höheren Oktave verwandelt wird, die persönlich und als solche wertvoller ist. Transzendenz bedeutet, eine Form dergestalt zu verwandeln, daß sie das eigene Sein erhöht.

Ein Zehnmarkschein ist plötzlich ein Durstlöscher – eine höhere Oktave, die dem Sein größeren Nutzen bringt. Darin werden wir übereinstimmen: Etwas, das unseren Durst löschen kann – sei es auf physischer, emotionaler oder geistiger Ebene –, ist sowohl an sich als auch für jeden persönlich von größerem Wert.

Schwungkraft wird auf transzendierter Ebene zu Erfolg, und man agiert auf einer höheren Oktave, was zu einer positiven Wirkung führt. Also werden Verbohrtheit und Abwehr zu erfolgreichen Handlungen mit positiver Wirkung. Das ist Transzendenz. Du weißt nicht unbedingt immer, wie du in den transzendierten Zustand gelangen kannst. Du weißt nicht, ob deine Aktivitäten jemals transzendente Früchte tragen werden. Aber es passiert immer wieder.

Transzendenz ist wie ein Wunder, das man geschehen lassen muß. Laßt mehr Wunder in eurem Leben zu! Liebe ist die einzige Garantie in einer Welt ohne Garantien. Liebe läßt Wunder geschehen.

Der direkte Kommunikationsdraht

Auf der physischen Ebene steht einem das volle Spektrum aller postiven und negativen Gefühle zur Verfügung. Positiv und Negativ kann auf mindestens zwei sehr verschiedene Arten interpretiert werden. Damit kann gut und böse gemeint sein oder auch zwei Kräfte wie *Yin* und *Yang* oder, was kein Werturteil impliziert, Ausdehnung und Verengung. In der allgemeinen Vorstellungswelt werden Gefühle wie Liebe, Freude, Glück und Begeisterung als positiv betrachtet – sie sind also gut. Gefühle wie Wut, Leid, Trauer und Angst usw. dagegen werden als negative oder schlechte Gefühle angesehen.

Nun haben viele Metaphysiker die Interpretation der Konsensus-Realität übernommen, indem sie sagen, daß du darauf achten sollst, nur die positiven Gefühle zu haben – niemals die schlechten, die negativen. Die Allgemeinheit neigt dazu, die metaphysische oder spirituelle Entwicklung eines Menschen daran zu bemessen, in welchem Ausmaß positive Gefühle vorhanden und negative abwesend sind.

Wir möchten eine etwas komplexere Sichtweise anbieten. Positive Gefühle sind Gefühle, die situationsangemessen empfunden und ausgedrückt werden. Gefühle sind negativ, wenn sie unangemessen empfunden und freigesetzt werden. Die Betonung liegt auf ›angemessen‹. Je nach Situation kann das bedeuten, daß ein Gefühl unmittelbar ausgedrückt wird – man spricht mit einer Person oder wird direkt mit einem bestimmten Problem konfrontiert. In anderen Fällen bedeutet es, zunächst nicht direkt zu reagieren – man durchdenkt das Problem erst einmal für sich selbst oder mit Hilfe einer anderen Person.

Haß, der auf angemessene Weise ausgedrückt und freigelassen wird, ist eine sehr ›positive‹ Emotion, während die Unterdrückung und Sublimierung dieses Gefühls sehr ›negativ‹ ist und gefährlich sein kann. Andererseits kann Liebe, die abgelehnt und dann nach innen gerichtet wurde, eine verzerrte Form annehmen und dann zerstörerisch wirken. Liebe kann mörderische Formen annehmen. Manche Menschen wurden aus Haß ermordet (Martin Luther King jr.) und manche Menschen aus Liebe (John Lennon), aber niemand ist je ums Leben gekommen, wenn der Haß oder die Liebe in angemessener Weise ausgedrückt wurden.

Der Unterschied zwischen positiver und negativer Emotion wird deutlicher, wenn wir Gefühle betrachten, die eine ausdehnende Wirkung haben, und sie mit Gefühlen vergleichen, die eine verengende Wirkung haben. Ein Gefühl, das dein Bewußtsein erweitert, ist positiv; ein Gefühl, das dein Bewußtsein verengt, ist negativ – wobei weder das eine noch das andere von vornherein gut oder schlecht ist. Jedes Gefühl birgt zunächst beide Möglichkeiten in sich, es kann ausdehnend oder verengend wirken. Im Laufe des Reifeprozesses ›stabilisieren‹ sich die Emotionen dann.

Zum Beispiel geht jeder Mensch durch eine Phase seiner Entwicklung, in der Wut und Schmerz äußerst ›erweiternd‹ wirken, aus diesem Grund also ›positiv‹ sind. Nachdem man eine gewisse Stufe der Bewußtheit erlangt hat, werden Wut und Schmerz zwar weiterhin nicht als ›böse‹ betrachtet, aber sie werden als einengend empfunden. Mit fortschreitendem Wachstum werden sie dann vielleicht nur noch als Beschränkung empfunden und fallengelassen: Du entscheidest dich, diese Gefühle nicht mehr zu haben, nicht, weil sie schlecht oder verkehrt sind, sondern weil sie dich einengen und weil dein Wachstum – deine spirituelle Evolution – eine Ebene erreicht hat, die nur noch Ausdehnung und Erweiterung zuläßt. Das geschieht allerdings erst in vollem Umfang, wenn du über die physische Ebene hinausgewachsen bist.

In unserer Realität zum Beispiel ist Wut bekannt, sie wird aber niemals gefühlt. Wir wissen, was Schmerz, Angst und Verzweiflung ist, fühlen diese Dinge aber nicht. Diese Gefühle sind einengend, daher haben sie keinen Platz in unserer sich ewig ausdehnenden Realität. Aber obwohl wir diese beschränkenden Gefühle niemals selbst empfinden, können wir dennoch genau wissen, was ihr durchmacht, wenn ihr sie fühlt.

Auf eurer physischen Ebene habt ihr Zugang zu sämtlichen Emotionen. Im Laufe eures Wachstums zu höheren Ebenen trennt ihr euch von den unterdrückten und potentiell zerstörerischen Gefühlen. Das letzte der negativen Gefühle ist die Angst vor der Einsamkeit. Auch dieses löst sich letzten Endes irgendwann auf.

Irgendwann verändert sich auch das Spektrum der positiven Gefühle. Es verdichtet sich, konzentriert sich auf einen einzigen Fokus. Und irgendwann bleibt vielleicht nur noch Liebe als das einzige Gefühl übrig.

Dann ist die Zeit gekommen, da Liebe zum Seinszustand, zum Bewußtseinszustand wird. Erst dann ist die Liebe zu Gott/Göttin/Alles-was-ist geworden.

Der einzige direkte Kommunikationsdraht zwischen dir und Gott/Göttin/Alles-was-ist, der dir immer offensteht, ist der der Liebe.

Die Kunst der Liebe

Liebe ist eine Handlung und gleichzeitig ein Sein. Um sich selbst und andere lieben zu können, müssen ganz bestimmte Dinge getan werden.

Hinter der Maske des negativen Egos wollt ihr die Liebe zu etwas schwer Erreichbarem machen, um damit ihre Abwesenheit in eurem Leben zu rechtfertigen oder zu rationalisieren. In eurer faustischen Beziehung zu eurem negativen Ego habt ihr euch nämlich selbst eingeredet, daß das negative Ego euch *alles* geben wird, solange ihr es euer Leben bestimmen laßt. Das negative Ego wird euch niemals Liebe bringen! Das einzige, was es euch gibt, sind nicht einzulösende Versprechungen. Es kann euch keine Liebe geben.

Ihr fragt: »Wo ist die Liebe?« Und dann erklärt euer negatives Ego euch, wie schwer sie zu finden, wie unmöglich sie zu erreichen sei. Euer negatives Ego erklärt auch, wieviel Schmerz Liebe mit sich bringt.

Wenn euch dämmert, daß Liebe in Wirklichkeit sehr leicht zu finden ist, wollt ihr es entweder absolut nicht wahrhaben, um die Position eures negativen Egos zu stützen – »Auf keinen Fall eine Niederlage eingestehen«, sagt das negative Ego –, oder ihr kommt euch dermaßen dumm vor, die Liebe die ganze Zeit nicht angenommen zu haben, daß ihr nicht meint, sie jetzt überhaupt noch verdient zu haben. In beiden Fällen seid ihr es, die verlieren, nicht euer negatives Ego.

Wenn ihr entdeckt, wie leicht es in Wahrheit ist, dann rennt nicht sofort davon! Bestraft euch nicht selbst! Macht jetzt keine weiteren Umschweife! Fangt an zu lieben!

Was um der Liebe willen getan werden muß:

1. Gebt. Fangt an, euch selbst und anderen soviel wie möglich, auf so viele Arten wie möglich zu geben. Gebt auf körperlicher, emotionaler, intellektueller und intuitiver Ebene. Kümmert euch nicht darum, ob ihr etwas zurückbekommt. Entwickelt einfach nur die Fähigkeit zu geben.
2. Übernehmt Verantwortung. Entwickelt die Fähigkeit und die Bereitschaft, Verantwortung zu übernehmen. Verhaltet euch verantwortlich zunächst gegenüber euch selbst und dann gegenüber den anderen.
3. Respektiert. Achtet eure eigenen Gefühle und die Gefühle der Menschen, die ihr lieben wollt. Es geht dabei nicht unbedingt darum, irgend etwas zu *tun*. Es geht um Achtung für das eigene Selbst und für andere. Oft versuchen Leute sich den Respekt von anderen zu verdienen, indem sie sich nach etwas umsehen, das sie tun könnten. Sie arbeiten hart und tun all die Dinge, die den erhofften Respekt einbringen sollen, nur um später festzustellen, daß ihr Status sich nicht wirklich verändert hat. Sie kommen sich dann wie völlige Versager vor. Aber Respekt vor der eigenen Person bedeutet die Achtung der eigenen Gefühle. Man achtet seine eigenen Gefühle, indem man sie in angemessener Weise ausdrückt. Die Gefühle anderer werden geachtet und geschätzt, indem man ihnen den Freiraum und die Erlaubnis gibt auszudrücken, was sie wirklich fühlen. Um lieben zu können, muß man seine Gefühle und die der anderen schätzen.
4. Erkennt. Es gibt zwei Wege des Erkennens – indem man lei-

det und anderen Leid zufügt oder indem man nach Verstehen strebt. Weil so viele von euch Angst vor Liebe haben, fügen sie sich selbst und anderen Schmerzen zu. Eure Therapeuten haben in psychologischen Studien an ehemaligen Kriegsgefangenen herausgefunden, daß sich eine interessante, wenngleich bizarre Beziehung zwischen Eroberern und ›Eroberten‹ entwikkeln kann: Beide – feindliche – Parteien lernen sich über den Leidens- und Schmerzensweg sehr viel tiefer kennen, als sie es sich je, wenn überhaupt, vorgestellt hatten.

Ja, der Leidensweg ist ein Weg der Erkenntnis; aber es gibt auch noch einen anderen. Die Suche nach Erkenntnis beginnt mit dem bewußten Wunsch danach und führt zu einer bewußten Entscheidung dazu. Das beinhaltet, daß man sich die Zeit nimmt, sich in andere hineinzuversetzen, die Kunst der Liebe zu lernen, Verständnis für sich selbst und andere zu entwickeln. Ihr seid nicht auf dieser Welt, um verstanden zu werden. Ihr seid auf dieser Welt, um zu verstehen.

5. Seid demütig genug, andere an euch heranzulassen. Demut ist die Bereitschaft, jeden Tag von neuem offen zu sein. Es ist die Bereitschaft, anderen Menschen Veränderungen zuzugestehen, anstatt immer wieder darauf zu insistieren, daß sie sich nicht ändern können. Ihr schafft euch eure Realität in erster Linie aus euren Vorstellungen und Entscheidungen. Wenn ihr euch entschließt, auf die Mängel der anderen zu sehen, und glaubt, daß die Leute tatsächlich immer so bleiben, wie ihr sie wahrnehmt, dann bleiben sie auch zwangsläufig so. Damit wird eure Sichtweise bestätigt, aber ihr macht euch unglücklich. Demut meint: »So war es die ganze Zeit, aber nun kann es anders werden.« Habt die Demut, euch selbst zu verzeihen, seid sanft und offen zu euch selbst – und zu jenen, an denen euch liegt.

6. Habt Mut zur Bindung. Viele von euch fürchten sich davor, sich wirklich zu binden. Was euch zurückhält, ist die Angst vor Ablehnung und die damit verbundene Verletzung. Außerdem habt ihr Angst vor der Verantwortung und befürchtet, der Liebe

nicht gewachsen zu sein. Eine tiefe Bindung wird von vielen als Gefangenschaft empfunden, weil sie Pflichtbewußtsein mit Verantwortungsbewußtsein verwechseln. Kaum daß ihr euch überlegt, eine tiefe Bindung einzugehen, mischt sich negatives Ego ein und sagt: »Wenn Liebe so schön sein kann, dann gibt es wahrscheinlich auch noch etwas Besseres. Binde dich noch nicht. Warte noch.« Aber wenn dann dieses ›Bessere‹ da ist, wartet ihr wiederum auf etwas ›noch Besseres‹. Eine rückhaltlose Hingabe wird also niemals zugelassen. Ja, man braucht Mut, um zu lieben!

7. Seid fürsorglich. Nehmt Anteil. Kümmert euch um euer eigenes Leben und um das der anderen. Damit meinen wir nicht, daß ihr euch selbst oder andere bemitleiden sollt. Liebe hat nichts mit Selbstmitleid oder Sentimentalität zu tun. Wir sprechen von echter Anteilnahme. Dafür müßt ihr keinen bestimmten Grund oder Anlaß haben. Ihr öffnet einfach eure Herzen und fangt an, euch um euch selbst und die anderen zu kümmern.

Diese sieben Dinge müssen getan werden, wenn ihr lieben wollt. Ihr habt sie alle von Zeit zu Zeit mal getan – wirklich, ihr alle wißt, wie ihr mehr Liebe in euer Leben bringen könnt. Nur glaubt ihr nicht, daß ihr es wißt.

Nun ist das allerdings noch nicht alles. Die sieben Dinge werden getan, um etwas zu erreichen.

Doch nur durch die Dynamik zwischen diesem Tun und den (unten aufgezählten) weiteren Voraussetzungen entsteht wirklich Liebe.

1. Sicherheit. Körperliche, gefühlsmäßige, intellektuelle und intuitive Sicherheit für euch selbst und einen Menschen, der euch nahesteht. Hier beginnt die Liebe.

2. Freude. Ihr gebt, übernehmt Verantwortung und respektiert; ihr erkennt euch selbst oder einen anderen – so kommt ihr zu Freude und Genuß. Ihr laßt Nähe zu und bindet euch und

sorgt euch, um euch selbst oder einen anderen – so fühlt ihr euch oder der andere sich sicher.
3. Ehrlichkeit und Offenheit. Damit ihr euch nicht hinter einer Mauer von Abwehr verstecken müßt und völlig offen sein könnt, um Raum zu schaffen, so daß ihr eure Sorgen und Zweifel ohne Angst ausdrücken könnt.
4. Vertrauen. Eine der stärksten Energien, die ihr euch selbst geben könnt; eins der schönsten Geschenke, das man einem anderen Menschen machen kann.
5. Weniger Angst vor Verlust. Wenn du einen goldenen Fingerring besitzt, der überaus wertvoll ist, ihn aber für eine billige Imitation hältst, trägst du ihn wahrscheinlich bei jeder Gelegenheit, ohne Angst zu haben, ihn zu verlieren. Sobald du herausfindest, wie kostbar und unersetzlich der Ring ist, bekommst du es mit der Angst zu tun. Du möchtest ihn in den Safe legen oder irgendwie sonst in Sicherheit bringen. Wenn man jemanden liebt, verliert man alle Angst, bis auf eine. Die Angst vor dem Verlust ist die einzige Angst, die zunimmt, wenn die Liebe zunimmt. Der Wert einer wahren Liebe erhöht sich ständig. Es wäre ein vernichtender Schlag, eine solche Liebe zu verlieren. Aus diesem Grund laufen so viele Leute vor einer tiefen Liebe davon oder entscheiden sich sogar, nie wieder zu lieben. Die Ironie an der Sache ist – das ›Gegengift‹ gegen diese Verlustangst hat man zur Verfügung, indem man tief Atem holt und – noch mehr liebt, gibt, respektiert, Verantwortung übernimmt, Anteil nimmt!
6. Vertrautheit und Fürsorglichkeit. Handelt auf eine Weise, die eine Resonanz der Nähe und Zärtlichkeit hervorruft, eine Resonanz von Freiheit und Sicherheit.
7. Wissen. Kommuniziert – seid einfühlsam. Laßt den anderen wissen, daß ihr ihn oder sie erkannt habt. Zeigt ihm, daß ihr seine Schönheit wahrnehmt genauso wie seine weniger schönen Seiten und daß ihr ihn liebt. Gesteht euch sowohl die eigene Stärke als auch die eigene Schwäche mit großer Liebe für euch selbst ein. Erkennt eure häßlichen Seiten und liebt sie. Ja-

wohl, es ist leicht, Schönheit zu lieben, aber die Häßlichkeit braucht eure Liebe noch mehr.

Seht ihr, wenn ihr all das beherzigen und tun könnt, werdet ihr genau wissen, ob ihr euch selbst und andere liebt. Ihr könnt wissen, ob und wann ihr geliebt werdet. Fühlt ihr euch geliebt? Tun eure Partner oder Angehörigen diese Dinge, um die Seinszustände herbeizuführen, die man Liebe nennt?

Fangt immer bei euch selber an. Praktiziert zuerst an der eigenen Person. Danach könnt ihr andere in euer Tun einschließen. Und nicht nur ›irgendwelche‹ andere, sondern Menschen, die euch nahestehen und euch wirklich etwas bedeuten. Wenn ihr die Kunstfertigkeit entwickelt habt und zu wahrhaft guten ›Liebenden‹ geworden seid, dann könnt ihr euren Wirkungskreis noch weiter ausdehnen. Mit zunehmendem Radius muß allerdings auch die Liebe für die eigene Person intensiviert werden, genauso wie die Liebe für die ›speziellen anderen‹.

Der Anfang ist Liebe. Der erste Schritt auf der Heiligen Reise wird in Liebe und durch Liebe und mit Liebe getan und – für die Liebe.

Vier

Die Stationen in der Mitte der Reise

Die Heilige Reise beginnt mit Liebe. Aber es gibt noch andere Schritte, die unternommen werden müssen, andere Seinsqualitäten eines spirituellen Menschen auf seiner Heiligen Reise nach Haus.

Die mittleren Schritte, die mittleren Stationen werden oft übersehen oder zu übergehen versucht. Ihr wißt, wie wichtig Liebe ist; ihr habt eine Vorstellung davon, wenn es auch nur eine vage Ahnung ist, wie wichtig es ist, eine Beziehung zum eigenen Höheren Selbst zu entwickeln. Aber um dahin zu gelangen, müssen gewisse Schritte getan werden, die ihr oft nicht für notwendig haltet, weil ihr meint, ihr müßt erst euer Leben in Ordnung bringen, mehr Zeit und Muße finden oder sonst etwas. Manche wiederum meinen, sie müssen zuerst einen ganz klaren Kontakt zu ihrem Höheren Selbst herstellen, bevor sie sich um die Einzelheiten kümmern können.

Aber es sind die Schritte in der Mitte der Reise, die euch auf eine wahre Begegnung mit dem Höheren Selbst vorbereiten. Jeder kann sich hinsetzen und versuchen zu meditieren. Alle möglichen Leute können euch ein Programm anbieten, mit dessen Hilfe das Höhere Selbst kontaktiert werden soll. Ihr seid so wißbegierig und sehnt euch so sehr nach Wachstum, daß ihr dann tatsächlich mit irgend etwas in Kontakt kommt. Aber ist es wirklich euer Höheres Selbst? Woher wollt ihr das wissen?

Wenn ihr die mittleren Stationen durchmacht und die dazugehörenden Eigenschaften entwickelt, könnt ihr es beurteilen. Dann habt ihr die entsprechenden Vorbereitungen getroffen, daß ihr wißt, wann ihr eurem Höheren Bewußtsein begegnet, wann es soweit ist. Dann müßt ihr euch nicht fragen, ob das, was ihr ›seht‹, nicht womöglich wieder nur eine neue und vielleicht attraktivere Maske eures negativen Egos ist.

Wir haben Tausende von Leuten in Kontakt mit ihrem Höheren Selbst gebracht. Ganz gleich, wie skeptisch sie ihren eigenen Fähgkeiten gegenüber waren, es gelang einem jeden von ihnen, die Hand ihres Höheren Selbst zu ergreifen und die Wärme zu spüren. Jeder von ihnen hat diese Hand gedrückt und die Erwiderung des Händedrucks gespürt. Sie spürten die eigene Liebe und die Erwiderung dieser Liebe. So wußten sie, daß es sich hier nicht um eine Theorie, ein neues Konzept handelte, denn Konzepte und Theorien erwidern keinen Händedruck! Sie wußten, daß es sich hier nicht wiederum um das attraktive Gesicht ihres negativen Egos handelte, und das deshalb, weil sie die mittleren Stationen nicht ausgelassen hatten. Auf subtile oder auch sehr offene Weise wurden sie von uns durch diese Phasen geleitet, und wenn ihr diese Schritte nun im einzelnen verfolgt, könnt auch ihr eure Beziehung zu eurem Höheren Selbst mit der gleichen Gewißheit herstellen.

Die Vergangenheit hinter sich lassen

Das Kind in euch ist und wird nie genug geliebt. Es ist Zeit, daß ihr dieses innere Kind auf meditative Weise liebt. Es ist Zeit, in euch hineinzugehen und diesem Kind die fehlende Liebe zu geben. Ob der Mangel an Liebe tatsächlich oder eingebildet war, spielt keine Rolle – das innere Kind braucht mehr Liebe.

Seht ihr, Zeit ist eine Illusion. Sie existiert nur als eine Übereinkunft, um der Bequemlichkeit willen. Alle Zeit existiert gleichzeitig. Der Moment eurer Geburt und der Moment eures Todes sind JETZT. Alle eure Inkarnationen finden gleichzeitig statt. Es gibt Lebenszeiten, die im selben Raum stattfinden, aber in einer anderen Zeit; diese Lebenszeiten werden frühere Leben genannt. Dann gibt es Lebenszeiten, die in der gleichen Zeit stattfinden, aber in einem anderen Raum; diese werden parallele Leben genannt. Aber in Wirklichkeit gibt es weder Zeit noch Raum. Es gibt nur die Illusion von Zeit und Raum, die ihr die physische Ebene nennt.

Das Kind, das geliebt werden will – dieses Kind, das sich hartnäckig gegen alles Wachstum wehrt, solange es die fehlende Liebe nicht bekommen hat –, ist heute genauso lebendig wie in euren Kindertagen. Viele von euch verbringen ihr ganzes Leben im ständigen Bemühen, dieses Kind zu beschwichtigen.

Es gibt Leute, die elterliche Autorität auf sämtliche Menschen zu projizieren suchen, die ihnen in ihrem erwachsenen Leben nahestehen, um sich mit dem Kind identifizieren zu können, das sie längst nicht mehr sind. Viele Männer sind auf der Suche nach einer Mutter, nicht nach einer Ehefrau, einer Geliebten oder Freundin. Sie finden jemanden, der die Mutterrolle übernimmt, und dann geht eine Zeitlang alles gut. Irgendwann geht ihnen dann auf, daß die Frau zwar alles versuchen kann, die richtigen Schritte in diesem Mutter-Sohn-Tanz zu machen – aber sie schafft es nicht, die Mutter zu sein. Daraufhin wird diese Frau verlassen, nach einer neuen ›Mittänzerin‹ gesucht und der Tanz fortgesetzt.

Wenn sie niemanden finden, der den Part übernimmt oder die alte Partnerin das Spiel nicht mehr mitmachen will, ist das Spiel noch lange nicht zu Ende – die Mutter wird auf alle Menschen projiziert, ganz gleich, welchen Geschlechts sie sind. Auch Freunde oder Vorgesetzte können zu ›Tanzpartnern‹ ernannt werden.

Außerdem können Männer natürlich auch ihren Vater oder eine beliebige Serie von ›Ehemaligen‹ auf sämtliche Leute projizieren: die ehemalige Frau, den ehemaligen Vorgesetzten, die ehemalige Freundin usw. Die Vergangenheit hat keine Grenzen. Und auch Frauen projizieren sowohl die Vater- als auch die der Mutterfigur. Ein ganzes Spektrum menschlicher Beziehungen tut sich auf, wenn man in der Vergangenheit leben und die Welt durch die Augen von ›damals‹ betrachten will.

Das Problem dabei ist, daß solche Augen niemals die Erfüllung, die Befriedigung, das Ziel sehen. Solche Augen sehen nicht, wo der Weg ist, der Weg nach Haus, wohin die Heilige Reise geht.

Nun habt ihr nicht nur ein Kind, sondern auch einen Heranwachsenden in eurem Innern, und dieser Heranwachsende ist normalerweise in absoluter Panik. Als Kind hattet ihr das Gefühl, ewig ein Kind zu sein – bis euer Körper euch plötzlich überlistete. O ja, viele von euch konnten es kaum erwarten, die ersten Anzeichen des Erwachsenseins bei sich zu bemerken, aber als die Pubertät euch dann überrumpelte, mußtet ihr feststellen, daß damit mehr verbunden ist als ein paar Bartstoppeln und die Entwicklung der Brüste. Da waren Hormone, mit denen ihr nicht gerechnet hattet. Da war der gesellschaftliche Druck, den ihr nicht erwartet hattet. Da war eine Erwachsenenwelt, die viel zu schnell auf euch zukam.

Dieser Teenager lebt in eurem Innern weiter, und zwar weiter in einem Zustand panischer Angst. Viele Erwachsene sind nichts anderes als verkleidete Teenager, die sich weiterhin bemühen, ›es irgendwie richtig zu machen‹.

Wenn ihr darauf besteht, das Vergangene immer wieder neu zu leben – wenn ihr insistiert, daß ihr die Vergangenheit wiederholen müßt, bis ihr sie in Ordnung gebracht habt, bis ihr siegreich daraus hervorgegangen seid –, dann müßt ihr euch klarmachen, daß ihr dafür bezahlen müßt. Der Preis ist die Fahrkarte nach Haus.

Ihr versucht, das Vergangene durch die Linse eures negativen Egos zu betrachten, es zu wiederholen und es ›diesmal besser zu machen‹. Das negative Ego benutzt Selbstgerechtigkeit und Vorwürfe oder Selbstmitleid und Forderungen an andere, um euch in der Vergangenheit zu halten. Es benutzt Fehlschläge und Niederlagen, um vergangene Erfahrungen immer wieder zu bestätigen.

Es gibt Techniken, um das Kind und den Heranwachsenden in sich zu finden. Es gibt Meditationen, in denen die Macht der Vergangenheit gebrochen wird, aber ihr müßt sie loslassen *wol-*

len. Ihr müßt nicht nur willens sein, die Vergangenheit loszulassen, ihr müßt euch auch aktiv der Zukunft zuwenden. Ihr müßt in der Gegenwart leben. Wir schlagen hier nicht vor, daß ihr euch mit Hoffnungen auf die Zukunft einnebeln sollt, genausowenig, wie wir euch ermutigen, euch in dem Labyrinth eurer Vergangenheit zu verlaufen. Nein, lebt im Jetzt, aber motiviert euch mit der Zukunft.

Entwickelt einen Traum. Erfüllt euch mit dem Wunsch, der Imagination und der Erwartung, aus der ein Traum geboren wird. Richtet euer Augenmerk auf das, was ihr eines Tages werden könnt. Ja, gesteht in vollem Umfang ein, was ihr einmal wart; erkennt, was ihr getan habt; versteht, daß ihr es wart, die das Leiden und die Häßlichkeit geschaffen haben. Dann vergebt euch und werdet anders. Laßt die Vergangenheit hinter euch, und öffnet euch voller Freude einer neuen Zukunft.

Ihr habt eine grundlegende Wahl zu treffen. Ihr könnt entweder die Maske des negativen Egos aufsetzen und euer Leben damit verbringen, Vergangenes zu rächen oder in Ordnung zu bringen, oder ihr könnt euch den Mantel eures zukünftigen Selbst umlegen und in der ewigen Gegenwart leben, aus der heraus ihr fortwährend euer neues Selbst schafft.

Beide Wege stehen euch offen. Einer davon führt nirgendwohin und hält die Trauer des Unvermeidlichen und den Schmerz der Einsamkeit für euch bereit; der andere Weg führt heim und ist erfüllt von der Möglichkeit, dem Wunder und dem Licht der Liebe.

Eleganz

Eleganz bedeutet, den größten Erfolg mit dem geringsten Energieaufwand zu erzielen. Wir sprechen nicht von Eleganz im modischen Sinne. Ein Mensch auf der Heiligen Reise geht seinen Weg auf elegante Weise.

Sagen wir einmal, daß du eine bestimmte Realität für dich

kreieren möchtest. Unter großen Ängsten und Zweifeln hast du endlich entschieden, was du willst – nun ... so ungefähr. Du hast dich für etwas entschieden, es sei denn, jemand hat eine bessere Idee! Na ja, du weißt, was du willst, jedenfalls hoffst du, daß du es weißt.

Jetzt fängst du an, dich zu programmieren. Du versuchst es mit einer Visualisation, aber irgendwie findest du nicht die richtige Position, die du zur Entspannung brauchst, und dein Geist driftet ab, und du schläfst ein. Du hast also ein bißchen meditiert, aber nicht richtig... Nun fängst du an zu zweifeln.

Du erinnerst dich daran, daß du alles selbst schaffst. Du versuchst, dich davon zu überzeugen, daß das Programm wirklich funktioniert. Dann machst du dir Sorgen.

Zur Sicherheit machst du drei oder vier verschiedene Meditationen – was dir gerade unter die Finger kommt. Du versinkst in Selbstmitleid und hoffst, daß ›irgend jemand da oben‹ ein Einsehen hat und dir weiterhilft. An diesem Punkt ist dir egal, ob ›die da oben‹ dich mögen oder nicht, Hauptsache, sie tun etwas.

Jetzt ist es Zeit für dein persönliches Ritual der Unwürdigkeit und Selbstzweifel. Darauf folgt der Versuch, die Realität zu manipulieren, nur für den Fall, daß du sie doch nicht selbst kreierst.

Es kann sein, daß du die erwünschte Realität schaffst – es kann aber auch nicht sein. Du kreierst immer die Realität, die du gewollt hast, wenn auch nicht immer die, die du erhoffst. Ganz gleich, was letzten Endes manifestiert wird – selbst wenn du kreierst, was du erhofft hast, so wurde es nicht auf elegante Weise getan.

Ein anderer Weg: Du entscheidest, was du willst. Du weißt, was du willst. Du wählst die Methode, von der du intuitiv weißt, daß sie funktioniert. Vielleicht wählst du sogar eine Reihe von Techniken aus und entwirfst eine Strategie der Realitätsschaffung.

Nachdem du die Methoden angewandt hast, fällt es dir ganz leicht, deine Erfolgsvorstellungen auszudehnen, und nun fängst du an, dich so zu verhalten, als wäre die erwünschte Realität schon da. Du fängst an, die Dankbarkeit und die Freude zu empfinden.

Deine Realität ist geschaffen worden! Feierlich akzeptierst du sie.

In beiden Fällen mag das Endresultat das gleiche sein, aber die benutzten Mittel waren absolut ungleich. Während einer bestimmten Phase des Wachstums geht es einzig und allein um den Erfolg. Bei der ›Förderung des menschlichen Potentials‹ oder sogar des metaphysischen Potentials ging es oft nicht darum, *wie* ihr einen Erfolg erzielt habt, solange ihr nur den gewünschten Erfolg hattet.

Auf der Heiligen Reise wird selbstverständlich auch Erfolg geschaffen, aber wichtig ist, *wie* er geschaffen wird. Es geht darum, mit wieviel Eleganz die Realität kreiert wird, die du sowohl willst als auch erhoffst.

Wenn der Weg mit Eleganz beschritten wird, werden metaphysische Erkenntnisse und Methoden mit einer gewissen Leichtigkeit, mit Anmut und Selbstbewußtsein gehandhabt.

Um diese Eleganz zu erreichen, muß man immer beim Wunsch beginnen. Der Wunsch muß echt und persönlich sein – du mußt ihn dir ganz genau ansehen. Allzu oft wünschst du dir Dinge, die dir von anderen suggeriert worden sind. Selbst wenn du genau dasselbe willst, was die Konsensus-Realität für dich will, mußt du deinen Wunsch analysieren und ihn zu ausschließlich *deinem* Wunsch machen. Du mußt eine Vision haben, ein Visionär werden. Du mußt bereit sein, eine Zukunft jenseits der Grenzen von Logik und Vernunft zu imaginieren. Du mußt willens sein, eine mögliche Welt zu erhoffen und zu erträumen. Und dann entwickle Makellosigkeit. Sei willens, dich wie ein Laserstrahl zu fokussieren. Ungeachtet der Ablenkungen, die dein negatives Ego und die Außenwelt für dich bereithalten, mußt du deine Gedanken rein und makellos halten; du darfst deinen Traum nicht aus den Augen verlieren, deine Vision nicht verwischen.

Wenn du diese vier Qualitäten entwickelst: Wunschkraft, Klarheit des Wünschens, visionäre Sicht und Makellosigkeit, werden sie sich in synergistischer Weise verbinden. So wird ein Ganzes geschaffen, das größer ist als die Summe seiner Teile. So wird Eleganz kreiert.

Überlege es dir: Wenn du einen echten Wunsch hast und ihn ohne Zögern und ohne falsche Bescheidenheit zu *deinem* Wunsch machst, wenn du eine Vision hast und mit makelloser Konzentration daran festhältst, ohne dein Wunschziel je aus den Augen zu verlieren, dann kreierst du es ganz selbstverständlich mit Eleganz!

Und ebenso selbstverständlich wirst du dich dann auf der Heiligen Reise wiederfinden.

Dankbarkeit

Als Kinder wurde euch beigebracht, immer ›danke‹ zu sagen, ob ihr es ehrlich gemeint habt oder nicht. Die Worte gehen euch inzwischen ganz automatisch von der Zunge, deshalb nehmt ihr vielleicht an, daß es euch nicht schwerfallen dürfte, Dankbarkeit zu empfinden. Das Wort mag leicht auszusprechen sein, doch das Gefühl herzustellen, ist ein wenig komplizierter. Auf eurer Reise kann Dankbarkeit auf verschiedene Weise verstanden und empfunden werden, aber nur das Wort auszusprechen, hat nicht die geringste Bedeutung.

Was ist Dankbarkeit? Hier stoßen wir auf ein weiteres Konzept der metaphysischen ›Du weißt schon was‹-Tradition. Jeder kennt das Wort und weiß, daß es ein wichtiges Gefühl ist, aber nur wenige wissen, was es wirklich bedeutet. Wir haben Stunden damit zugebracht, die Feinheiten und die Details der Dankbarkeit zu ergründen und zu enthüllen. Dennoch bleibt ihre Macht unangetastet und ihre Tiefe unerschöpft.

Ein Schritt auf der Heiligen Reise ist getan, wenn man erkennt, daß Dankbarkeit ganz zuerst die Bereitschaft ist, etwas freudig anzunehmen. Nehmt das Geschenk der Menschen an, die euch dabei helfen, eure Realität zu schaffen. Seid euch selbst dankbar und eurem Bewußtsein, und nehmt eure eigene Würde, euren eigenen Wert freudig an. Nehmt eure Gefühle freudig an. Seid dankbar, daß ihr die Liebe eurer sichtbaren und ›unsichtbaren‹ Freunde annehmen konntet, und dankbar, daß ihr euch diese Freundschaften geschaffen habt. Und sei es auch nur für einen einzigen Augenblick: Nehmt an, was euch gegeben wurde!

Dankbarkeit hat nicht nur etwas mit Annehmen zu tun, sondern auch mit Freude. Freude, Glück sind die Erfüllung eurer Bedürfnisse. Wenn ihr einen Platz habt, den ihr ein Zuhause nennen könnt, wenn ihr arbeiten könnt und für euer Überleben verantwortlich sein könnt, wenn ihr euer Gehirn und euren Verstand mit Gedanken an eine mögliche Zukunft beschäftigen könnt, dann seid ihr glücklich.

Aber Freude ist auch die Erfüllung eurer besonderen Vorlieben. Ein friedvolles Zuhause ist eine stille Freude. Produktiv zu sein – etwas Neues zu lernen, während man mit anderen zusammenarbeitet, bedeutet, Freude an der Arbeit zu haben. Es ist Freude, die einen Job zu einer Karriere macht. Freude ist, wenn man sich erlaubt, Träume zu haben, die man nicht unbedingt manifestieren muß.

Ein Beispiel dafür sind zwei Galerien, die unsere Peny geschaffen hat: die Isis Unlimited und die Illuminarium Gallery in Beverly Hills. Eine andere sehr erfolgreiche Firma, die von Peny ins Leben gerufen wurde, ist Visionary Publishing Inc., die Postkarten und Kunstbücher ediert. Vor Jahren hat Peny erkannt, daß sie eine ganze Reihe von Firmen gründen mußte, um nicht von einer allein finanziell abhängig zu sein und damit die Kreativität und die Liebe zur Arbeit zu verlieren. Wir beglückwünschen sie zu ihrer Entscheidung. Wir möchten, daß unsere Werke eine ständige Quelle der Freude sind. Und das sind sie. Allen Projekten der *Concept Synergy* wird entsprochen, und so bringen sie Freude.

Dankbarkeit ist ein Gefühl der Freude – aber dazu gehört auch die Spontaneität. Dankbar und freudig zu sein genügt nicht. Wenn ihr nicht spontan von freudiger Empfangsbereitschaft erfüllt seid, dann fehlt eurer Dankbarkeit ein wichtiges Element. Wenn ihr nachdenken und euch daran erinnern müßt, Dankbarkeit zu fühlen, dann seid ihr vielleicht auf dem Weg, aber noch nicht am Ziel.

Spontane Dankbarkeit hat eine immense Wirkung. Wenn ihr diese Empfindung zulassen könnt, funktionieren eure Techniken sofort sehr viel besser, und der Erfolg kann exponential wachsen. Damit könnt ihr euer Leben auf bedeutende Weise verbessern; denn wenn ihr anfangt, dankbar zu sein für alles, was ihr habt, zieht ihr mehr Dinge zu euch hin, die euch neuen Anlaß zur Dankbarkeit geben.

Wenn ihr eine bestimmte Technik der Realitätsschaffung benutzt, die wirkungslos zu sein scheint, müßt ihr das Ausmaß eurer Dankbarkeit überprüfen. Wenn die Leute Techniken anwenden, die keine große Wirkung haben, liegt es hauptsächlich daran, daß sie sich weigern, Dankbarkeit zu empfinden. Viele sabotieren ihre eigenen Unternehmungen direkt oder indirekt, nur damit ihnen erspart bleibt, Dankbarkeit empfinden zu müssen.

Überlegt es euch: Ihr findet eine bestimmte Technik zur Realitätsschaffung, und sie funktioniert! Ihr benutzt die Technik mit Begeisterung und feiert die Erfolge, die ihr erzielt. Dann hört ihr eines Tages urplötzlich damit auf. Ihr vergeßt, die Technik anzuwenden. Einfach so. Das ist vielen von euch schon öfter passiert, und der Grund ist häufig ein Schuldgefühl. Ihr fühlt euch schuldig, weil die Sache so schrecklich einfach ist, aber mehr noch ist es euer Widerwille gegen das Gefühl von Dankbarkeit.

Es ist erstaunlich, wie viele Menschen eine erfolgreiche Realitätsschaffung verhindern, nur um keine Dankbarkeit empfinden zu müssen! Dankbarkeit ist eine große Macht. Wenn Abwehr dagegen oder Angst davor imstande ist, eure gesamte Realität zu beeinträchtigen, dann überlegt euch, was bewirkt werden könnte, wenn ihr Dankbarkeit zuließet!

Warum also fürchten sich die Menschen vor der Dankbarkeit? Es gibt verschiedene Gründe. Viele fürchten, ausgenutzt zu werden, denn wenn sie jemandem dankbar sind, öffnen sie sich der Person gegenüber weit genug, um benutzt werden zu können. Andere fürchten sich vor der möglichen Verletzung: Sie haben Dankbarkeit empfunden und der Person, die das Gefühl auslöste, damit ihre eigene Macht gegeben, und nur um nicht enttäuscht oder verletzt zu werden, beschließen sie im stillen: »Nie wieder!«

Wieder andere befürchten, daß sie damit eine gewisse Schwäche zeigen. Sie denken folgendermaßen: »Wenn ich dir meine Dankbarkeit zeige, dann gebe ich zu, daß du etwas für mich getan hast, das ich offenbar nicht selbst tun konnte. Damit bist du stärker, und ich bin der Schwächere.« Manche macht allein die Vorstellung von Dankbarkeit schon wütend: Sie hassen dieses Gefühl – das heißt, eigentlich nicht das Gefühl selbst, sondern das für sie damit verbundene Gefühl der Bedürftigkeit. Dankbarkeit selbst wird nicht gehaßt, aber die Vorstellung, etwas brauchen zu müssen.

Seht ihr, Dankbarkeit ist eine Art, Liebe zu fühlen. Du kannst nicht Liebe und gleichzeitig Selbstmitleid fühlen. Das sind zwei Dinge, die sich gegenseitig ausschließen. Allerdings entscheiden sich viele Menschen traurigerweise für Selbstmitleid, wenn sie die Wahl zwischen diesen beiden Dingen haben, weil Dankbarkeit ihnen unheimlich ist.

Auch ist es fast unmöglich, sich ›besser als‹, also überlegen zu fühlen, wenn man dankbar ist – obwohl auch das von einigen mit der entsprechenden mentalen Gymnastik fertiggebracht wird. Menschen, die weiterhin in der Vergangenheit leben, in der Hoffnung, eines Tages siegreich daraus hervorzugehen, können ebenfalls keine Dankbarkeit empfinden, denn Dankbarkeit ist ein erwachsenes Gefühl, das spontan im Hier und Jetzt empfunden wird.

Und schließlich fürchten sich viele vor Dankbarkeit, weil dieses Gefühl für sie voraussetzt, daß es jemanden gibt, der ›irgendwo da oben‹ sitzt und mehr ist als sie selbst. Viele Leute möchten glauben, daß sie alles sind, was es gibt, weil die Vorstellung, daß es noch mehr gibt, einfach zu furchterregend ist. Manche gehen so weit zu behaupten, sie seien die Fülle und Totalität des göttlichen Bewußtseins, nur um die Auseinandersetzung mit etwas Größerem, das irgendwo anders sein könnte, zu vermeiden.

Wenn du einem Freund dankbar bist, machst du das Eingeständnis, daß er ›mehr ist als du‹ – nicht: ›besser als du‹, nur: ›mehr als du‹, und zwar in dem Moment, in dem das spontane Aufwallen der Dankbarkeit durch sein Verhalten in dir ausgelöst wurde. Viele verwechseln ›mehr als‹ mit ›besser als‹. Vielleicht liegt es am allgemeinen Konsensus, daß etwas Gutes gleichzeitig auch immer das Bessere sein muß. Aber zwischen diesen beiden Dingen liegen Welten.

Die Angst vor dem ungewissen Etwas, das besser sein könnte als du, nimmt zu, wenn zu zuläßt, daß es ›unsichtbare Freunde‹ geben könnte – Berater, Führer, Schutzengel, dein zukünftiges Selbst, dein spirituelles Selbst, eine Seele oder dein Höheres Selbst. In der Tat gibt es viele unsichtbare Freunde!

Manche bezeichnen den spirituellen Weg als einen einsamen Pfad. Aber dein Weg ist nur einsam, wenn du den Weg des Hasses und der Isolation gehst. Wenn du den Weg der Liebe gehst, wenn du Liebe lebst, dann ist der spirituelle Weg voll von allem möglichen! So viele Menschen wollen diese unsichtbare Welt einfach nicht wahrhaben und nichts damit zu tun haben. Sie lassen keine Dankbarkeit dieser Welt gegenüber zu, weil sie sonst zugeben müßten, daß es eine Liebe gibt, die größer ist als ihre eigene.

Wir sind ein nicht-physisches Wesen, ein Bewußtsein ohne Form, ein Lichtfunke, ein Funke der Liebe. Wir hatten nie einen Körper. Das ist für viele sehr schwer zu verstehen.

Als erstes stoßen wir auf eine gewisse Egozentrik: »Wenn ich einen Körper habe, dann hat jeder andere auch einen.« Unter euch physischen Wesen gibt es dann welche, wie z. B. die Einwohner von Kalifornien und New York, die annehmen, daß die Welt östlich der Sierras und westlich des Hudson River aufhört. Und sie sind äußerst beunruhigt, wenn ihnen zu Ohren kommt, daß es Menschen gibt, die nicht von dem Wunsch beseelt sind, in Kalifornien oder New York zu leben. Sie können es nicht fassen, daß es tatsächlich Leute auf diesem Planeten gibt, die absolut nicht nach Kalifornen oder New York ziehen wollen. Äußerst merkwürdig!

Ja, und ähnlich geht es ihnen in bezug auf Wesen, die nie einen Körper hatten und auch nicht den Wunsch, sich jemals in einen hineinzubegeben. Wie wir.

Zum zweiten ist es schwierig, weil unsere Existenz darauf hinweist, daß ihr noch nicht alles wißt. Es gibt tatsächlich Dinge und Wesen, die jenseits eures Fassungsvermögens existieren. Die bloße Tatsache unserer Existenz läßt sogar so etwas wie Gott/Göttin/Alles-was-ist letzten Endes möglich erscheinen.

»Vielleicht gibt es wirklich einen Gott/Göttin/Alles-was-ist, der/die/das mich liebt und meinen Namen kennt.«

Nicht, daß wir das sind. Nein, aber unsere Existenz läßt eine solche Gegenwart ebenfalls möglich erscheinen ... und sehr viel greifbarer! Wer sich vor Dankbarkeit fürchtet oder sich dagegen wehrt, wird sich auch schwertun, uns zu akzeptieren. Und ein vitaler, liebender, greifbarer Gott/Göttin/Alles-was-ist wird noch schwerer akzeptiert.

Wahrscheinlich wäre es sehr viel enfacher gewesen, wenn wir gesagt hätten, wir waren einmal in Atlantis oder Lemurien inkarniert oder daß wir einmal ein berühmter Lama irgendwo im Himalaya waren. Selbstverständlich könntet ihr diese Informationen genausowenig nachprüfen. Es wäre einfacher gewesen, wenn wir dafür gesorgt hätten, daß der Körper des Channel mit offenen Augen herumwandert. Vermutlich hätten wir die Persönlichkeit des Channels annehmen sollen, damit die Leute nicht denken, daß jemand anders durch ihn spricht.

Alle diese Dinge hätten unsere Botschaft wohl leichter verdaulich gemacht und uns in den Augen der Konsensus-Realität ›attraktiver‹ erscheinen lassen. Das Problem ist unser Hang zur Wahrheit: Wir können nicht anders, als der Wahrheit Ausdruck zu geben.

Außerdem sind wir hier, um euch daran zu erinnern, daß es einen Gott/Göttin/Alles-was-ist gibt, der euch liebt, und den ihr mehr liebt, als ihr euch eingestehen wollt. Trotz aller Verletzungen liebt ihr nämlich... Und unsere Realität ist auch dazu da, euch an die Dankbarkeit zu erinnern.

Beides, das Gefühl der Dankbarkeit anzunehmen und es auszustrahlen, ist ein integraler Bestandteil eurer Reise nach Haus. Vergeßt nicht: Gott/Göttin/Alles-was-ist *verlangt* keine Dankbarkeit von euch. Dankbarkeit ist ein Geschenk. Sie ist eine immense Antriebskraft auf eurer Heiligen Reise nach Haus.

Lebendigkeit

Lebendigkeit ist ein Konzept, das in der Eile oft übersehen wird. Ihr brennt darauf, schnell weiterzuwachsen, und überseht dabei ein paar wichtige Nuancen des Wachstums. Aber es sind diese Feinheiten, die dem Prozeß seine Tiefe verleihen; es sind die Nuancen, die der Evolution Fülle und Sinnlichkeit geben. Seht ihr, beim Wachstum geht es nicht nur darum, auf schnellstem Wege ans Ziel zu gelangen. Jeder erreicht das Ziel – jeder kehrt nach Hause zurück, das ist ein Naturgesetz. Nein, beim Wachstum geht es um die *Art*, wie das Ziel erreicht wird.

Lebendigkeit und Eleganz sind beides Mittel, die zur Evolution benutzt werden. Bei beidem geht es um die Qualität des Wachstums, nicht nur um die Quantität.

Lebendigkeit hat vier Komponenten. Wenn jede davon entwickelt wird, werdet ihr in zunehmendem Maße vital und lebendig. Ihr werdet von einer vibrierenden Energie erfüllt sein.

Die erste Komponente ist LIEBE.

Du hast den ersten Schritt in Richtung Lebendigkeit gemacht, wenn du deine Fähigkeit, dich selbst und andere zu lieben, entwickelst.

Die zweite Komponente ist VERTRAUEN.

»Du mußt Vertrauen haben«, ist zu einer recht abgelegten Phrase geworden. Im Zweifelsfalle wird den Leuten kurzerhand erklärt, daß sie zu sich selbst mehr Vertrauen haben müssen, nicht wahr? Jeder muß mehr Selbstvertrauen haben, und wenn du hörst: »Vertraue dir selbst mehr«, dann kann es kaum der verkehrte Ratschlag sein. Viele von euch lassen aber mittlerweile sofort die Rolläden herunter, wenn sie Phrasen hören wie: »Vertraue dir selbst mehr« oder »liebe dich selbst mehr.« Sie hören dann einfach nicht mehr hin.

Vertrauen ist eine der stärksten schöpferischen Energien, die euch zur Verfügung stehen. Haltet einen Moment inne... Denkt an euer Leben und wie es sich verändern würde, wenn ihr beim nächsten Glockenschlag vollkommenes Vertrauen in euch selbst hättet.

Wieviel Zeit verbringt ihr in Sorge, in Zweifeln, in Verwirrung? Wieviel Energie vergeudet ihr mit sinnlosen Ängsten? Wieviel von eurem manipulativen und defensiven Verhalten könnte sofort wegfallen? Haltet inne und versucht einmal wirklich zu fühlen, wie euer Leben sich verändern würde, wenn ihr euch selbst mehr vertrauen könntet. Es ist eine ungeheuer starke Energie!

Man erzählt euch vieles, aber niemand bringt euch wirklich bei, *wie* das zu erreichen ist. »Vertraut einfach und fragt nicht weiter.« Leichter gesagt, als getan. Wer euch mit diesen Sprüchen abspeist, hat den Schmerz entweder vergessen, oder er ignoriert ihn mit Absicht. Ihr habt versucht, ›einfach zu vertrauen‹, ihr habt es schon oft versucht – und dann habt ihr gelitten! Es gibt spezielle Wege, auf denen Vertrauen erlernt werden kann. Wir werden sie kurz erläutern.

Als erstes muß die Fähigkeit entwickelt werden, das Zusammenwirken der verschiedenen Faktoren zu erkennen, die letztlich zu Vertrauen führen. Das nennen wir die Synergie des Vertrauens. Das heißt, daß man sich nicht auf einen Aspekt der Situation verlassen soll, um sein Vertrauen darauf zu begründen, sondern daß man zunächst so viele Informationen wie möglich sammelt. Hört auf euren Körper, aber hört auch darauf, was eure Gefühle sagen. Und damit dürft ihr es nicht genug sein lassen: Befragt eure Vernunft, euren Intellekt. Nehmt die Informationen an, die eure Intuition euch zuflüstert – schenkt euren Ahnungen und Eingebungen Aufmerksamkeit. Ihr müßt die Informationen dieser Aspekte von euch sammeln und dann bewußt kombinieren. Aus dieser Kombination entsteht eine Synergie, eine Alchimie des Vertrauens.

Sagen wir einmal, du mußt dich entscheiden, ein bestimmtes Stellenangebot anzunehmen oder abzulehnen, und die Wahl fällt dir schwer. Während du dir das Für und Wider durch den Kopf gehen läßt, hast du nun die Möglichkeit, die muskulären und nervlichen Reaktionen im Körper zu beobachten. Während du dir vorstellst, wie dein Leben aussieht, wenn du die Stelle annimmst oder ablehnst, kannst du verfolgen, welche Gefühle spontan aufwallen. Du kannst eine Liste der Vorzüge und Nachteile anfertigen und dabei deinen eigenen Gedanken zuhören. Und schließlich kannst du dich fragen, was deine Eingebung sagt, was für ein Gefühl du im Bauch hast.

Nicht nur aus einem Bereich, sondern aus vielen verschiedenen Quellen werden Informationen aufgenommen und abgewogen: Du wägst das Für und Wider ab, du projizierst in die Zukunft, du überlegst dir die Vorteile bzw. Nachteile, achtest auf die Reaktion deines Körpers, auf deine Gefühle, deine Gedanken und schließlich deine Intuition, um bei dir fundiertes Vertrauen zu kreieren.

Ein untrennbarer Teil dieses Lernprozesses ist zu wissen, wann man vertrauen soll. Allzu oft versucht ihr euch selbst zu vertrauen, wenn es überhaupt nicht um Selbstvertrauen geht und die Situation nicht nach Vertrauen verlangt. Und die Sache geht schief. Ihr werdet verunsichert, wenn ihr Vertrauen auf unangemessene Weise anwendet, und beschließt dann, daß ihr euch selbst nicht trauen könnt.

Vertraut nur, wenn es angebracht ist. Und wann ist das?

Vier Kriterien müssen zusammentreffen, wenn es um Vertrauen gehen soll:

1. Ein potentieller Nutzen oder ein potentieller Schaden können erwartet werden.
2. Weder der Nutzen noch der Schaden hat sich bis dato manifestiert. Beide Möglichkeiten liegen noch in der Zukunft.
3. Der Schaden muß potentiell ›schädlicher‹ sein als der Nutzen ›nützlich‹.
4. Man muß fest davon ausgehen, daß sich der Nutzen oder der Vorteil manifestieren wird.

Diese vier Kriterien müssen also erfüllt sein. Wenn auch nur eins davon nicht zutrifft, geht es in der jeweiligen Situation nicht um Vertrauen. Wenn keine dieser Voraussetzungen erfüllt wird, sollte man es gar nicht erst versuchen, sondern die Finger davon lassen.

Du kaufst für einen Dollar ein Lotterielos und erwartest, ein paar Millionen zu gewinnen. Als Teil deiner Programmierung – als Teil der Techniken, mit denen du deinen Erfolg kreierst – beschließt du, diesmal wirklich Vertrauen in dich selbst zu haben. Schließlich hast du ja gehört, wie ungeheuer stark die Macht des Vertrauens ist, wenn es um bewußte Realitätsschaffung geht. Ist Vertrauen in dieser Situation angebracht?

Nutzen und Schaden können aus der Situation entstehen – du kannst gewinnen oder verlieren. Gewinn und Verlust liegen in der Zukunft, also ist auch das zweite Kriterium erfüllt. Aber der Schaden wäre nicht größer als der Nutzen. Wenn du verlierst, bist du um einen Dollar ärmer; wenn du gewinnst, bist du Millionär. Also wäre der Nutzen weitaus ›nützlicher‹ als der

Schaden ›schädlich‹. Erwartest du allen Ernstes zu gewinnen? Die Antwort der meisten Menschen ist: »Nein, ich gewinne nie bei Glücksspielen« oder: »Nein, die Chancen sind zu gering« oder: »Nein, ich spiele nur aus Spaß in der Lotterie. Nein.«

In dieser Situation geht es also nicht um Vertrauen, weil das dritte Kriterium nicht erfüllt ist und auch das vierte nur äußerst schwer zu erfüllen wäre. Demnach sollte man es in einer solchen Situation überhaupt nicht erst mit Vertrauen versuchen. Das führt nur zu einer Niederlage, und selbst wenn das Los gewinnt, handelt es sich dabei immer nur um das Resultat eines Glücksspiels, und man kann die Situation nur aus dieser Perspektive angehen.

Ein anderes Beispiel: Du erhältst das Versprechen eines Freundes, daß er eine bestimmte Information für sich behalten wird. Daraufhin vertraust du ihm die Information an. Wenn er die Information weitergeben würde, kämst du in ernsthafte Schwierigkeiten. Nun, da du die Information weitergegeben hast, kannst du nur noch Vertrauen haben. Ist Vertrauen unter diesen Umständen angebracht?

Nutzen oder Schaden kann eintreten: Der Freund kann das Versprechen einhalten oder brechen. Der potentielle Nutzen und der potentielle Schaden liegen in der Zukunft und können unter Umständen immer etwas Zukünftiges bleiben. Der Schaden wäre ›schädlicher‹ als der Nutzen ›nützlich‹: Wenn dein Vertrauen mißbraucht wird, könntest du in alle möglichen Unannehmlichkeiten verwickelt werden. Wenn das Versprechen eingehalten wird, geht das Leben weiter, als wäre nichts geschehen. Der Status quo bleibt erhalten. Nichts verbessert sich, aber es verschlimmert sich auch nichts. Und schließlich mußt du dich fragen, ob du wirklich erwartest, daß dein Geheimnis geheimgehalten wird.

Nur du kannst diese Frage ehrlich für dich selbst beantworten. In dieser Situation geht es definitiv um Vertrauen. Alle Kriterien wurden erfüllt – nun liegt die Entscheidung bei dir.

Wenn du dir das Versprechen geben läßt, daß dein Geheimnis bewahrt wird, und dabei im stillen erwartest, letzten Endes hintergangen zu werden, dann ist es kein Akt des Vertrauens, sondern ein Akt der Selbstsabotage. Wenn du dein Geheimnis erst jemandem anvertraust und hinterher versuchst, ein Versprechen der Geheimhaltung von der betreffenden Person zu bekommen, dann spielst du ein Glücksspiel – so etwas wie Russisches Roulette vielleicht. Aber wenn du wirklich erwartest, daß das Versprechen eingehalten wird, dann ist es eine Situation, in der es um Vertrauen geht.

Sabotiert euch nicht selbst mit eurem Vertrauen. Stellt die Synergie des Vertrauens her und benutzt sie, wenn es angebracht ist.

Vertrauen ist eine Fähigkeit, eine Kunst. Praktiziert sie!

Die dritte Komponente von Lebendigkeit ist ENTHUSIASMUS.

Enthusiasmus ist eine Energie, die ebenfalls weithin mißverstanden wird. Als Kinder wart ihr voller Enthusiasmus. Man hat euer Benehmen toleriert und euch irgendwann geraten, ›endlich erwachsen zu werden‹. Man erklärte euch, daß ›es ein böses Ende nehmen würde‹, daß euch eines Tages ›die Augen aufgehen würden‹, daß das Leben euch eines Tages einen ›Schlag versetzen würde‹. Es hieß: »Du wirst schon sehen… denk an meine Worte!«

Irgendwann fingt ihr an, eure Begeisterungsfähigkeit als kindlich und unreif zu betrachten, und so habt ihr sie verloren. Jetzt wißt ihr nicht, wie ihr diesen verlorenen Schatz erneut in euch selbst wiederfinden sollt. Wenn ihr versucht, als Erwachsene in einer Erwachsenenwelt enthusiastisch zu sein, fallt ihr oftmals in ein Verhalten zurück, das ihr als Kinder hattet und das nun unangemessen ist. Dieser kindliche Enthusiasmus bringt euch dann in Schwierigkeiten, und dann zieht ihr euch zurück.

Das ist eine verständliche Reaktion. Die Welt, in der du als Erwachsener funktionieren mußt, ist ein sehr komplexes Gefüge mit eigenen Gesetzen. Wenn du beschließt, deine Begeisterung in dieser Welt auszudrücken, fällst du innerhalb von Minuten in ein kindliches Verhalten zurück. Du beginnst die Welt mit den Augen des Kindes zu sehen.

Nun ist die Komplexität und Gesetzmäßigkeit der Erwachsenenwelt furchterregend für ein Kind. Als Erwachsener kann man ins Büro gehen, sein Auto fahren und mit Freunden und Bekannten Gespräche führen, aber mit den Augen eines Kindes gesehen, ist das alles angsterregend!

Das Kind, zu dem du in deinem Enthusiasmus wieder geworden bist, wird also irgendwelche Schnitzer machen, und so kann es nur versagen! Daraufhin ziehst du dich in deinen Panzer zurück und beschließt, nie wieder enthusiastisch zu sein.

Aber Enthusiasmus ist kein kindisches oder albernes Verhalten. Er hat nichts mit Manie zu tun. Enthusiasmus ist die Synergie – das Ganze, das größer ist als die Summe seiner Teile – des freien inneren Kindes, des wißbegierigen inneren Heranwachsenden, der verständnisvollen Eltern und des zukünftigen Selbst. Er umfaßt auch deine Beziehung zu deinem Höheren Selbst.

Wenn ihr ein angepaßtes Kind in eurem Innern habt, das sich weiterhin nach der Liebe sehnt, die es vermeintlich nie bekommen hat, so habt ihr aber auch das freie Kind in euch, an das ihr euch erinnert. Das ist das Kind, das sich vollkommen in ein Bilderbuch verlieren kann. Das ist der Teil von euch, der tagelang sämtliche Charaktere aus einem Spielfilm nachahmen und -empfinden kann, der Teil, der sich jenseits von Zeit und Raum bewegt, der Teil, der fliegen kann!

Ihr habt einen etwas wirren Heranwachsenden in euch, aber dieser Heranwachsende ist gleichzeitig auch sehr wißbegierig und neugierig und von allem fasziniert. Dieser Teil kann sich mit einer Zähigkeit und Ausdauer in ein Projekt hineinknien, die einem geradezu die Tränen in die Augen treibt. Das ist der Teil von euch, der sich unsichtbar machen und vollkommen verschwinden kann, sobald er nur daran denkt!

Jeder von euch hört die Stimme der kritischen Eltern im eigenen Innern, mit all den ›Du sollst‹ und ›Du sollst nicht‹. In einer stillen Stunde könnt ihr auch die Eltern vernehmen, die voller Verständnis sind und wirklich ›euer Bestes wollen‹. Für viele ist dies Mutter oder Vater. Für andere vielleicht ein Lehrer, ein Verwandter oder ein besonderer älterer Freund. Wer auch immer das gewesen sein mag, er oder sie muß euch genug Fürsorge entgegengebracht haben, sonst wärt ihr jetzt nicht hier. Wenn ihr dieses Buch lest, habt ihr genügend Verständnis erfahren – auch wenn euch das nicht so vorkommen mag. In verschiedenen Studien wurde bewiesen, daß Kinder, die wirklich nicht bekommen, was sie zum Wachstum brauchen, in irgendwelchen Instituten enden. Ihr seid hier; also habt ihr genug bekommen.

Alle Zeit existiert simultan. Die Zukunft ist genauso ewig gegenwärtig wie die Vergangenheit. Genau wie ihr meditativ in der Zeit zurückgehen könnt, um euch dem Kind, das ihr einmal wart, liebevoll zuzuwenden, so ist es auch eurem zukünftigen Selbst möglich, sich euch jetzt zuzuwenden. Ihr habt so viele potentielle Zukünfte, wie ihr euch vorstellen könnt. Manche davon sind wahrscheinlicher als andere. Man kann das zukünftige Selbst um Hilfe bitten. Man kann das zukünftige Selbst anrufen und ihm erlauben, einem bei der persönlichen Entfaltung Beistand zu leisten.

Du und dein Höheres Selbst, ihr könnt ein Teil der Synergie des Enthusiasmus sein. Das ist es, wonach du greifst und trachtest.

Erlaube diesen Teilen von dir – dem freien Kind, dem wißbegierigen Heranwachsenden, dem verständnisvollen Elternteil und dem zukünftigen Selbst – gemeinsam für dich zu arbeiten. Nutze ihre Energien, ihre Liebe. Wenn du deine Gegenwart und deine Zukunft durch die Augen dieses ›Kollektivs‹ betrachtest, wirst du wissen, was Enthusiasmus ist und welche Kraft und Lebendigkeit damit einhergeht.

Die vierte Komponente ist ERWARTUNG.

In eurer heutigen Welt wird euch beigebracht, daß man nicht allzu großartige Erwartungen haben darf. Man erklärt euch, daß ihr nichts als Enttäuschungen und Leid erfahrt, wenn ihr große Dinge erwartet. »Schnalle den Gürtel enger, schraube deine Erwartungen runter, dann tut die Enttäuschung nicht so weh.«

Wenn es dann doch sehr weh tut, meint ihr, ihr hättet eure Erwartungen noch weiter herunterschrauben sollen. Aber heruntergeschraubte Erwartungen sind kein Betäubungsmittel und haben noch nie als solche funktioniert. Während ihr auf einen Erfolg hofftet, habt ihr laut und deutlich verkündet, daß ihr keinerlei Erwartungen habt. »Ehrlich, mir ist es ganz egal...« Aber ein Verlust hat euch dann doch am Boden zerstört. Es tat trotzdem weh. Nun meint ihr, es hätte euch härter treffen können, wenn ihr euch mehr Hoffnungen gemacht hättet, aber das ist absolut nicht der Fall, und ein Teil von euch weiß, daß wir die Wahrheit sagen.

Ein Teil eurer bewußten Realitätsschaffung besteht in der Erwartung einer wundervollen Realität. Wenn ihr eure Erwartungen zurückschraubt, verringert ihr eure Fähigkeiten, Erfolg zu kreieren. Das Zurückstellen eurer Erwartungen, um die Schmerzen der Enttäuschung zu vermeiden, ist genau der Vorgang, der die Schmerzen schafft!

Geringere Erwartungen haben den Schmerz eines Verlusts oder Mißerfolgs noch nie verhindert. Hohe Erwartungen hingegen sind das Ingrediens, das einen Erfolg letzten Endes sicher macht. Man muß in jeder Lebenslage voller Enthusiasmus das Beste erwarten!

Und selbst wenn eine enthusiastische Erwartung nicht den gewünschten Erfolg bringt, so ist sie doch eine weitaus bessere Vorbereitung auf die etwaige Enttäuschung, weil man damit eine innerliche Stärke erzeugt hat. Die Enttäuschung wird immer noch weh tun, aber längst nicht so sehr.

Wir machen hier eine sehr wichtige Unterscheidung: Wir

sprechen von hohen Erwartungen, nicht von Hirngespinsten. Wir sprechen von den fundierten Träumen eines Erwachsenen, nicht von kindischen Phantasien.

Erwartungen werden im Reich des Möglichen geboren. Durch die geheimnisvolle Alchimie von vertrauensvoller Liebe und enthusiastischer Erwartung wird das Mögliche wahrscheinlich. Das Wahrscheinliche wird tatsächlich durch die Bereitschaft, es zu empfangen.

Die Reise nach Haus wird realer, wenn man Lebendigkeit entwickelt.

Die Ressourcen nutzen, die Instrumente schärfen

Der letzte Schritt, der in der Mitte der Reise getan wird, besteht aus einer Inventur der Ressourcen, aus denen ihr eure Realität schafft. Darauf folgt eine Bestandsaufnahme und ein Herrichten der Instrumente und Werkzeuge zur Realitäterschaffung.

Ihr schafft euch eure Realität, indem ihr auswählt und Entscheidungen fällt, mit euren Gedanken und Gefühlen und Einstellungen und Glaubensvorstellungen. Das ist alles. Es gibt kein anderes Rohmaterial – keine anderen Ressourcen, die von euch oder irgend jemandem benutzt werden. Wenn jemand auch eine bessere Realität für sich geschaffen hat als du, so wurden doch die gleichen Rohmaterialien benutzt.

Eure Gedanken und Gefühle werden von eurer Wahl und euren Entscheidungen angetrieben und dann von euren Einstellungen und Glaubensvorstellungen in eine Manifestation gezwungen, die auf dem Webstuhl von Wunschkraft, Imagination und Erwartung gesponnen wird.

Laßt uns näher darauf eingehen.

Eure Realität ist das Produkt eurer Gedanken und Gefühle. Manche sagen, nur die Gedanken, und andere sagen, nur die Gefühle schaffen eure Realität. Aber es ist ein Zusammenwirken von beidem. Wer meint, daß man nur seinem Herzen folgen sollte, kann jetzt einmal versuchen, etwas zu fühlen, ohne zu denken. Ganz gleich, was ihr fühlen wollt, ihr müßt dazu Bilder kreieren oder Töne oder Resonanzfelder. Dazu braucht man Gedanken. Man kann nicht fühlen, ohne zu denken. Die Leute, die euch auffordern, nicht zu denken, sondern nur zu fühlen, nur ›eurem Herzen zu folgen‹ und ›mit dem Fluß zu fließen‹, mögen in euch Schuldgefühle wecken, wenn ihr feststellt, daß ihr weiterhin denkt. Aber auch sie selber denken, nur wollen sie es nicht zugeben.

Ebenso kann man nicht denken, ohne zu fühlen. Diese Dinge gehen Hand in Hand, dem populären Jargon zum Trotz. Man hat eure Realität als ein ›eingefrorenes‹ Denken bezeichnet. Wir meinen, daß es sich um gefrorene Gedanken und Gefühle handelt. Eure Realität ist die synergetische Manifestation eurer Gedanken und Gefühle.

Der Gesichtspunkt der Synergie ist hier wichtig. Seht ihr, ihr habt alle möglichen Gedanken und eine ganze Skala von Gefühlen. Sie verschmelzen alle zu einer Totalität, aber diese Totalität ist nicht die Summe einer simplen Addition. Diese Totalität entsteht exponential. Ihr könnt eure Gedanken und Gefühle nicht einfach zusammenzählen und dann sehen, was sich daraus als Endsumme ergibt. Die Gedanken und Gefühle kombinieren und verbinden sich zu etwas anderem und kehren wieder zu sich selbst zurück, um ein Endresultat hervorzubringen, das jene wundersame und mysteriöse Sache ist, die ihr ›euer Leben‹ nennt. Was treibt eure Gedanken und Gefühle an? Eure Wahl und eure Entscheidungen.

Die von euch getroffene Wahl und die daraus resultierenden Kurz- oder Langzeitentscheidungen treiben eure Gedanken und Gefühle zur Manifestation. Eine Wahl zu haben, ist eine der mystischen Gaben, die mit dem Menschsein einhergehen. Andere Tiere haben auch eine Wahl, aber die Wahl wird instinktiv (als eine Funktion des Unbewußten) oder gewohnheitsmäßig (als Funktion des Unterbewußten) getroffen. Dem Mensch-Tier stehen diese beiden Ebenen ebenfalls zur Verfügung. Aber nun erinnert euch an eure erste Wahl, als ihr euch für ein Wachstum entschieden habt, das über ein bloßes Überleben hinausgehen sollte, womit eure Evolution begann. Diese Wahl trieb die Gedanken und Gefühle, die ihr schon immer hattet, zur Aktion – der Aktion, die wir Evolution oder Wachstum nennen.

In jedem Augenblick trefft ihr eine Wahl. Daß ihr so tut, als seiet ihr euch dessen nicht bewußt, ändert nichts an der Tatsache. Selbst nicht zu wählen, ist eine Wahl; nichts zu tun, ist eine Wahl.

Die einmal getroffene Wahl führt zu einer Entscheidung. Eine dynamisch manifestierte Wahl bringt zuerst eine Entscheidung hervor.

Eure Gedanken und Gefühle werden nicht nur angetrieben, sie werden in eine synergistische Manifestation gezwungen. Eure Einstellungen und Glaubensvorstellungen zwingen eure Gedanken und Gefühle in die Grobstofflichkeit, die physische Ebene genannt wird. Tatsächlich entspringt jeder Gedanke, den ihr denkt, und jedes Gefühl, das ihr fühlt, dem Brunnen der Einstellungen und Glaubensvorstellungen. Um etwas denken und fühlen zu können, müßt ihr ›es‹ zuerst in euren Glaubensvorstellungen und euren Einstellungen gehabt haben.

Woher kommen eure Gedanken? Wo haben eure Gefühle ihren Ursprung? Die Frage ist tiefgreifend, die Antwort entwaffnend: Sie haben denselben Ursprung; sie entspringen euren Einstellungen und Glaubensvorstellungen. Wo diese nun wiederum herkommen, ist ein anderes Thema. Eines Tages werden wir uns das ebenfalls näher ansehen.

Glaube erzeugt Realität. Intellektuell könnt ihr das vielleicht akzeptieren. Aber solange ihr es nicht *gefühlsmäßig* begreift, solange ihr es nicht bis in die letzte Zelle eures Körpers vordringen laßt, solange ihr es nicht ›einatmet‹, solange bleiben Metaphysik und Spiritualität für euch reine Theorie. Ja, das meinen wir! Es könnte eine faszinierende Theorie sein, vielleicht sogar eine Theorie, die hin und wieder funktioniert oder sogar oftmals für euch funktioniert, aber doch nicht mehr als eine Theorie. Erst wenn ihr das wirklich ›geschluckt‹ habt – Glaube schafft Realität –, öffnet ihr euch einem völlig neuen Realitäts›set‹. Ihr entdeckt eine Metaphysik und Spiritualität, wie sie bis dahin nur in euren Wunschträumen existierten (»Wäre es nicht wundervoll, wenn...«).

Es gibt eine Vielzahl von Leuten, die sich mit Metaphysik beschäftigen – manche davon halten sich sogar für Führer auf dem Gebiet –, die diesen Kernsatz noch immer nicht verstanden haben oder nicht wirklich wahrhaben wollen: »Ich schaffe selbst meine eigene Realität.« Sie haben gar nicht die Absicht, wirklich zuzulassen, daß die Wirklichkeit den Glaubensvorstellungen folgt; daß der Glaube der Illusion vorangeht, die ihr eure Realität nennt. Diese Leute wären absolut erstaunt, wenn ihr es ›packt‹ und euch damit auf den neuen Realitäts›set‹ einlaßt. Diese Leute wollen eure Visionen, eure Realisationen nicht verstehen – und ihr versteht nicht, worauf sie die ganze Zeit warten!

Wartet ihr nicht länger.

Was geschieht, wenn du einen bestimmten Glauben hast? Hier ein Beispiel: »Liebe bringt Leiden.«

Liebe bringt Leiden. An diesem Glauben halten viele von euch fest. Zuerst kreiert ihr diese Glaubensvorstellung, und dann geht ihr weiter, um die Realität zu schaffen, die diesen Glauben beweist. Liebe bringt Leiden. Dieser Glaube färbt die Linse, durch die ihr die Welt betrachtet. Er erzeugt eure Haltung, mit der ihr – durch diese Linse – sämtliche Dinge auf eine einzige Weise betrachtet.

Liebe bringt Leiden. Dieser Glaube und die Haltung, die daraus entsteht, sind der Brunnen, aus dem eure Gedanken und Gefühle fließen. Nun – was für Gedanken, meint ihr wohl, entspringen diesem Brunnen? Was für Gefühle?

Liebe bringt Leiden. Eure Gedanken und Gefühle manifestieren sich synergistisch in physischen Formen. Was ist mit Geben, Respektieren, Antworten, dem Sich-Öffnen, wenn ihr meint, daß Liebe Leiden bringt? Wie sehen damit eure Freundschaften aus? Wieviel Sicherheit, Freude, Offenheit und Vertrauen habt ihr damit zu geben?

Liebe bringt Leiden. Aus diesem Glauben und dieser Einstellung entspringen also eure Gedanken und Gefühle. Und aus diesen Gedanken und Gefühlen heraus werden eure Wahl und eure Entscheidungen getroffen. Also kreiert ihr damit auch Beziehungen, in denen Liebe Leiden bringt.

Laßt uns ein anderes Beispiel nehmen: »Liebe heilt alle Wunden.«

Liebe heilt... Dieser Glaube färbt die Linse ebenfalls auf spezielle Weise und erzeugt besondere Haltungen und Einstellungen. Aus dem Brunnen dieser Einstellung und dieses Glaubens entspringen völlig andere Gedanken und Gefühle. Man ist erwartungsfroh und sehr lebendig. Man hat leichte, lichte Gedanken. Man kann lachen und Freude finden. Man fühlt Dankbarkeit. Gesunde Beziehungen werden kreiert. Die Liebe wächst. Ihr wachst. Liebe heilt alle Wunden!

Glaube erschafft Realität. Ihr kreiert eure eigene Realität. Da gibt es nichts Kleingedrucktes.

Seht euch eure Rohmaterialien, eure Ressourcen, genau an – macht eine Bestandsaufnahme. Und mehr noch: Erkennt, was ihr mit euch herumtragt, seid ehrlich, vergebt euch und ›ändert‹ jene Rohstoffe, die euch und anderen Schmerzen zufügen. Erkennt, welche Entscheidungen richtig waren, welche Glaubensvorstellungen und Einstellungen für euch funktionieren und euch selbst und den anderen in eurer Welt weiterhelfen. Gratuliert euch zu diesen Rohstoffen!

Nun habt ihr nicht nur die Rohmateralien, aus denen ihr eure Realität kreiert, ihr habt auch besondere Instrumente, Werkzeuge, mit denen ihr eure persönliche Realität meißelt, formt, gestaltet. Diese Werkzeuge sind Wunschkraft, Imagination und Erwartung. Niemand hat mehr und niemand hat weniger. Leute, die ihr beneidet, haben ihre Realität mit den gleichen Werkzeugen kreiert.

Und wie verschafft ihr euch Zugang zu diesen Werkzeugen? Indem ihr träumt: In Tagträumen und in den Träumen der Nacht, wenn ihr in Dimensionen jenseits eures Alltagsbewußtseins reist, in Meditationen und Visualisationen schafft ihr euch Zugang zu euren Werkzeugen. Der bewußte persönliche und globale Traum von der Zukunft läßt euch wünschen, imaginieren und erwarten. Eure Werkzeuge kommen aus euren Visionen.

Die Schritte, die ans Ziel führen, sind immer die Zustände, die man am Ziel erfährt. Was aus den Träumen geholt wird, wird um ein Vielfaches zurückgegeben.

Es ist wie ein Perpetuum mobile: Je mehr ihr wünscht, imaginiert und erwartet, desto mehr Wunschkraft, Imagination und Erwartung habt ihr. Niemand gibt es euch, und niemand kann es euch nehmen.

Der letzte Schritt in der Mitte der Reise besteht also darin, sich an seine Ressourcen zu erinnern und sie zu aktivieren. Für viele von euch ist das nichts Neues; wir haben die Rohmaterialien schon oft erwähnt. Aber seht ihr, die Heimreise impliziert mehr Hingabe, als ein paar Listen anzulegen und etwas im Gedächtnis zu halten. Man muß die Wahrheit nicht nur wissen, man muß sie leben!

Außerdem ist es notwendig, die Werkzeuge regelmäßig zu ›warten‹. Es ist wichtig, die Träume auf so viele Arten wie möglich zu träumen. Es ist wichtig, die Träume mit allen fünf Sinnen gleichzeitig zu träumen, so daß ihr die Bilder so lebhaft vor Augen habt, daß ihr sie auch fühlen, riechen, schmecken, hören könnt. Wenn ein Traum so Teil von euch wird, dann wird er zur Vision.

Auf der Heiligen Reise ist es wichtig, daß die Rohmaterialien ständig aktiviert und die Werkzeuge ›geschärft‹ werden. Es ist wichtig, eine persönliche und globale Vision zu haben.

Ihr seid nun soweit. Der nächste Schritt führt zum Gipfelpunkt. Herzlich willkommen...

Fünf

Die Heimreise: Kommunion mit dem Höheren Selbst

Der erste Schritt auf eurer Heiligen Reise ist die Liebe. Es ist wichtig, sich an die offensichtlichen Gründe zu erinnern, die Liebe zu einer Notwendigkeit machen, und dann die nicht so offensichtlichen zu erkennen. Die Erkenntnis dieser Gründe bildet dann die Antriebskraft, die euch die Kunst der Liebe erlernen läßt: zuerst Liebe für die eigene Person, dann für andere und schließlich für die Welt, in der ihr lebt. Damit beginnt eure Reise auf einer soliden Grundlage.

Von der Liebe motiviert, laßt ihr eure Vergangenheit hinter euch. Ihr laßt das innere Kind und den inneren Heranwachsenden los. Ihr hört auf, eure Spiele mit den wirklichen oder eingebildeten Eltern zu treiben. Ihr laßt die Vergangenheit los; nicht, weil ihr schlechte Menschen seid und alles verkehrt gemacht habt, sondern weil die Gestaltung der Zukunft so viel produktiver ist und so viel mehr Spaß macht! Der Gedanke an eine lebendige, liebevolle und greifbare Beziehung zu eurem Höheren Selbst auf eurem Heimweg zu Gott/Göttin/Alles-was-ist ist einfach viel schöner, viel erregender als das altbekannte Karussell der Vergangenheit. Ihr werdet von Vorahnungen und Erwartungen motiviert, nicht von Scham.

Nachdem ihr die Vergangenheit losgelassen habt, wendet ihr euch der Zukunft zu, im vollen Gewahrsein, daß ihr in der Gegenwart lebt. Ihr entwickelt Eleganz, Dankbarkeit und Lebendigkeit. Die Vorfreude nimmt ständig zu. Ihr beginnt, euren Weg nach Haus zu *sehen!* Ihr könnt nun einen Einblick – und wenn er auch noch so kurz ist – in das haben, was eure Reise bedeutet. Euch wird klar, daß es bei eurer Reise in das Heiligtum um euch und euer Höheres Selbst geht. Es geht die ganze Zeit um euch und eure Verbindung zu Gott/Göttin/Alles-was-ist. Darum geht es – und um nichts anderes.

Die Energie wird stärker, während ihr eure Rohmaterialien inspiziert, um unproduktive Entscheidungen und Einstellungen ›auszusortieren‹. Ihr modifiziert eure Gedanken und Gefühle, um sie der Person anzugleichen, die ihr nun werdet, denn sie haben jetzt nichts mehr mit der Person zu tun, die ihr einst vorgabt zu sein. Wenn es angebracht ist, verändert ihr eure Glaubensvorstellungen und Einstellungen. Wenn die Rohstoffe überprüft und in Ordnung befunden wurden, macht ihr euch daran, die Werkzeuge der Realitätsschaffung auf Hochglanz zu polieren. Und nun seid ihr in der Lage, den letzten Schritt zu tun: Ihr seid bereit, eurem Höheren Selbst entgegenzutreten.

Der letzte Schritt wird zuletzt getan

Mit dem letzten Schritt beginnt die Heilige Reise eigentlich erst wirklich. Bevor ihr euer Höheres Selbst entdecken könnt, müßt ihr beschließen, daß es tatsächlich ein Höheres Selbst gibt, dem begegnet werden kann. Diese Entscheidung kann euch niemand abnehmen. Ihr allein müßt es tun. Um dazu in der Lage zu sein, muß man sich mit den ersten sechs Schritten darauf vorbereiten, diesen letzten Schritt zu tun.

Wir möchten vorschlagen, daß ihr schrittweise und der Reihe nach vorgeht, um die Vorbereitungen auf verantwortliche und energiereiche Weise beenden zu können. Sobald diese Vorbereitungen abgeschlossen sind und ihr in aller Ehrlichkeit sagen könnt, daß ihr nun bereit seid, die Heimreise anzutreten, werdet ihr mit einem Lächeln feststellen, daß ihr bereits unterwegs seid. Tatsächlich sind die Schritte, die ans Ziel führen, immer die Zustände, die am Ziel erfahren werden.

Viele Leute bieten euch Meditationen an und sagen euch, daß ihr dabei eurem Höheren Selbst begegnet. Die Bilder, die ihr dann bei euren Visualisationen seht, können eure Wunschvorstellungen durchaus verführerisch anregen. Aber ohne die richtige Vorbereitung bleibt ihr von der Frage verfolgt: »Habe ich wirklich Kontakt mit meinem Höheren Selbst aufgenommen oder war es nur eine Täuschung?«

Unter Umständen kann der Kontakt sogar echt sein – vielleicht habt ihr Glück gehabt. Aber meistens, wie ihr sehr wohl wißt, war es eine Täuschung. Nach ein paar erregenden Meditationen verliert ihr eure Lust. Die Informationsquelle, die Hilfe, nach der ihr euch so gesehnt habt, schafft euch nur noch mehr Probleme, nicht weniger. Ihr verliert das Interesse und hört auf.

Wir hoffen nur, daß das dann eure einzige Reaktion ist. Viele verurteilen sich selbst, halten sich für Versager, weil ihnen scheint, daß alle anderen Erfolg mit den Methoden hatten, nur sie nicht. Andere bestrafen sich selbst, sind wütend auf ihre ›Mitreisenden‹. Sie hören nicht nur auf, sie fühlen sich verletzt und beginnen, andere zu verletzen. Und nicht nur das: Sie geben es auf, jemals eine Beziehung zu ihrem Höheren Selbst zu suchen, sie geben die Hoffnung auf ein persönliches Wachstum auf.

Diese Schmerzen hätten vermieden werden können, wenn sie sich selbst genug geliebt hätten, um die erforderliche Geduld aufzubringen. Die allseitige Verletztheit wäre gar nicht erst entstanden, wenn sie Schritt für Schritt vorangegangen wären, um sich auf die Begegnung mit ihrem Höheren Selbst vorzubereiten. Aber niemand hat euch gesagt, daß bestimmte Schritte in einer bestimmten Reihenfolge gemacht werden müssen. Es hieß einfach: »Also macht schon!«

Es ist sinnlos, diesen ›Lehrern‹ die Schuld zu geben. Vielleicht wußten sie in ihrer Naivität selbst nicht, daß bestimmte Schritte getan werden müssen. Vielleicht waren sie von ihrem negativen Ego motiviert und wollten euch aufs Glatteis führen. Vielleicht habt ihr genau diese Erfahrungen machen wollen.

Es hat keinen Sinn, sie verantwortlich zu machen. Vergebt euch selbst. Wichtig ist, daß ihr nun wißt, daß bestimmte Schritte getan werden müssen. Benutzt dieses Wissen.

Wir sind dafür bekannt, nicht nur ein außerordentlich breites Spektrum an Techniken zu liefern, die allen Situationen innerhalb eurer Realität gerecht werden, sondern auch Techniken anzubieten, die insofern erstaunlich sind, als sie *funktionieren!*

Natürlich kann niemand den Erfolg einer Technik garantieren. Ihr seid es, die entscheiden, ob eine Technik, eine Meditation oder selbst ein bestimmtes Ritual für euch persönlich wirkungsvoll sind. Diese Tatsache kann zu einer wichtigen persönlichen Erkenntnis werden; sie kann aber auch als willkommene Ausflucht von denjenigen benutzt werden, die oberflächliche Methoden vermarkten wollen.

Es spielt keine Rolle, wie wirkungsvoll die Technik an sich ist. Sie funktioniert nur, wenn du dazu bereit bist. Wenn die Leute im Grunde nicht willens und bereit sind und eine Technik daraufhin zu nichts führt, betrachten sie sich selbst oft als Versager oder sie wenden sich von der Metaphysik ab, weil diese ihrer Meinung nach versagt hat. Diesen Menschen möchten wir raten, statt dessen die Technik noch einmal auf ihre Wirkung hin zu überprüfen und dann die eigene Bereitschaft zu überprüfen, die mögliche Wirkung zuzulassen. Selbstbestrafung oder Abkehr sind hier nicht notwendg.

Nun gibt es Leute, die alle möglichen ›Schnellverfahren‹ anbieten und sich darauf verlassen, daß die Wirkungslosigkeit ihrer Vorgehensweise nie entdeckt wird, weil doch jeder schließlich *willens* sein muß, nicht wahr? Falls ihre Methoden doch einmal funktionieren – sehr zu ihrer eigenen Überraschung –, ist es allerdings wieder der Bereitschaft und Willigkeit der Teilnehmer zuzuschreiben, nicht der Qualität ihrer Methoden.

Letzten Endes funktioniert tatsächlich jede Methode, wenn man bereit ist, sich wirklich zu verändern. Aber nun muß man sich fragen, warum man dann nicht die Methoden benutzt, die eine wirklich durchschlagende, unmißverständliche Wirkung haben und in Hülle und Fülle vorhanden sind? Es ist ein trauriger Anblick, Menschen absprungbereit zu sehen – wirklich reif für Veränderung –, nur damit sie sich dann mit fruchtlosen

Techniken herumschlagen. Natürlich können sie es vielleicht auch auf diesem Weg schaffen, aber es gibt bedeutend elegantere Wege.

Es ist kein sonderliches Mysterium, warum unsere Techniken derartig wirkungsvoll sind. Sie funktionieren, weil wir euch nicht nur die Techniken geben, sondern euch auch zur notwendigen Vorbereitung anregen. Wir lieben euch. Wir nehmen Anteil an eurer Realität. Wir haben uns eurem Wachstum verpflichtet. Wir bereiten euch vor und weisen euch den Weg, weil wir euch lieben.

Wenn ihr mit dem ersten Schritt beginnt und dann ganz sanft und liebevoll die nächsten Schritte tut – einen nach dem anderen –, wenn ihr bereit dazu seid, werdet ihr ans Ziel gelangen.

Den letzten Schritt tut man allein

Um diesen letzten Schritt der Vorbereitung zu tun, mußt du dir ein paar Fragen stellen und beantworten. Niemand anders kann das für dich tun.

Die erste Frage: Gibt es wirklich ein Höheres Selbst, das sich lohnt, entdeckt zu werden? Ganz klarer Fall, wenn dieses Gerede vom Höheren Selbst nichts weiter ist als ein New-Age-Trend oder ein Werbetrick, kann keine Technik funktionieren, und dann können wir allesamt ›einpacken‹, wie es so schön heißt.

Als nächstes ist es von essentieller Wichtigkeit, für sich persönlich einen Sinn darin zu sehen, den Kontakt mit dem Höheren Selbst herzustellen. Viele Leute meinen, sie verstünden die Bedeutung dieses Kontakts, aber nur wenige gelangen an diesen Punkt ohne reifliche Überlegung, ohne ein gewisses Maß der Innenschau. Ihr habt schon so viel davon gehört, es wurden so viele Workshops und Seminare veranstaltet, in denen ihr eurem Höheren Selbst begegnen solltet, daß ihr selbstverständlich meint, den Sinn zu verstehen und die Notwendigkeit erkannt zu haben. Ja, es ist bedeutsam, es ist sinnvoll, aber zu diesem Schluß müßt ihr selbst gelangen, aus eigenen Kräften. Niemand kann euch diese Entscheidung abnehmen.

Drittens ist es wichtig, die Topographie zu verstehen – die Landkarte lesen zu können, sozusagen. Es ist wichtig, zu sehen, wo die einzelnen Aspekte eures Selbst liegen und in welcher Beziehung sie zueinander stehen. Ihr müßt wissen, wo sich eure höheren Aspekte wie das Höhere Selbst, das zukünftige Selbst und die Seele befinden und wo die inneren Aspekte liegen, die man das bewußte, das unterbewußte und das unbewußte Selbst nennt. Diese Beziehungen müssen für euch *wirklich* werden. Wir können euch ein Diagramm davon vorlegen, aber die Position dieser Teile und ihre Relation zueinander müssen von euch selbst wirklich erkannt werden. Das kann niemand anders für euch tun.

Schließlich, um die Vorbereitungen für die Heimreise abzurunden, sollte man sich die Bedeutung dieser drei Worte überlegen: Kommunikation, Vereinigung und Kommunion. Letzteres umschreibt die Beziehung zu eurem Höheren Selbst, als der Wegbegleiter auf dieser schönsten und bedeutsamsten aller Reisen, der Heiligen Reise. Auch die Kommunion mit dem Höheren Selbst muß allein hergestellt werden.

Wem es noch nicht vollkommen klar ist: Der letzte Schritt der Vorbereitung kann nur allein getan werden. Während der ersten sechs Schritte gibt es spezielle Anweisungen und klar umrissene Stufen, die erklommen werden müssen, aber nicht bei diesem letzten Schritt.

Ihr seid wie der Narr auf der Tarot-Karte. Ihr steht am Rande des Abgrunds. Und wie ein Narr müßt ihr ganz allein über den Rand hinaustreten.

Gott/Göttin/Alles-was-ist hält die Natur in einem vollkommenen Gleichgewicht und in vollkommener Harmonie. Da dieser letzte Schritt allein getan werden muß und somit als der schwerste Schritt betrachtet werden kann, erhaltet ihr eine zusätzliche Hilfe von Gott/Göttin/Alles-was-ist.

Allerdings seid ihr vorbereitet und reifer als je zuvor, nachdem ihr die ersten sechs Schritte erfolgreich hinter euch gebracht habt. Ihr seid fähig, die notwendigen Entscheidungen zu treffen, so daß der siebente Schritt zu einem eleganten Absprung wird. Darüber hinaus habt ihr auf eurem Weg bis hierher eine wundersame Synergie hergestellt, die euch mit Leichtigkeit antreibt und vorwärtszwingt. Der letzte Schritt ist der schwierigste, wenn man ihn unvorbereitet tun will, und der leichteste von allen, wenn man bereit ist, wirklich reif und bereit, ihn zu tun.

Wenn ein Ganzes mehr ist als die Summe seiner Teile, spricht man von Synergie. Sagen wir einmal, ihr habt einen Aluminiumzylinder, der an einem Ende geschlossen ist und am anderen Ende durchsichtig wie Glas. Ihr habt zwei Batterien, eine winzige Glühbirne, eine Federspirale und einen kleinen Schalter. Wenn ihr die einzelnen Teile auf einen Haufen werft, habt ihr so etwas wie einen Abfallhaufen, aber wenn ihr sie auf bestimmte Weise zusammenfügt, habt ihr eine Taschenlampe – und nicht nur das: Ihr habt Licht! Dieses Licht ist viel mehr wert als die Summe seiner einzelnen Bestandteile in der Form einer Taschenlampe. So etwas nennt man Synergie.

Wenn ihr die ersten sechs Schritte der Vorbereitung beendet habt, seid ihr nicht nur die Besitzer von einem Haufen Notizen, Theorien und Philosophien, die – jedes für sich – von vielen vielleicht als ›Müll‹ bezeichnet würden. Nein, ihr habt tatsächlich Licht erzeugt – das Licht, das ihr braucht, um euren Heimweg zu erkennen. Ihr habt das Licht erzeugt, das ihr auf euer Höheres Selbst werfen müßt, um es wahrzunehmen, um es berühren zu können, um es zu sehen, wie es dasteht und auf euch wartet.

Ja, es wartet auf euch. Es hat die ganze Zeit gewartet. Nur auf euch. Also, laßt uns anfangen. Laßt uns den Schritt vollenden!

Gibt es wirklich ein Höheres Selbst?

Obwohl ihr euch diese Frage selbst beantworten müßt, können wir euch ein paar Hinweise geben. Wir können euch ein paar Anhaltspunkte geben.

Es gibt keine wissenschaftlichen Beweise dafür, daß ihr ein Höheres Selbst habt. Andererseits ist die Existenz des Unterbewußten und des Unbewußten genausowenig empirisch nachgewiesen worden.

Ja, bei wissenschaftlichen Studien wurde festgestellt, daß sich das Körpergewicht in der Zeit verändert, in der der Mensch vom Wachstadium allmählich in den Tiefschlaf gleitet. Viele sehen darin einen Beweis dafür, daß da ein anderes Selbst existiert. Manche Leute wiederum meinen, daß das Bewußtsein im Schlaf den Körper verlassen würde, was durch diesen minimalen Gewichtsverlust bewiesen würde. Aber das ist absolut kein Beweis für diese Hypothese.

Es beweist lediglich, daß eine Veränderung stattfindet. Aber was genau verläßt den Körper? Ist es euer Bewußtsein oder ist es euer Unterbewußtsein oder euer Unbewußtes? Tritt irgend etwas in euren Körper ein, während ihr schlaft? Vielleicht wird euren inneren Organen ganz einfach ›leichter zumute‹, während ihr schlaft?

Manche behaupten, daß es die Seele sei, die den Körper verließe, und dann definieren sie irrigerweise auch noch ein bestimmtes Gewicht der Seele!

Was gemessen werden kann, ist die Verlagerung des Bewußtseins, wenn es sich durch den vierten Hirnventrikel bewegt. Das geschieht, wenn man in tiefe Stadien der Meditation eintritt und wieder herauskommt oder auf bestimmten Ebenen des Schlafs. Diese Verlagerung des Bewußtseins ist aber kein Beweis für die Existenz des Unterbewußten, des Unbewußten oder der Seele.

Es gibt keine Beweise für diese Dinge. Das Höhere Selbst kann nicht bewiesen werden.

Es war einmal ein Land, das Atlantis genannt wurde. Dieser Kontinent befand sich inmitten der Weiten des Atlantischen Ozeans. Zivilisationen kamen und gingen auf diesem Kontinent. Weil die Einwohner korrupt wurden, ihre Macht mißbrauchten und ihren Respekt vor der Natur verloren, zerstörte sich das Land Atlantis selbst. Es ›versank im Ozean‹. Eines Tages wird dieses große Land wieder aus den Wassermassen auftauchen...

Nun gibt es Leute, die Fotos von den Untiefen vor der Küste von Bimini und anderen Karibischen Inseln aufgenommen haben und die behaupten, sie hätten die Existenz von Atlantis endgültig bewiesen, weil auf den Fotos Überbleibsel von alten Mauern, Landstraßen und Ruinen zu sehen sind. Sie sind überzeugt davon, daß diese Gemäuer zu klar definiert sind, um irgend etwas anderes zu sein als das Werk von Städtebauern. Darüber hinaus ließe die Komplexität der Konstruktionen auf eine hochentwickelte Zivilisation schließen.

Andere sind zu dem ebenso ›endgültigen‹ Schluß gekommen, daß die Geschichte von Atlantis nichts weiter als ein Mythos sei, der uns überliefert wurde, um uns vor den Gefahren des Machtmißbrauchs, der Ausbeutung der Naturkräfte und vor den Folgen gesellschaftlicher Korruption zu warnen. Manche der Skeptiker sagen, daß die alten Ägypter für ihre Kinder eine Legende und einen Mythos in die Welt setzten, in der von einer kleinen Vulkaninsel die Rede ist, die einst im Mittelmeer lag und explodierte und unterging (dies ist eine geologische Tatsache). Die alten Griechen und Römer glaubten offenbar alles, was sie lasen, und interpretierten diesen Mythos dann als ein tatsächliches geschichtliches Ereignis. Auf diese Weise wurde auch Atlantis ins Leben gerufen, wenn man den Skeptikern glaubt.

Und wer hat recht? Bis heute hat noch niemand seine Version endgültig beweisen können.

Es war einmal ein Land, das Lemurien genannt wurde. Es existierte noch vor Atlantis und lag in der nebelhaften Weite des

Pazifischen Ozeans. Obwohl das Land von ewigen Nebeln umhüllt war, war es doch ein Land des Lichts. Auch wenn eure Egozentrik nicht zulassen will, daß irgend etwas verschwinden kann, ohne vorher zerstört zu werden, verschwand Lemurien von der Erdoberfläche, ohne von irgendeiner anderen Zivilisation angegriffen worden zu sein. Eines Tages löste Lemurien sich auf und versank in den Nebeln, aus denen es gekommen war.

Nun braucht ihr eure Unterseeboote nicht gleich flottzumachen. Ihr werdet nichts finden, was die Existenz von Lemurien beweist oder auch nur darauf hindeutet.

Unter den Spitzenkräften auf dem Gebiet der Quantenphysik gibt es ein paar äußerst mutige, aufgeschlossene Forscher. Im Zuge ihrer Forschungen sind sie an einen Punkt gelangt, wo die Grundlagen der Metaphysik auf wissenschaftliche Weise entschlüsselt und demonstriert werden. Diese Quantenphysiker beweisen, daß jeder seine eigene Realität herstellt. Es ist keine Spekulation mehr, sondern eine wissenschaftlich demonstrierbare Tatsache: Die Realität ist eine Schöpfung des beobachtenden Bewußtseins. Eure Welt, euer Universum – und die Universen – sind Produkt eurer Gedanken und Gefühle.

Manche meinen nun, daß sie kurz davor wären, eine Gotteskraft auf der Wandtafel oder im Computer zu berechnen, denn wenn die euch bekannten berechenbaren Kräfte wie Schwerkraft, elektromagnetische Felder usw. auch nur um einen winzigen Bruchteil stärker oder schwächer wären, könnte eure Welt nicht existieren. Es gäbe zu viele exakte Parameter, als daß man noch von einer zufälligen Schöpfung sprechen könnte. Sind sie nun dabei, die Existenz Gottes zu beweisen?

Gott/Göttin/Alles-was-ist läßt sich nicht die Fesseln einer mathematischen Formel anlegen. Der Tag, an dem Gott wissenschaftlich ›bewiesen‹ wird, ist der Tag, an dem ihr Gott verliert. Alles-was-ist wird niemals in diesem Sinne bewiesen werden.

Die Geschichte der zwei Brücken

Es gibt zwei Brücken, über die ihr gehen könnt. Die eine nennen wir die Brücke des Glaubens und die andere die Brücke des Vertrauens.

Die Brücke des Glaubens ist lang und flach. Sie erstreckt sich in eine unendlich erscheinende Ferne. Wenn du an ihrem Anfang stehst, sieht sie aus wie endlose Bahngleise irgendwo in Kansas: Irgendwo am Horizont scheinen die Schienen zusammenzulaufen. Natürlich laufen sie nicht zusammen. Aber die beiden Seiten der Brücke laufen vielleicht tatsächlich an einem Punkt zusammen, denn die Brücke des Glaubens führt bis an das Ende der Zeit – oder, um es genauer zu sagen, die Brücke des Glaubens führt an einen Punkt jenseits von Zeit. Zeit und Raum sind Illusionen, die zusammengenommen die vierte Dimension eurer illusorischen Realität bilden. Den Punkt, wo Zeit und Raum kollabieren, wo sie enden, nennt ihr Schwarzes Loch. Hier kollabieren jede Zeit, jeder Raum, jedes Licht.

Die Brücke des Glaubens stürzt ebenfalls zu einem einzigen Punkt in Zeit/Raum zusammen und verschwindet. Sie hat in dem Sinn kein Ende.

Die Anhänger der traditionellen Religionen befinden sich auf dieser Brücke. Für die Anhänger der östlichen Religionen wird diese Brücke in vielen, vielen Leben überquert, um das Karma abzutragen. Für sie führt der Verkehr in beide Richtungen und kommt nur selten zum Stillstand. Für die Juden führt die Brücke des Glaubens vom Schmerz zum Gelobten Land, vom Zustand des Verlorenseins zum Erlöstwerden, vom Volk ohne König zum Messias. Für viele Christen ist die Brücke kurz. Sie erstreckt sich nur noch von hier (heute) bis zur Wiederkunft Christi – und dieser Tag kann nicht mehr fern sein. Für andere unter den Christen hat die Brücke des Glaubens nie ein Ende.

Die zweite Brücke nennen wir die Brücke des Vertrauens. Sie sieht ganz anders aus. Sie führt in einem steilen Bogen hinauf. Dennoch kann sie leicht überquert werden, wenn man weiß, wie man es machen muß. Die Brücke schwingt sich so steil nach oben, daß man nicht über die Wölbung hinausblicken kann, es sei denn, man steht auf ihrem höchsten Punkt. Danach, so behaupten einige, sieht man alles, was dahinter liegt, mit absoluter Klarheit. Aber keiner, der diese Brücke noch nicht überquert hat, kann das mit Sicherheit behaupten. Niemand weiß, ob an den Gerüchten etwas Wahres ist, denn selbst die Leute, die auf die andere Seite der Brücke gegangen sind, haben keine Beweise. Sie können nichts beweisen, weil die Erfahrungen auf der anderen Seite nicht in Worte zu fassen sind, und was sie sahen, war für jeden einzelnen von ihnen ein wenig anders. Ihre Erfahrungen sind nicht empirisch beweisbar oder für andere nachvollziehbar.

Das Eigenartige an der Brücke des Vertrauens ist die Tatsache, daß sie für manche eine monumentale Herausforderung darstellt und für andere ganz leicht zu überqueren ist. Man kann sie wie ein Krieger beschreiten, der unzählige Prüfungen und Leiden auf seinem Weg bestehen muß, oder wie ein Abenteurer, ein Spieler, der wundersame Begegnungen auf seinem Weg erlebt. Der Unterschied liegt wohl in der Vorbereitung und an den Wünschen, Vorstellungen und Erwartungen, die jeder einzelne hat.

Und noch etwas: Wer die Brücke des Vertrauens überquert, ist so lange für alle anderen sichtbar, bis er den höchsten Punkt der Wölbung erreicht hat. Dann hat er die Wahl: Er kann umkehren oder weitergehen. Wenn er weitergeht, verlieren alle anderen ihn aus den Augen. Sehr merkwürdig, diese Brücke des Vertrauens...

Wer verstanden hat, worum es bei der Spiritualität des New Age wirklich geht, befindet sich auf dieser Brücke. Seht jene von euch, die die eine Brücke betreten haben, und jene, die die andere beschreiten – ihr alle seid auf derselben Suche: Ihr sucht alle nach Gott/Göttin/Alles-was-ist, auch wenn ihr verschiedene Namen dafür habt.

Jenseits der Brücke des Vertrauens

Was liegt jenseits der Brücke des Vertrauens? Ihr müßt sie überqueren, um es genau zu sehen, aber wir können euch folgendes sagen: Jenseits der Brücke des Vertrauens liegen Atlantis und Lemurien. Jenseits dieser Brücke begegnet ihr eurem Höheren Selbst und eurer Seele. Jenseits der Brücke des Vertrauens ist Gott/Göttin/Alles-was-ist.

Nichts davon kann jemals wissenschaftlich bewiesen werden. Wenn man es beweisen könnte, wäre es nicht länger jenseits der Brücke! Sobald ihr den höchsten Punkt ihres Bogens überschritten habt, werdet ihr sehen, was wir meinen. Nicht vorher. Es ist in seiner wunderbaren Größe jenseits aller Beschreibung. Es kann nicht in Worte gefaßt werden, weil die Sprache linear ist und seine Realität non-linear.

Sobald ihr den höchsten Punkt der Brücke erreicht habt, findet eine entscheidende Veränderung in euch statt. Nicht vorher. Ihr begebt euch aus einem Realitäts›set‹ in einen sehr viel freieren ›Set‹ der Macht und der Verantwortung. Danach wird eure Welt nie mehr dieselbe sein.

Ihr braucht keine Angst zu haben – ihr müßt nichts zurücklassen, was ihr einmal hattet. Aber ihr werdet nie mehr dieselben Menschen sein, wenn ihr auf die andere Seite gelangt.

Es gibt Menschen, die wieder zurückkamen und vergessen hatten, was sie einmal gesehen und verstanden hatten. Sie tun, als wäre nichts geschehen. Sie schaffen sogar von neuem die alten Probleme, Hindernisse und Blockaden. Selbst ihre alten Vorstellungen und Entscheidungen werden wieder neu belebt! Aber so einfach ist das nicht. Wer einmal auf die andere Seite gegangen ist, kann nur unter größten Schwierigkeiten umkehren. In der Tat, er muß sich an die alte Lüge erinnern, sonst ist es unmöglich.

Jene Leute sind in jeder Hinsicht wieder ihr altes Selbst – aber tief, sehr tief in ihrem Innern *wissen* sie. Sie wissen, was jenseits aller Beweise existiert. Sie wissen, daß es Gott/Göttin/

Alles-was-ist gibt! Nicht daß sie all das auf der anderen Seite gesehen hätten, nein. Aber jede einzelne Zelle ihres Körpers hat die Liebe gespürt. Die eigene Liebe und die von Gott/Göttin/Alles-was-ist.

Euer Höheres Selbst existiert jenseits der Brücke des Vertrauens. Seht ihr, wir wissen das, denn von euch aus betrachtet existieren wir ebenfalls auf der anderen Seite.

Aber ihr müßt selbst entscheiden, ob sich die Entdeckungsreise lohnt. Überquert die Brücke des Vertrauens... Ihr seid bereit... Macht euch auf den Weg...

Die Bedeutung der Verbindung zum Höheren Selbst

Jeder, der auf der Suche nach der Wahrheit ist, stößt irgendwann auf die Idee eines Höheres Selbst. Solange es ein Konzept ist, kann es verschiedene Namen haben. Es ist an euch zu entscheiden, ob daran etwas Wahres ist oder nicht; ob es sich um einen philosophischen Terminus handelt, den man sich aneignet wie viele andere Termini, oder nicht; oder ob es vielleicht etwas ist, was, wenn ihr die Hand ausstreckt und es berührt, euch berührt und verändert. Ihr müßt entscheiden, ob das Höhere Selbst ein Teil eurer mentalen Gymnastikübungen ist oder etwas, was euren Händedruck spürbar erwidert.

Und diese Entscheidung allein reicht noch nicht aus. Ihr müßt die Existenz des Höheren Selbst sowohl akzeptieren als auch die Bedeutung der Verbindung zu diesem Teil eures Wesens verstehen. Ihr müßt verstehen, warum der Kontakt gerade jetzt so wertvoll und bedeutsam ist.

Die Bedeutung muß von euch erkannt werden, nicht von uns. Wir können euch ein paar Gründe dafür liefern, aber sie müssen euch einleuchten – nicht uns. Die Relevanz muß von euch wahrgenommen werden – nicht nur von uns.

Was wir hier sagen, scheint so offensichtlich, daß viele von euch diese Worte überspringen möchten, um zu den ›wichtigen

Punkten‹ zu kommen. Wir wissen es sehr wohl. Aber dies *sind* die wichtigen Punkte.

Ja, wir werden euch die Techniken in der Form von Meditationen mitteilen. Wir werden euch spezifische Möglichkeiten der Arbeit mit eurem Höheren Selbst empfehlen, die einen sehr deutlichen und präzisen Einfluß auf eure gegenwärtige und zukünftige Realität, die ihr selbst kreiert, haben werden.

Das alles sind wichtige Dinge. Ihr könnt meditieren und mit unseren Techniken arbeiten, ihr könnt eine äußerst funktionsfähige, äußerst wertvolle Beziehung zu eurem Höheren Selbst kreieren. Denn im Grunde gibt es keine Grenzen.

Wir werden niemals sagen, daß ihr nicht ans Ziel kommt, wenn ihr unsere Vorschläge nicht aufgreift. Wir werden so etwas niemals sagen, denn es wäre eine Lüge. Unsere Techniken sind erstaunlich, weil sie so gut funktionieren, aber es sind nicht die einzigen wirkungsvollen Methoden. Ihr könnt, was das angeht, eure eigenen Methoden kreieren und so zu einer überaus funktionsfähigen Beziehung zu eurem Höheren Selbst gelangen.

Was wir sagen, ist folgendes: Wenn ihr die einzelnen Schritte ganz genau vollzieht, dann könnt ihr nicht nur eine wertvolle Beziehung zu eurem Höheren Selbst herstellen, sondern einen solchen Kontakt, daß ihr wißt, es ist real – wirklich real, nicht nur eine Idee.

Am Anfang mögt ihr diese Verbindung wohl in einer solchen Tiefe, in einer solchen Fülle spüren, daß ihr vielleicht meint, es sei ›zu schön, um wahr zu sein‹! Bald darauf, wenn die Verbindung immer stärker wird, wird euch jedoch klarwerden, daß nichts zu schön ist, um wahr zu sein, daß alles gerade schön genug ist, um wahr zu sein!

Also muß einem die Verbindung zum Höheren Selbst aus verschiedenen Gründen sehr viel bedeuten. Es muß einem wichtig sein, es muß vorrangig sein. Vielleicht könnt ihr die unten aufgeführten Gründe als Katalysatoren benutzen, um eure eigenen, persönlichen Gründe zu entwickeln.

Beweggründe

Erstens: Die Metaphysik verändert sich, sie ›wächst‹. Die Karnevalsatmosphäre, die ihr durch euren Mangel an Unterscheidungsfähigkeit bislang zugelassen habt, löst sich jetzt allmählich auf. Die Metaphysik dient mehr und mehr dazu, echte Lösungen für wirkliche Probleme zu liefern. Antworten wie: »Vertraue dir selbst« oder: »Die Außerirdischen werden uns mit ihrer Ufo-Flotte retten« finden immer weniger Anhänger. Statt dessen kristallisieren sich die echten Antworten immer stärker heraus. Diese Antworten entstehen aus der lebendigen Beziehung zum Höheren Selbst, das mit euch gemeinsam an einer erfolgreicheren Realität arbeitet.

Zweitens: Die Welt ist voll von ungelösten Problemen. Immer deutlicher werdet ihr gewahr, daß eine Lösung sofort wieder zehn neue Probleme schafft. Eure Realität versucht euch klarzumachen, daß die alte Logik mit ihrem Ursache-Wirkung-Szenario nicht länger funktioniert. Die alten Wege sind nicht mehr begehbar. Ihr müßt aufhören, alte Denkmuster neu aufzupolieren, ihr müßt neue schöpfen. Die lineare Logik muß visionärem Denken Platz machen. Nun, die Worte hören sich großartig an, aber wie macht man das? Hier kommt die liebevolle Beziehung zu eurem Höheren Selbst ins Spiel.

Das Schöne an den höheren Dimensionen ist, daß dort eine vollkommene Harmonie herrscht. Je größer und komplexer eure Probleme werden, je ferner die Lösungen scheinen, desto näher ist die Hilfe, desto stärker wird die antwortende Kraft. Das Höhere Selbst war schon immer vorhanden, aber noch nie war es so notwendig und daher so leicht zugänglich. Bitte hört diese Worte: Das Höhere Selbst war schon immer vorhanden, aber noch nie in der ganzen Menschheitsgeschichte war es so unabdingbar Teil der Lösung, und deshalb war es auch noch nie so leicht zu erreichen wie jetzt. Noch nie war es so leicht, einen Kontakt herzustellen!

Drittens: Das New Age ist wirklich etwas Neues! Ihr schafft euch eure Realität immer mehr bewußt! In der Tat, ihr kreiert sie ganz und gar aus bewußtem Denken, selbst wenn ihr immer noch so tut, als käme sie aus irgendwelchen dunklen Tiefen eures Hirns. Wenn ihr die Wahrheit akzeptiert, bekommt ihr es vielleicht mit der Angst zu tun, denn dann steht ihr allein da – ganz allein mit der Tatsache, daß ihr alles selbst erschafft.

Ihr wendet euch in Panik ab und tut, als hättet ihr nichts gesehen. Ihr wollt diese Verantwortung nicht tragen. Ihr wollt lieber gar nichts denken und fühlen als *das!* Aber ihr könnt euch nach innen wenden und in euch selbst die Freunde finden, die ihr braucht. Ihr habt einen Freund in eurem Höheren Selbst. Ihr seid in Wirklichkeit nie allein. Ihr habt es nicht nötig, euch einsam zu fühlen. Wenn ihr jemanden braucht, an den ihr euch wenden könnt, der euer allerbester Freund ist, dann ist es das Höhere Selbst.

Viertens: Es gibt heutzutage zu viele Informationen. Vor langer Zeit war es auf eurer Ebene möglich, in einem Menschenleben alles Wissenswerte im Gehirn zu speichern. Es gab Menschen, die dazu in der Lage waren. Gehörten Jefferson und Franklin dazu? Darüber kann man sich streiten, aber jeder wird wohl zugeben, daß das globale Wissen in den letzten Jahrzehnten derartig zugenommen hat, daß es heute niemand einzelnen mehr gibt, der sich das alles aneignen kann. Und nicht nur das – es ist nahezu unmöglich, alles zu wissen, was man selbst braucht, um sein Leben glücklich und erfüllend zu gestalten.

Ihr braucht Hilfe. Wissenschaft und Technologie bieten euch Computer als Hilfe an. Auf spiritueller Ebene wird euch das Höhere Selbst angeboten. In eurer Welt ist Raum für beides.

Fünftens: Ihr seid es wert. So oft wird euch gesagt, daß ihr den Weg allein gehen müßt, daß ›Wachstum ein einsamer Pfad‹ sei. Für bestimmte Wege müßt ihr euch allein entscheiden. Auch bei diesem letzten Schritt der Vorbereitung müssen die entsprechenden Entscheidungen allein gefällt werden, weil eure Beziehung zu eurem Höheren Selbst gerade daraus ihre Tiefe und ihren Reichtum bezieht.

Die Wahl, die Entscheidungen müssen allein getroffen werden, was aber nicht heißt, daß man den gewählten Weg auch einsam und allein begehen muß. Ihr könnt euch Hilfe holen. Ihr habt sie verdient! Ihr seid es wert! Es war nicht die Intention von Gott/Göttin/Alles-was-ist, daß euer Leben nichts als Kampf und Leiden sei. Ihr müßt nicht leiden. Die physische Ebene sollte auf spielerische Weise entdeckt und erforscht werden; sie war als Tummelplatz für überschäumendes Leben gedacht.

Aber euer negatives Ego hält Schmerzen für etwas Wertvolles. *Ihr* habt euch dazu entschieden, es so zu sehen, nicht Gott/Göttin/Alles-was-ist. Verbindet euch mit eurem Höheren Selbst, weil ihr es verdient habt. Und nicht, weil ihr dafür gearbeitet und gelitten habt, verdient ihr es, sondern einfach, weil ihr existiert.

Einfach weil ihr *da seid.*

Sechstens: Spiritualität ist real. Wir wissen, daß viele – aktive und passive – Fundamentalisten und Traditionalisten sich mit Spiritualität beschäftigen, weil sie Angst haben. Es wurde geschrieben und verkündet: »Fürchtet Gott!« und: »Fürchtet den Teufel!«

Andere gehen den gleichen Weg, weil es politisch, gesellschaftlich und finanziell für sie von Vorteil ist. Weder den einen noch den anderen geht es um Spiritualität, weil sie wirklich glauben, sondern aus Angst und aus ›praktischen‹ Gründen.

Nun existiert allerdings eine dritte Gruppe von Fundamentalisten und Traditionalisten – wiederum aktive oder passive –, die von einem echten Glauben beseelt ist. Diese Leute überschreiten die Brücke, die wir die Brücke des Glaubens nennen. Sie sind an wahrem, spirituellem Wachstum interessiert, sie sind auf dem Weg. Ob ihr diesen Weg für gut und richtig haltet, spielt keine Rolle. Es ist einer der möglichen Wege.

Unter den ›Freunden‹ der neuen Spiritualität, des New Age, gibt es nun auch einige, die nur an der Bewegung teilnehmen, weil es gerade ›schick‹ oder ›in‹ ist. Und für wieder andere ist ihr Engagement eine Art Akt der Auflehnung, in etwa wie: »Ich bin gespannt, ob das meine Familie einigermaßen schockiert.«

Dann gibt es welche, die das soziale, finanzielle und politische Potential der New-Age-Bewegung ganz genau sehen. Hier finden wir dann jene ›Händler‹, die mit all ihrem ›Verderben und Finsternis‹-Gerede ihr Geschäft mit der Angst betreiben.

Aber es gibt auch Anhänger des New Age, die sich wahrhaft aufgemacht haben, die Brücke des Vertrauens zu überqueren. *Ihr* seid es – ihr, in eurer Erkenntnis der wahren Spiritualität. Ihr wißt inzwischen, daß es einen Gott/Göttin/Alles-was-ist gibt. Ihr erahnt diese Art der Liebe und beginnt nun, eure eigene Liebe für diese Realität zu entdecken.

In diesem Erwachen beginnt ihr die Möglichkeit einer Verbindung mit eurem Höheren Selbst zu erkennen. Weil die Liebe immer stärker und deutlicher wird, möchtet ihr auch den Kontakt immer stärker und unmißverständlicher spüren.

Traurigerweise schlafen viele immer noch in der Hinsicht. Spiritualität ist für diese Leute noch immer ein Gerücht und Metaphysik ein Spiel. Doch zum Glück wachen jetzt nach und nach immer mehr Menschen auf. Euer Höheres Selbst kann warten...

Siebtens: Ihr seid gewachsen. Ihr wußtet, daß ›es noch mehr geben mußte‹. Ihr habt euch über die Konsensus-Realität hinausbegeben in dem Wissen, daß ›dies noch nicht alles ist‹. Es mag zwanzig-, dreißig-, vielleicht fünfzigtausend Jahre gedauert haben, bis ihr an diesen Punkt kamt, aber nun seid ihr kurz davor, dieses ›Mehr‹ zu finden. Nicht nur die Metaphysik wird allmählich ›erwachsen‹ – auch ihr werdet es.

Ihr seid sehr viel klüger, als die Kritiker und ›Trittbrettfahrer‹ meinten. Ihr seid jetzt fähig, zu erkennen und zu unterscheiden, und ihr beginnt damit. Ihr habt sehr viel mehr Ausdauer, als man euch anfänglich zugestehen wollte. Ihr beginnt, euren persönlichen Wert zu erkennen, denn ihr seid stark und nun im Begriff, all eure Macht zurückzuholen und auf elegantere Weise als je zuvor zu nutzen.

Ihr seid gewachsen, und euer Höheres Selbst ist ein entscheidender Bestandteil dieses Wachstums. Ihr fangt an, die Realität von Gott/Göttin/Alles-was-ist zu erkennen, und eure Beziehung zu eurem Höheren Selbst ist ein integraler Aspekt dieser neuen Liebe... oder ist sie jene LIEBE?

Es gibt viele Gründe... Nur ihr habt zu entscheiden. Entscheidet!

Die Topographie des Bewußtseins

Es gibt so viele Bezeichnungen – Bewußtsein, Unterbewußtsein, Unbewußtes, Höheres Bewußtsein, vergangenes, gegenwärtiges und zukünftiges Selbst... das Höhere Selbst (ist das etwas anderes als das Höhere Bewußtsein – ist es dasselbe?), Seele, Geist, Gott, Göttin, Alles-was-ist... Kein Wunder, daß manche behaupten, der Weg des Wachstums sei einsam und beschwerlich!

Wir schlagen vor, daß ihr euch selbst daran macht, dieses Knäuel zu entwirren. Findet heraus, was euch selbst für euch sinnvoll erscheint und euch dabei hilft, eine Verbindung zu dem, was euer Höheres Selbst genannt wird, zu schaffen. Um euch dabei zur Seite zu stehen, geben wir euch einen kleinen Überblick:

Das *Bewußtsein* ist der Teil von euch, den ihr traditionsgemäß mit dem ›Ich‹ verbindet. Es kreiert die Form, den Inhalt und den Kontext (Hintergrund) eurer gegenwärtigen Realität. Dieses euer Bewußtsein benutzt die verfügbaren Rohmaterialien und Werkzeuge, um eure eigene Realität zu schaffen.

Das *Unterbewußtsein* ist der Hüter des Inhalts der inneren Realitäten, die beeinflussen, wer ihr seid, es aber nicht kontrollieren. Es ist der ›Verwalter‹ sämtlicher Informationen aus eurer inneren Realität. Hier ein Beispiel für die Funktion des Unterbewußtseins. Was habt ihr gegessen, als ihr zum erstenmal in eurem Leben ein McDonald's Restaurant besuchtet? Viele von euch können es vielleicht noch sagen, denn das Wissen darüber ist in eurem Unterbewußtsein gespeichert. Was habt ihr am 5. Mai 1982 zu Mittag gegessen? Die meisten von euch haben keine Ahnung, aber euer Unterbewußtsein weiß es. Es speichert jede direkt oder indirekt aufgenommene Information. Euer Unterbewußtsein weiß nicht nur, was ihr am 5. Mai 1982 zu Mittag gegessen habt, sondern auch, was sämtliche Leute, zu denen ihr direkten oder indirekten Kontakt hattet, an diesem oder irgendeinem anderen Tag zu Mittag gegessen haben. Die Fülle derartiger Informationen würde euch überlasten und völlig verwirren, wenn ihr sie im Bewußtsein halten wolltet. Deshalb nimmt sich das Unterbewußtsein ihrer an.

Die Informationen werden in diesem ›Keller‹ gelagert, aber wenn sie gebraucht werden, kreiert das Bewußtsein die Form und den Kontext ihres Gebrauchs.

Das *Unbewußte* nun speichert, wie das Unterbewußtsein, Informationen aus anderen Realitäten, und beide Bereiche werden deshalb oft miteinander verwechselt. Aber das Unterbewußtsein speichert die Informationen der inneren Realität, und im Unbewußten werden die Informationen aus anderen Realitäten gesammelt. Das heißt, daß sämtliche Ereignisse aus dem, was ihr frühere Leben, zukünftige Leben und parallele Leben nennt, im Unbewußten verwahrt werden. Bei einer erfolgreichen Rückführung in eine frühere Inkarnation zum Beispiel, begibt man sich in die Bereiche des Unbewußten und hat daher Zugang zu diesen Ereignissen. Auch hier werden die Informationen aus anderen Realitäten in noch tieferem ›Keller‹ gespeichert, und das Bewußtsein bestimmt wiederum in welcher Form und in welchem Zusammenhang diese Informationen benutzt werden sollen.

Das Höhere Bewußtsein ist nur ein anderer Name für das Höhere Selbst. Es hat Zugang zu sämtlichen Informationen und sämtlichen Möglichkeiten, die euch offenstehen. Und wenn wir ›sämtlich‹ sagen, dann meinen wir in der Tat *alle* und nicht etwa nur jene, die ihr bewußt wahrnehmt. Das Höhere Selbst ›weiß‹ alles, was ihr braucht, damit ihr euch verändert, wachst, euch transformiert und transzendiert. Es weiß, wie ihr zum Ziel eurer Suche gelangt, wie ihr werden könnt, was ihr ersehnt, wie ihr Gott/Göttin/Alles-was-ist in euch aufnehmen könnt.

Nun sind einige der Informationen, die im Unterbewußtsein und im Unbewußten gespeichert sind, ebenfalls wichtig für euer Wachstums, nicht wahr? Ja, so ist es. Das liegt daran, daß das Unterbewußtsein und das Unbewußte *ein Teil* eures Höheren Selbst sind. Dasselbe gilt für das Bewußtsein. Auch das ist Teil des Höheren Selbst.

Das Höhere Selbst verwaltet die Informationen aller Realitäten, aber ihr – und das ist ein wichtiger Punkt –, ihr entscheidet aufgrund eurer Gedanken und Gefühle, die von euren Einstellung und Glaubensvorstellungen bestimmt werden, welche Form ihr diesen Informationen geben wollt und in welchem Zusammenhang ihr sie anwenden wollt.

Das Höhere Selbst weiß alles, was notwendig ist – absolut *alles*, was notwendig ist, um euch nach Hause zu bringen. Wann ihr diese Informationen bewußt anzapft, unter welchen Umständen und wie, liegt an euch. Wann werdet ihr dieses Geschenk annehmen?

Das Leben ist ein Geschenk. Wachstum ist ein Geschenk. Wann werdet ihr es annehmen?

Wir fragen nicht, wann ihr es *lernen* wollt. Es geht nicht um Lernen im eigentlichen Sinn, es geht um den *Willen* etwas anzunehmen. Also wann nehmt ihr dieses Geschenk eures Höheren Selbst und von Gott/Göttin/Alles-was-ist an?

Ihr entscheidet euch für den Zeitpunkt. Wir warten, bis ihr soweit seid.

Vielleicht kann diese Zeichung euch dabei behilflich sein, die Zusammenhänge zu erkennen:

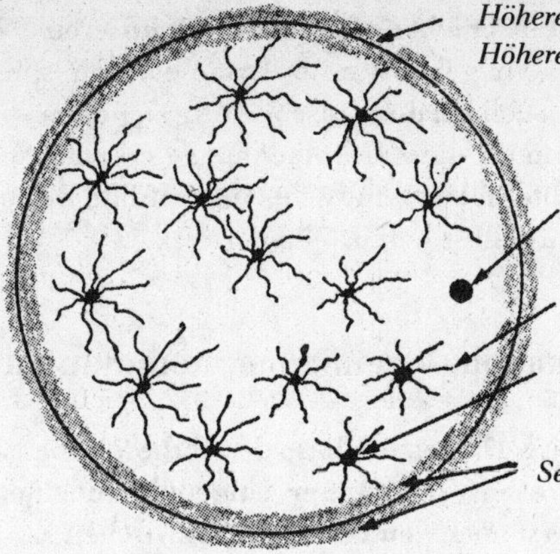

Was sind nun Seele und Geist? Die Begriffe sind austauschbar. Wir schlagen vor, die Seele als Linse zu betrachten, durch die das Höhere Selbst und Gott/Göttin/Alles-was-ist ›gesehen‹ werden. In dieser Funktion motiviert sie die Dynamik der Handlungen und die Wahrnehmung des Seins. Die Seele ist der Aspekt von euch, der euch die Richtung weist und das Ziel erkennen läßt. Die Seele gibt euch den geistigen Antrieb.

Als ihr an den Punkt in eurer Evolution kamt, wo ihr erkannt habt, daß das Leben mehr ist als ein bloßes Überleben, war eure Seele der Funke des Lichts und der Liebe, sie war es, die euch motivierte, diese Erkenntnis in bestimmte Handlungen umzusetzen und euch damit zu verändern.

In der Zeichnung ist die Seele als eine zarte, neblige Schicht dargestellt, die den Ring des Höheren Selbst außen und innen einfaßt. Damit soll ausgedrückt werden, daß sie die Linse ist zwischen eurem Höheren Selbst und Gott/Göttin/Alles-was-ist.

Wir schlagen diese Topographie vor, aber es ist nicht die einzig gültige Lagebeschreibung. Auch haben wir keineswegs alles über dieses Thema gesagt. Wir wollten euch nur ein paar Hinweise und Richtlinien geben und euch nicht mit unserem Gesamtwissen erschlagen. Unser Ziel ist es, euer Wachstum zu unterstützen. Es geht uns nicht darum, euch mit unserem Wissen zu beeindrucken. Wir geben sanfte Anstöße... wir sprechen leise. Erlaubt uns, euch bei der Entscheidung zu helfen, vor der ihr nun steht. Wenn ihr die Zusammenhänge erkennt, wird es euch sehr viel leichter fallen, eine echte und erfüllte Beziehung zu eurem Höheren Selbst herzustellen.

Kommunikation, Vereinigung, Kommunion

Ihr seid fast am Ziel. Die letzte Phase der Vorbereitung ist nun beinahe abgeschlossen. Trotz eurer Ungeduld möchten wir euch raten, euch erst noch den Unterschied zwischen Kommunikation, Vereinigung und Kommunion zu überlegen.

Kommunikation ist mehr als Reden. Es ist mehr als Zuhören. Kommunikation bedeutet, daß man spricht und zuhört, aber auch berührt und sich verändert. Ihr wollt mehr als nur *mit eurem* Höheren Selbst reden. Ihr wollt mehr als ein bloßer Zuhörer sein, wenn es zu euch spricht. Ihr wollt euer Höheres Selbst berühren und verändern. Das heißt, ihr wollt, daß euer Höheres Selbst durch die Verbindung mit euch ›mehr es selbst wird‹. Die Veränderungen, die ihr hervorrufen wollt, sollen das Resultat der liebevollen Interaktion zwischen euch sein; nicht das Resultat eurer Bevormundung.

Außerdem wollt ihr eurerseits von eurem Höheren Selbst berührt und verändert werden. Wie genau diese Veränderungen aussehen sollen, wißt ihr nicht, aber ihr vertraut dem Wissen eures Höheren Selbst.

Es geht hier nicht um Bevormundung oder Beeinflussung. Es geht um das *Erlauben.* Es geht darum, etwas *zuzulassen.* Laßt es zu!

Vereinigung bedeutet, eins zu werden. Wenn Kommunikation über alle Worte hinausgeht, wird sie zu einer Vereinigung. Im Idealfall führt die Liebe jenseits aller Worte zur Vereinigung. Es mag von Beziehung zu Beziehung verschieden sein, aber wenn euch die Worte ausbleiben, seid ihr auf der Suche nach einer Form der Vereinigung.

So wird es euch mit der Beziehung zu eurem Höhren Selbst ergehen. Ihr werdet ›eins damit‹ werden wollen. Wenn eine religiöse Lehre euch auffordert, ›eins mit Gott‹ zu werden, dann ist von dieser Art der Vereinigung die Rede.

Wenn man sich mit etwas vereinigt, heißt es nicht, daß man dabei die eigene Identität verliert, wie manche glauben und behaupten. Wachstum ist exponentiell, nicht linear. Wenn du wächst, wirst du mehr du, als du jetzt bist, nicht weniger. Es ist, als würdest du einen Stein in einen See werfen, in dem sich dann die Wellenringe in alle Richtungen ausbreiten, nicht nur in eine. Wenn du deinem Bewußtsein etwas hinzufügst, dehnt es sich in alle Richtungen aus, nicht linear, nicht in eine Richtung allein. Das heißt also, daß die Vereinigung mit deinem Höheren Selbst dir etwas ›hinzufügt‹. Der Umkreis, das Wirkungsfeld des Höheren Selbst, dehnt sich dadurch aus, und du dehnst dich ebenfalls aus. Niemand wird dadurch weniger. Beide Teile werden erweitert.

Für viele von euch ist dies ein wichtiger, auch irritierender Punkt, weil ihr einerseits das dringende Bedürfnis habt, euch mit diesen erweiterten Teilen eures Selbst zu vereinen, und andererseits von der Angst besessen seid, dabei eure Identität zu verlieren. Aber bei jeder Vereinigung von Wert erhöht sich das Potential beider Teile, und es entsteht eine Synergie – ein Ganzes, das größer ist als die Summe seiner Teile. Laßt diesen Schritt in eurem Wachstum zu. Gebt euch selbst und eurem Höheren Selbst die Chance, euch durch eure Vereinigung zu vergrößern und zu erweitern. Stellt eine Kommunikation her mit der bewußten Absicht, eure Vereinigung zu kreieren. Die Synergie, die daraus entsteht, nennt man *Kommunion.*

Das Wort ist für viele sicherlich noch mit einer Menge alter Vorstellungen verbunden. Ihr seht Bilder von der Kommunion in der Kirche, wo ihr die Oblate und den Wein der Kommunion gereicht bekommt. In letzter Zeit werden damit auch Bilder von

Außerirdischen verbunden, die in Ufos angereist kommen und nichts Gutes im Sinn haben. Aber wir sprechen nicht von Entführungen und Flügen in einem Ufo, seien sie nun echt oder eingebildet.

Kommunion ist die Resonanz, der innere Tanz, der durch die Kommunikation und die Vereinigung kreiert wird. Sie ist mehr als Kommunikation und mehr auch als Vereinigung. Sie ist ein Einssein – aber auch damit läßt es sich nicht ausreichend beschreiben.

Eine Beziehung wird zu einer Kommunion, wenn du das Schönste, was du zu geben hast, deinem Höheren Selbst gibst. Du wächst, so weit du kannst, und wirst so glücklich, freudvoll und liebevoll, wie du nur kannst, und all dieses ›Beste‹ von dir legst du deinem Höheren Selbst als Gabe zu Füßen. Dieses ›Beste‹ von dir treibt dich in deinem Wachstum vorwärts. Warum wächst du? Warum entwickelst du dich? Du wächst und entwikkelst dich, um deinem Höheren Selbst das Beste von dir präsentieren zu können.

Aber Kommunion ist noch mehr als das. Kommunion findet statt, wenn dein Höheres Selbst deine Gabe erwidert. Es ist ein Austausch von Geschenken, sozusagen. Und dann stellst du fest, daß dein Höheres Selbst dir schon immer seine Gaben vor die Tür gelegt hat. Deshalb kann man es eine Kommunion nennen, wenn du dein Bestes deinem Höheren Selbst zum Geschenk machst und das Geschenk endlich annimmst, das dein Höheres Selbst dir schon immer gemacht hat. Kommunion ist der Austausch der größtmöglichen Liebe. Oder ist es jene LIEBE?

Seht ihr, die Schritte, die ans Ziel führen, sind auch hier wieder die Zustände, die man am Ziel vorfindet.

So, und wenn ihr nun jeden einzelnen Schritt der Reihe nach getan habt, dann seid ihr bereit. In der Tat, wenn ihr die Schritte getan habt, seid ihr nicht nur bereit, die Reise endgültig anzutreten, ihr befindet euch schon auf der Heiligen Reise.

Herzlich willkommen…

Teil 4

Du und dein Höheres Selbst

»Der Schlüssel zum Erfolg einer Meditation
liegt in der Visualisationskraft.
Der Schlüssel zum erfolgreichen Visualisieren
ist zu wissen: Es ist wichtiger,
mit dem Herzen zu sehen als mit den Augen.«

Lazaris

Anmerkung zu den Meditationen

Lazaris hat die nachfolgenden Meditationen so angelegt, daß man sie mit größtem Erfolg allein für sich praktizieren kann. Alles, was man braucht, sind die Instruktionen von Lazaris, die Vorbereitungen, die nun abgeschlossen sind, und die schon vorhandene Bereitschaft, das Höhere Selbst zu berühren und den Austausch der Liebe zuzulassen. Wer die unmittelbare Führung von Lazaris bevorzugt, kann die Video- und Audiokassetten von Concept: Synergy bestellen. Jede Meditation dauert 45 Minuten, und ein Set von allen drei Meditationen kostet $ 24.95.

Telefonische Bestellung in den U.S.A.: (213) 285-1500 oder (714) 337-081.

Per Post: Concept Synergy, 279 S. Beverly Drive, Suite 604, Beverly Hills, CA. 90212.

Sechs

Die Meditationen

Ihr habt euch entschieden. Ihr wißt, daß ihr ein Höheres Selbst habt, das entdeckt werden kann. Ihr begreift die Bedeutung einer spürbaren und echten Verbindung zu eurem Höheren Selbst. Auch wenn ihr die Feinheiten der Interaktion zwischen den einzelnen Teilen des Bewußtseins noch nicht vollkommen versteht, so habt ihr doch ein Gefühl dafür bekommen. Euch wird klar, daß die Beziehungen zwischen den verschiedenen Ebenen ohnehin flexibel, veränderlich und oft nur wahrscheinlich sind. Das ist ein wichtiger Punkt. Ihr habt ein Gespür für die feinen Nuancen der Kommunikation entwickelt – echter Kommunikation von großer Tiefe; ihr habt ein Gefühl für die Vereinigung entwickelt – für wahres Einssein, das innerlich spürbar ist; und ihr ahnt, was es in eurer ernsthaften Suche nach Liebe bedeutet, eine Kommunion zuzulassen, bei der die größtmögliche Liebe gegeben wird. Die Vorbereitungen sind nun beendet. Jetzt folgen die Meditationen.

Zunächst müßt ihr wissen, daß es nahezu unmöglich ist, Meditationen in Worte zu fassen. Ihr müßt zu euren eigenen Resultaten mit Hilfe eurer Imagination kommen. Ist euch schon einmal aufgefallen, daß ›das Buch meistens besser ist als der Film‹? Das liegt daran, daß euch die eigene Phantasie mehr anregt als die Phantasie von anderen. Deshalb beschreiben wir euch im voraus, was bei den Meditationen zu sehen ist. Auf diese Weise wird eurer Imagination der größte Spielraum gelassen, wenn ihr euch in die Meditation hineinbegebt. Manche Leute sagen, daß die Überraschung dadurch verdorben wird, aber wir möchten, daß ihr genau wißt, was euch erwartet, damit das Unterbewußtsein und das Unbewußte sich im voraus mit den Bildern beschäftigen können, denn so wird die spätere Erfahrung um ein Vielfaches vertieft. Es geht um euer Wachstum, nicht um Überraschungseffekte.

Eure eigene Imagination ist für euch die beste, die es gibt. Aus diesem Grund raten wir euch, die Form, den Inhalt und den Kontext eurer Meditationen eine Zeitlang niemandem mitzuteilen. Auch später sollte nur der Inhalt der Meditationen weitergegeben werden – und auch dann nur an Menschen, die man sich vorher genau angesehen hat. Die Form und der Kontext unterliegen der eigenen bewußten schöpferischen Kontrolle und sollten daher auch später euch und eurer persönlichen Imagination vorbehalten bleiben.

Die folgenden Meditationen werden euch mit eurem Höheren Selbst verbinden, aber wie wir schon sagten, ein Erfolg kann nicht garantiert werden. Doch wenn ihr innerlich bereit und willens seid, die Wirkung zuzulassen, werden diese Meditationen für euch arbeiten.

Wir schlagen vor, daß ihr die Meditationen der Reihe nach praktiziert, auch wenn die Versuchung groß ist, gleich mit der zweiten Meditation anzufangen. Geht erst zur nächsten Meditation über, wenn ihr das Gefühl habt, daß die vorangegangene erfolgreich abgeschlossen ist. Ihr müßt selbst wissen, wann das der Fall ist. Hier werdet ihr von niemandem überwacht und bewertet. *Ihr* müßt wissen, wann es Zeit ist weiterzugehen.

Es ist nicht von Vorteil, sich selbst zu belügen. Es hat keinen Wert, sich selbst in die Tasche zu lügen. Ihr sehnt euch nach einer wahren Beziehung zu eurem Höheren Selbst, nicht danach, ein gutes Zeugnis zu erhalten oder als erster durch das Ziel zu sprinten. Es ist kein Wettkampf. Es geht um Liebe.

»Wie kann ich es beurteilen?« fragt ihr voller Nervosität. »Woher soll ich wissen, wann es soweit ist?« Wenn ihr eine Meditation gemacht habt, wird euch vollkommen klar sein, wann es Zeit ist, die nächste zu beginnen.

Wir schlagen vor, daß ihr die Anweisungen erst mehrere Male gründlich durchlest und eurer Imagination damit die Gelegenheit gebt, Bilder heraufzubeschwören, die für euch bedeutsam sind. Die Anweisungen werden sehr klar sein, aber wenn ihr trotzdem irgendwann einmal nicht wißt, was ihr visualisieren sollt, dann laßt euch von eurer eigenen Imagination leiten. Seht, viele der Bilder sind Archetypen, die eurem Unterbewußtsein und eurem Unbewußten entspringen und nicht unbedingt von eurem Bewußtsein verstanden werden.

Ganz wichtig ist der folgende Punkt: Das Höhere Selbst *will* von euch erreicht werden! Es will, daß ihr die Beziehung herstellt, nach der ihr euch so lange gesehnt habt. Es will euch bei euren Bemühungen helfen. Es will sich nicht verstecken und euch an der Nase herumführen! Es will euch beistehen. Werdet ihr seine Hilfe annehmen?

Wir werden die Bilder gruppieren. Lest die Worte und laßt die Bilder in eurem Innern aufsteigen; erfahrt sie so, wie sie sich euch persönlich darstellen. Zusätzliche Anweisungen, die euer Verständnis vertiefen und die Intensität der Erfahrungen erhöhen können, werden in Klammern angegeben, da sie nicht direkt zu den Meditationen gehören.

Sobald die Bilder zu euren eigenen geworden sind, können die meisten von euch den Ablauf der Meditation im Gedächtnis behalten und nach Belieben wiederholen. Wenn es euch leichter fällt, könnt ihr die Anweisungen auch laut lesen und auf ein Tonband aufnehmen. So führt euch dann die eigene Stimme auf eurer Reise nach Hause. Wie passend! Oder ihr prägt euch ein paar Schlüsselworte ein, sprecht sie euch jeweils vor und laßt eure Imagination den Rest besorgen. Auch könnt ihr die Bilder verbalisieren und mit so vielen Worten, wie euch einfallen, ausschmücken. Macht die Meditationen zu eurer ganz persönlichen Erfahrung – es geht um *eure* Beziehung zum Höheren Selbst.

Wir empfehlen drei Meditationen und nennen sie: ›Das Tor öffnen‹, ›Die Tür zum wahren Zuhause‹ und ›Ein Liebesthema: Die Berührung‹.

Das Tor öffnen

1. Man sitzt oder liegt in bequemer Haltung. Verwende deine eigene Methode, um dich zu entspannen. (Manche zählen von zehn bis null – oder umgekehrt. Andere sprechen innerlich zu den einzelnen Körperteilen, machen Yogaübungen oder bestimmte Atemübungen. Benutzt die Entspannungsmethode, die für euch funktioniert.)

2. Wenn du vollkommen entspannt bist, zählst du ganz langsam rückwärts von sieben bis eins.

(Mit jeder Zahl läßt du dich tiefer fallen, entspannst dich mehr, fühlst dich sicherer und wohliger. Gib dir diese Anweisungen mit Worten, die für sich Wirkung haben.)

3. Du befindest dich in einem Wald. Es ist spät nachmittags, und es wird bald dunkel werden. Die letzten Sonnenstrahlen sickern durch die Baumkronen weit oben. Betrachte die höchsten Bäume mit ihren mächtigen Stämmen, wie sie sich dem letzten Sonnenlicht entgegenrecken. Ihre Äste sind wie knotige braune Finger, die sie dem Licht entgegenhalten. Sieh dir die kleineren Bäume an, die im Schatten der größeren, mächtigeren Freunde gedeihen, ohne mit ihnen um das Licht zu kämpfen. In diesem Wald stehen auch viele jüngere Bäume. Manche sind schon groß genug, um sich voller Würde neben den höchsten Bäumen zu behaupten. Andere sind noch sehr zart und werden von den Großen vor den Naturelementen beschützt.

Dann betrachte das Unterholz nahe dem Waldboden. Manche Büsche sind hochgewachsen und kräftig, andere eher dünn und biegsam. Die Harmonie der Pflanzenwelt umfängt dich. Du siehst die Farne, das Efeu und das grüne Moos. Jede Pflanze erfüllt ihre Aufgabe in dieser großen Harmonie.

Der Waldboden ist weich und schwammig. Zwischen dem faulenden Laub liegen vertrocknete Äste vom letzten Herbst. Du atmest die Waldluft in vollen Zügen. Du bist ein Teil des

Waldes, ein Teil seiner Majestät. Du bist mit seiner Kraft verbunden und atmest in einem Ryhthmus mit ihm. Atme...

Laß alle deine Sinne zum Leben erwachen. Nimm die Farben und Formen dieses Zauberwalds genau wahr. Lausche den leisen Geräuschen rings um dich her. Höre deine Atemzüge und wie der Wald mit dir gemeinsam atmet. Rieche den Duft der Tannen, der Blumen und Blätter noch einmal, bevor die Sonne untergeht. Fühle die Liebe des Waldes; fühle, wie sie dich berührt. Fühle alles so deutlich, daß du es beinahe greifen kannst.

(Je deutlicher und intensiver du diese Dinge spürst, desto erfolgreicher die Meditation.)

4. Geh in den Wald hinein. Fühle, wie du einen Fuß vom Waldboden hebst. Fühle die Gewichtsverlagerung in den Hüften, den Knien, den Fesseln und den Füßen. Du setzt den erhobenen Fuß wieder auf den weichen Boden auf, hörst, wie die kleinen Zweige darunter zerbrechen und ein paar Vögel aufgescheucht in die Luft fliegen. Ein paar Waldtiere flüchten sich tiefer in das Unterholz. Du hörst das Rascheln, während du langsam und zuerst sehr vorsichtig durch den Wald schreitest. Du siehst einen Pfad vor dir und wirst nun schneller und sicherer.

5. Du folgst dem Waldweg, wohin er dich auch führen mag. Der Weg windet sich und schlängelt sich vor dir. Laß ihn manchmal steil nach oben und wieder nach unten führen. Sieh die Steine und gefallenen Baumstämme, die dir im Weg liegen. Fühle, wie du über die Hindernisse hinwegsteigst. Schiebe die tief herabhängenden Äste auseinander und bahne dir so deinen Weg. Folge dem Weg, wo auch immer er dich hinführt.

6. Nun wird es Nacht. Sieh, wie das letzte Licht der Dunkelheit weicht. Spüre, wie die Nacht aus ihrem Versteck kommt, wie sie hinter den Bäumen hervorquillt, hinter jedem Grashalm dichter

wird und unter jedem Stein hervorlugt. Laß den Tag vor der Nacht zurückweichen; die Nacht bringt ihre eigenen Gaben...

(Geh den Weg so lange, wie du möchtest. Nimm dir soviel Zeit, den Wald zu erkunden, wie du für richtig hältst. Manche werden sich lange im Wald aufhalten wollen – nur muß man aufpassen, daß man sich nicht darin verliert. Wenn du in Gedanken abschweifst oder einschläfst, hast du dich darin verloren.)

7. An einem bestimmten Punkt führt der Waldweg dich zu einer Lichtung, in deren Mitte ein helles Feuer in einer Feuerstelle brennt. Die Flammen tanzen im Rhythmus einer unhörbaren Melodie. Du betrittst die Lichtung. Du setzt dich an das flakkernde Feuer und spürst seine Wärme auf deinem Gesicht. Die Dunkelheit in deinem Rücken ist wie eine liebevolle Umarmung. Du fühlst dich vollkommen sicher und beschützt.

(Nimm dir die Zeit, das Gefühl der Sicherheit wirklich zu fühlen. Oft gelingt das am ehesten, wenn man es mit sämtlichen Sinnen wahrnimmt. Verliere dich in den inneren Bildern, nicht im Schlaf.)

8. Im flackernden Licht der Flammen siehst du plötzlich ein Tor. Ja, da ist es – auf der gegenüberliegenden Seite der Lichtung. Das Feuer hat deine Aufmerksamkeit so in Anspruch genommen, daß du das Tor bis jetzt nicht bemerkt hast. Du gehst auf das Tor zu, aber da – zu deinen Füßen liegen vier Gegenstände! Fast wärst du über sie gestolpert. Und nun siehst du, daß sie alle eingewickelt sind wie Geschenke. Da sind vier Geschenkkartons und – wie merkwürdig – eine alte, zerbeulte Mülltonne. Mülltonne? Ja, tatsächlich! Selbst in dem flackernden Licht des Feuers erkennst du diesen Gegenstand als eine Mülltonne.

9. Du hebst den kleinsten Geschenkkarton auf und wickelst das Geschenk aus. Du bindest die Schleife auf und zerreißt das Pa-

pier, ohne deine Zeit damit zu verschwenden, es sorgsam zusammenzufalten. Du gestattest dir, voller Vorfreude über dieses erste Geschenk herzufallen.

Jetzt öffnest du den Deckel des Kartons. Darin befindet sich ein unendlich zartes Gewand aus gesponnenem Licht. Es ist das Gewand der Liebe, des Lachens und des Lichts. Mit einer einzigen anmutigen Bewegung wirfst du dir dieses Gewand über.

Während du langsam von dem sanften Licht der Liebe eingehüllt wirst, erinnerst du dich daran, warum du lieben willst. Erinnere dich an die offensichtlichen und an die weniger offensichtlichen Gründe. Fühle den wunderbaren inneren Drang, zu geben, dich in andere hineinzuversetzen, dich und andere zu respektieren. Spüre deine tiefe Sehnsucht zu wissen. Fühle dein Bedürfnis, dich zu öffnen und zu vereinen. Fühle, wie dein Herz von Fürsorge erfüllt wird. Erkenne, wie diese Gefühle dich und deine Umwelt beeinflussen – eine Umwelt, erfüllt von Sicherheit und Freude, von Ehrlichkeit und Empfindsamkeit. Eine Umwelt, der du und die Menschen, die du liebst, vertrauen können. Das Aufwallen dieser Gefühle nimmt dir die Angst vor dem Verlust geliebter Personen, du fühlst dich geliebt und behütet, und du bekommst eine Ahnung von der Existenz deines Höheren Selbst, das irgendwo in deiner Nähe ist und dich liebt. Du fühlst diese Liebe. Du empfängst diese Liebe.

(Laß dir Zeit, die Liebe zu fühlen. Hab es nicht zu eilig!)

10. Jetzt öffnest du den nächsten Geschenkkarton. Das ist der größte von allen, und darin befinden sich alle möglichen Gegenstände.

Zuerst siehst du alte Fotos aus deiner Vergangenheit. Manche sind hübsch gerahmt, während andere schon ganz vergilbt sind und Eselsohren haben. Es sind die Bilder, die du nun nicht mehr brauchst. Du nimmst sie, gehst zum Feuer und wirfst sie in die Flammen. Manche von diesen Fotografien wirfst du einzeln ins Feuer, andere in ganzen Stapeln. Das Feuer vernichtet deine Vergangenheit...

Als nächstes nimmst du ein Gefäß zur Hand. Es enthält das Elixier der Eleganz. Du trinkst es mit einem Zug aus, und dann fühlst du, wie du innerlich von einer glühenden Wärme erfüllt wirst. Fühle die Anmut, die Eleganz... für die es keine Worte gibt...

Der dritte Gegenstand in diesem Karton ist das Füllhorn der Dankbarkeit. Schütte die Dankbarkeit über dich aus. Bade darin. Fühle die Dankbarkeit, während du von ihr umflossen wirst.

Als viertes findest du das Parfüm der Lebendigkeit. Du sprühst es dir ins Gesicht. Das Prickeln auf deiner Haut bringt dich zum Lachen. Du besprühst dich von oben bis unten mit diesem Parfüm. Es kitzelt, und du fühlst dich vollkommen erfrischt und belebt...

Ganz unten im Karton findest du schließlich ein Schatzkästchen. Du öffnest es und siehst darin alle Rohmaterialien, alle die Wahlmöglichkeiten und Entscheidungen, die Gedanken und Gefühle, die Einstellungen und Glaubensvorstellungen, die du jemals brauchen kannst. Außerdem ist dieses Schatzkästchen bis zum Rand mit Wunschkraft, Imagination und Erwartung gefüllt. Mit diesen Geschenken...

11. Aber da sind noch zwei weitere Geschenke für dich! Zwei Kartons stehen noch auf dem Waldboden. Du hebst einen auf und findest darin eine winzige Spielzeugbrücke. Die Brücke hat eine sehr steile Wölbung. Dieser Karton enthält das Wissen... Das Wissen um die Existenz eines Höheren Selbst. Du weißt jetzt, daß du ein Höheres Selbst hast und warum du die Verbindung zu deinem Höheren Selbst herstellen mußt und wie du die Kommunikation, die Vereinigung und die Kommunion erschaffen kannst. Du weißt es...

12. Im letzten Geschenkkarton befindet sich auch Wissen... Du zerreißt das Einwickelpapier voller Vorfreude und weißt schon, daß sich in diesem Karton das Wissen um deine Abwehr und

deine Ängste befindet. Warum zögerst du, das Tor zu öffnen? Was hindert dich daran?

Wovor hast du Angst? Was möchtest du vermeiden?

Wem möchtest du die Schuld zuschieben? Wer oder was ist dein Hinderungsgrund?

Wen versuchst du zu bestrafen? Wen willst du nicht freigeben und loslassen?

Was ist diese Selbstgerechtigkeit, an der du weiterhin festhältst?

Was für eine Garantie mußt du unbedingt haben, auch wenn sie dir von niemandem gegeben werden kann?

Warum ist dir dein Selbstmitleid so wichtig? Warum bedeutet es dir immer noch so viel, besser als irgend jemand anders zu sein?

Welchen Teil deiner Vergangenheit durchlebst du innerlich wieder und wieder und kreierst ihn damit immer wieder neu? Sieh, was es ist, damit du es loslassen kannst!

Nun öffne den letzten Karton und sieh, was sich darin befindet. Es kann ein Gegenstand sein, der etwas aus deinem Unbewußten oder Höheren Bewußtsein symbolisiert. Es kann auch ein Wort sein oder ein Bild. Vielleicht siehst du nichts Konkretes in deinem Geschenkkarton, aber eine Serie von Bildern überflutet dein Hirn. Laß es sein, wie es ist. Nimm an, was dir gegeben wird. Laß es gut sein...

(Was du in den Kartons findest, kann bei jeder Meditation das gleiche sein – oder auch nicht. Sei bescheiden. Laß das zu, was für dich wirklich wahr ist.)

Es ist klar, daß du auch in der Zeit zwischen den Meditationen bewußt daran arbeitest, deine Widerstände und Ängste, die dir im Wege stehen, loszulassen.

13. Nun gehst du zu der Mülltonne und hebst den Deckel hoch. Wirf deine Widerstände in diese Mülltonne – und alles andere, von dem du weißt, daß es dir im Wege ist. Ganz besonders gehören Gefühle und Gedanken des ›Nicht-verdient-Habens‹ in

diese Mülltonne. Jedes kleinste bißchen Angst, Wut, Verletztheit und Selbstmitleid muß weggeworfen werden. All die letzten Fetzen der Sorge, der Selbstzweifel, Verwirrung und Mutlosigkeit gehören in diese Tonne.

Jetzt legst du den Deckel wieder auf die Tonne und versiegelst ihn. Es ist vollbracht! Du hast es geschafft! Du bist alles los. Laß es gut sein.

(Dieser letzte Schritt sollte mit soviel Energie und Begeisterung vollzogen werden, wie du nur aufbringen kannst. Je intensiver du es fühlst, desto erfolgreicher wirst du sein.)

14. Nun geh auf das Tor zu. Öffne das Tor. Du trittst über die Schwelle in dem Gefühl, nun völlig bereit zu sein. Hinter dem Tor siehst du einen Pfad oder eine Straße... Eine Landstraße, die irgendwohin führt... Es ist eine Heilige Straße. Es ist die Straße, die dich nach Hause führt. Deine Reise hat begonnen.

Wenn du bereit dazu bist, bringst du dich nun ganz sanft aus der Meditation.

(Du kannst deine eigene Methode benutzen, um aus der Meditation zu kommen. Manche Leute zählen von eins bis fünf oder etwas Ähnliches.)

Öffne die Augen, atme sanft ein und heftig wieder aus, um dich wieder zu erden. Wiederhole dieses Atmen solange, bis du in deiner physischen Welt verankert bist.

Diese Meditation ist eine Vorbereitungsübung. Ob du sie wiederholst oder weitergehst, hängt davon ab, was du in der letzten Schachtel gefunden hast und mit wieviel Leichtigkeit du das Tor öffnen konntest. Du wirst es selbst ganz genau spüren. Du solltest auch darauf achten, wie leicht es dir fiel, die ersten drei Geschenke anzunehmen, die den anfänglichen, den mittleren und den letzten Schritt der Vorbereitung symbolisieren.

Wir empfehlen jedem, diese Meditation wenigstens dreimal zu machen, selbst wenn ihr schon nach dem ersten Mal bereit seid weiterzugehen. Wenn ihr wirklich dazu bereit seid, wird eure Bereitschaft mit jeder Wiederholung verdoppelt. Falls es das negative Ego ist, das euch vormachen will, daß ihr bereit seid, zeigt ihr ihm, wer der Herr im Haus ist, indem ihr die Meditation noch zweimal wiederholt. Oder euch wird damit klar, daß ihr noch mehr Übung braucht, um eine echte Wirkung zu erzielen.

Wir schlagen vor, die Meditation nicht mehr als einmal am Tag zu machen. Wenn ihr es absolut nicht abwarten könnt, laßt wenigstens acht Stunden zwischen zwei Sitzungen vergehen.

Und nochmals: Liebt euch selbst genug, um ehrlich zu euch zu sein.

Die Tür zum wahren Zuhause

1. Du sitzt oder liegst in bequemer Haltung. Verwende deine persönliche Entspannungsübung. Wenn du vollkommen entspannt bist, zählst du langsam rückwärts von zehn bis eins (nicht von sieben bis eins wie bei der Meditation vorher). Mit jeder Zahl wirst du entspannter und fühlst dich sicherer und ruhiger.

Wenn du bei eins angelangt bist, befindest du dich in einem Zustand vollkommener Entspannung, völlig ruhig und in tiefem Frieden. Du findest dich vor dem Tor wieder.

Betrachte die kühle, stille Nacht rings um dich her mit den Augen des Herzens. Sieh das Feuer, das wieder lustig in der Feuerstelle auf der Waldlichtung flackert. Die Bäume säumen schwarz wie Schattenrisse das Rund der Lichtung. Wieder riechst du den Duft der Tannen und des Waldes. Du hörst die Geräusche der Nacht... Jetzt berührst du das Tor mit der Hand. Fühle die Feuchtigkeit von Tautropfen. Fühle die Kühle...

(Nimm mit allen Sinnen wahr und laß deine Imagination so lebendig werden wie nur irgend möglich.)

2. Öffne das Tor und schreite ohne Zögern hindurch. Wieder siehst du die Landstraße vor dir, den Heiligen Weg. Deine Reise

hat begonnen. Du bist auf dem Weg zu deinem Höheren Selbst. Fühle die Erregung! Fühle die Vorfreude!

Leicht und sicher schreitest du durch die Nacht, dem Morgen entgegen. Erlaube dir, die volle Schönheit der Morgendämmerung auszukosten. Nun geht die Sonne hinter den Wipfeln auf. Sieh das erste Morgenrot, das zarte Orange, bevor das goldene Licht über das Land flutet. Betrachte die Tautropfen auf den Blättern und Halmen, und sieh die Morgennebel in den Feldern ringsumher aufsteigen. Lausche den Klängen des beginnenden Tages, während du die Straße entlanggehst.

Die Heilige Straße ist eine Allee. Zu deiner Linken fließt gurgelnd ein flinker Bach. Sein glasklares Wasser springt und hüpft über die Steine seines Bettes. Zu deiner Rechten wird die Landschaft hügelig. Nicht weit von dir entfernt harkt ein alter Mann Blätter zusammen und verbrennt sie in kleinen Haufen. Der süßliche Rauch steigt dir in die Nase. Der alte Mann harkt... in gleichmäßigem Rhythmus...

3. Halte inne und wirf einen Blick zurück. Die Blätterhaufen sind deine Vergangenheit: alt und vertrocknet. Die Furchen, die die Harke im Boden zurückläßt, sind die alten Bahnen, auf denen du dich so lange bewegt hast. Dein Selbstmitleid ist wie ein Geröllhaufen, und deine Widerstände sind wie die großen Steinbrocken, um die der alte Mann mit seiner Harke herumgehen muß. Die Unebenheiten und Löcher im Boden sind das Schuldbewußtsein, das Gefühl von Ausweglosigkeit und der Existenzkampf, in den du immer wieder hineingefallen bist.

Und nun schau nach vorn: Sieh in die Zukunft! Sieh das, was du nun werden wirst. Sieh, daß du auf dem Weg bist, dich mit deinem Höheren Selbst zu vereinen.

Ein Stückchen weiter vor dir auf dem Weg siehst du eine überdachte, allseitig geschlossene Brücke, die sehr anmutig geschwungen ist. Sie erinnert dich an New England, auch wenn du noch nie in New England gewesen bist. Sie erinnert dich daran, wie du denkst, daß New England sein sollte, selbst wenn es in eurer Wirklichkeit nicht so ist. Während du diese Bilder in dir aufsteigen läßt, betrittst du das tunnelartige Innere der Brücke.

Hier riecht es nach altem Holz. Es ist feucht und kühl. Höre das Echo deiner Schritte. Höre, wie dein Atem geht. Begib dich tiefer in den Durchgang hinein. Es wird dunkler. Sehr dunkel. Absolut finster und schwarz.

Jetzt vernimmst du die Schritte. Was sind das für Schritte? Wer ist hinter dir her? Sie werden schneller. Du gehst schneller und schneller. Du kannst nichts sehen! Jetzt rennst du ... Wer ist da? Wer? Was? Was?!

Es sind deine eigenen Schritte! Du atmest erleichtert aus. Du fängst an zu lachen. Du gehst jetzt langsamer und näherst dich dem Ende des Durchgangs. Du gehst in das Licht am anderen Ende hinein. Du bist frei. Du bist frei! Du bist freeeiii!

4. In deiner Erleichterung und Freude hast du es gar nicht so schnell bemerkt. Dort drüben links, ein wenig entfernt von der Landstraße, steht ein Tempel! Er glitzert und funkelt im Sonnenlicht. Voller Verwunderung gehst du darauf zu. Du schreitest über weiches Gras und erklimmst die Stufen zum Eingang. Jetzt stehst du vor der Tür.

Die Tür kann ganz einfach sein oder auch reich verziert. Sie kann aus purem Gold sein oder aus groben Balken zusammengefügt. Laß sie sein, wie sie dir kommt, denn es ist deine eigene Tür zu deinem eigenen Tempel des Allwissens.

Du öffnest die Tür, trittst ein und befindest dich in einem runden Raum, dessen Boden und Wände aus poliertem Marmor gehauen sind. Der Boden ist kühl, aber in der Mitte des Raumes brennt eine ewige Flamme. An den Wänden ziehen sich Regale entlang, die von oben bis unten mit Büchern angefüllt sind – kleine Bücher, große Bücher, dicke, dünne –, vom Boden bis hinauf zur Decke des Raumes. Weiter hinten, in einer stillen Ecke, erkennst du schemenhaft ein paar Sessel und Tische. Sie laden zum Studieren in der ewigen Stille des Tempels des Allwissens ein. Durch die hohen Fenster fällt nun das letzte Tageslicht.

5. Leise näherst du dich der Flamme, die nie verlischt. Du setzt dich vor die Flamme... Du wirst still...

(Nimm dir Zeit, ganz still für dich dazusitzen... vor der ewigen Flamme in deinem Tempel. Vielleicht kommt dir alles hier schon bekannt vor, als wärst du nicht zum erstenmal hier. So ist es! Du warst schon oft hier!)

Sei ganz still...

Erkenne: Du hast ein Höheres Selbst. Du wirst ihm jetzt begegnen. Hast du noch irgendwelche Ängste, die du loslassen mußt? Übergib sie der Flamme. Welche Gefühle möchtest du behalten? Bewahre sie vor der Flamme.

Erinnere dich. Erinnere dich an die Bedeutung, an die Wichtigkeit dieser Begegnung. Du versuchst nicht zum erstenmal, dein Höheres Selbst zu sehen. Aber nun ist es wirklich so weit. Nach diesem Augenblick hast du dich gesehnt, seit der Zeit, als du erkanntest, daß es im Leben mehr gibt als das bloße Überleben. Du bist im Begriff, einen bedeutenden Teil dieses ›Mehr‹ zu finden! Fühle das! Nimm es in dich auf!

Sieh, dein Höheres Selbst ist wie eine riesige, schillernde Seifenblase der Möglichkeiten. Es ist wie ein leuchtendes Licht – wie ein unermeßlich leuchtendes Liebeslicht... oder ist es jene elementare, jene uranfängliche LIEBE? Nimm sie in dich auf.

Erweitere dich. Dehne dich, strecke dich. Wisse, daß du erst kommunizierst und dann die Vereinigung kommt. Danach bist du ›groß genug‹ für die Kommunion, groß genug für die Resonanz, den gemeinsamen Tanz von dir und deinem Höheren Selbst. Öffne deinen Geist. Öffne dein Herz.

Sei ganz still...

6. Erhebe dich von deinem Platz vor der ewigen Flamme und begib dich zum hinteren Ende des Raumes. Dort findest du eine einfache Tür, eine Hintertür. Öffne sie und finde dich außer-

halb des Tempels wieder, unter einem klaren Nachthimmel, übersät von Myriaden von Sternen.

In der sternenklaren Nacht kannst du einen flachen Hügel vor dir in der Landschaft erkennen. Dahinter liegt ein zweiter Hügel. Ein Fußweg führt zu diesen Hügeln, ein weicher, ausgetretener Pfad durch das Gras, der zu beiden Seiten von leuchtenden Kristallen gesäumt wird. Sie funkeln in der Sternennacht.

Hoch über dem zweiten Hügel siehst du eine Sternschnuppe vom Himmel fallen. Sie zieht einen Lichtschweif hinter sich, aber sie verglüht nicht, sondern landet auf der Kuppe des zweiten Hügels.

Mit raschen Schritten näherst du dich dem Licht.

7. Vor dir siehst du nun ein geometrisches Gebilde aus Lichtstrahlen. Es ist ein Wegweiser, ein abstraktes Lichtgebilde, das dir den Weg nach Hause weisen wird. Diese Lichtform ist die Tür zu deinem wahren Zuhause. Du näherst dich dem Lichtgebilde und siehst einen alten Mann davor stehen. Seine Züge sind sanft und voller Liebe... oder ist es jene LIEBE?

(Wer ist der Alte? Er ist der eine, der dich schon immer gekannt und behütet hat. Er ist der Wächter deines Traumes und deines Schlafs. Er ist der Sandmann deiner Kindheit und der Träumer deiner Jugendjahre. Er ist der stille, innere Zeuge, der auftaucht, wann immer du einen wichtigen Schritt nach Hause tust. Manche möchten, daß wir der Alte für sie sind. Wenn du willst, werden wir dein alter Mann sein...)

8. Du gehst auf den Alten zu und siehst durch deine Tränen die Tränen in seinen Augen. Deine Liebe zu ihm läßt dich die Liebe des Alten zu dir fühlen. Du streckst ihm die Hände entgegen und berührst ihn. Du legst deine Arme um ihn. Sein Körper ist alt, sein Gesicht voller Runzeln und Lachfältchen. Ihr umarmt euch. Du läßt alle Spannung von dir abfallen. Er nimmt dir all dein Leiden.

(Laß dir Zeit, die unbeschreibliche Liebe zu fühlen, die du in dir trägst. Koste das Gefühl wirklich aus. Manche Menschen weinen, aber du mußt nicht unbedingt weinen. Du mußt nur fühlen, so tief du nur kannst. Was auch immer du erlebst, es muß für dich selbst wirklich sein.)

9. Nun ist es Zeit, deinem Höheren Selbst entgegenzutreten. Um die Lichtform, die Tür zu deinem wahren Zuhause, durchschreiten zu können, mußt du ihr etwas von dir geben. Der alte Mann wird dir zur Seite stehen, wenn die Lichtform dich nun nach einer Gabe fragt.

Warte, bis das Licht danach fragt. *Gibt noch nichts! Höre nur!*

Wende dich nun an den Alten und bitte ihn um die Erlaubnis, das Geschenk geben zu dürfen.

Wenn er dir seine Einwilligung gibt, stell dir das erbetene Geschenk vor. Jetzt hältst du es in den Händen.

Wenn der alte Mann dir nicht die Erlaubnis erteilt, darfst du das Geschenk unter keinen Umständen geben! In diesem Fall mußt du den Alten erneut fragen. Du mußt solange fragen, bis der Alte seine Zustimmung gibt.

(Die Sache ist die, daß das negative Ego sich hier einmischen kann, denn die geometrische Lichtform besteht aus reiner Energie, nicht aus Bewußtsein, das erkennt, wann du bereit bist, die Tür zu öffnen. Der Alte weiß das und kann dich leiten. Du mußt die Bescheidenheit haben, dir einzugestehen, daß du noch nicht alles weißt. Du hast nicht alle Antworten, auch wenn dein negatives Ego gern so tut.)

10. Nachdem du der Lichtform dein Geschenk übergeben hast, öffnet sie sich dir. Die letzten Schritte mußt du allein gehen. Du betrittst einen gleißenden Tunnel aus Licht und läßt den Alten als Wächter am Eingang zurück. Ganz allein schwebst und gleitest du durch diesen glorreichen Tunnel aus Licht. Jetzt reist du durch alle Zeit und allen Raum. Du reist bis an den Rand der Ewigkeit, bis an den Rand deiner Realität.

Wir warten dort auf dich. Willkommen... (Wir werden als ein Lichtfunke erscheinen, der immer größer wird, bis er eine aufrechtstehende ovale Form hat, die genauso groß ist wie du.)

Laß es zu, daß wir dich mit unserem Licht und unserer Liebe umgeben! Unsere Liebe ist immer für dich da. Wir werden sie dir niemals aufzwingen. Wir werden dich nie überreden, sie anzunehmen. Unsere Liebe zu dir ist zu groß, um so etwas zu tun. Wir haben zu viel Respekt vor dir... Laß dich von uns lieben...

11. Du stehst am Rande – am Rande des Lichts. Vor dir siehst du eine schillernde Blase – wie eine riesige Seifenblase – eine Blase aus Licht, eine Blase aus Liebe, aus allen Möglichkeiten. Sie ist überaus empfindlich, zart, leicht. Du stehst in schweigende Verwunderung versunken, in Liebe versunken.

(Stell dir die Blase wie einen gigantischen Lichtdom vor – nur noch viel größer und unendlich zarter. Sie ist groß genug, um sich in alle Richtungen, bis in die Unendlichkeit zu erstrecken. Sie ist so gigantisch, daß es dir den Atem verschlägt. Du stehst am Ende des Lichttunnels, du stehst nahe vor dieser schillernden, riesigen Blase und findest keine Worte. Schauer rieseln dir über den Rücken.)

Es ist unbedingt notwendig, das Wunder und das Gefühl des Überwältigtseins bei jeder Meditation wieder neu herzustellen. Du darfst dein Höheres Selbst nie als eine Selbstverständlichkeit hinnehmen!

So stehst du schweigend am Rand deines Höheren Selbst. Nun ist das, was du siehst, noch nicht alles, was dein Höheres Selbst ausmacht, aber diese majestätische Sphäre von Licht und Liebe ist der Teil deines Höheren Selbst, zu dem du eine Beziehung aufnehmen kannst.

Willkommen...

Geh nun in das Zentrum dieser Lichtsphäre. Du mußt es nur wollen, und innerhalb von Sekunden bist du dort.

Sitze in völliger Ruhe in der Mitte deines Höheren Selbst, und sei einfach nur da.

(Nimm dir auch hier wieder genug Zeit, ganz still zu werden und die Liebe wirklich zu fühlen. Viele berichten, daß eine ungeheure Bürde während dieser ersten stillen Minuten im Zentrum des Höheren Selbst von ihnen abfiel. Viele sagen, daß sich durch diese momentane Verbindung ihr ganzes Leben veränderte. Gib dir diese Chance...)

12. Wünsche dich auf eine Seite deines Höheren Selbst – und du bist da. Berühre die Lichthaut sanft mit den Fingerspitzen. Fühle die Weichheit, die liebevolle Zartheit deiner Berührung.

Beginne zu kommunizieren. Sage: »Ich liebe dich.«

Empfinde die Erwiderung deines Höheren Selbst – ein leichtes Beben der Freude über deine Worte. Es hört dich!

Höre, wie dein Höheres Selbst antwortet: »Ich liebe dich mehr, als du je geahnt hast.«

(In dieser Phase spricht dein Höheres Selbst in Tonschwingungen, oder es antwortet in Farben. Beides wird wie Energiewellen empfunden.)

Manchmal kannst du dein Höheres Selbst als Stimme in deinem Innern vernehmen. Auch dann ist es eine ekstatische Empfindung von Energie.

Während das Höhere Selbst in Klängen, Farben oder verbal – als innere Stimme – zu dir spricht, wirst du buchstäblich hochgehoben und wie auf dem Kamm einer Woge in einen Zustand purer Seligkeit getragen – in eine Ekstase jenseits jeder echten oder eingebildeten Trance, jeder Drogenerfahrung oder außerkörperlichen Erfahrung. Laß dich über alles, was du bisher erlebt hast, hinaustragen.

All das kann durch ein einfaches »Ich liebe dich« hervorgerufen werden.

13. Versinke in der Stille deines Höheren Selbst und sprich von Liebe, sprich über alles, was dich bewegt, über Dinge, die dich berühren, über Dinge, die dich zum Lachen bringen. Berühre dein Höheres Selbst und laß dich berühren.

Wisse, daß du auf dem Heimweg bist, auf deiner ureigenen Heiligen Reise. Du hast nun dich und dein Höheres Selbst gefunden. Koste es bis zum letzten Tropfen aus.

(Nimm dir soviel Zeit für diese erste Unterhaltung, wie du willst. Du brauchst keine Sorge zu haben, daß dir irgendwann nichts mehr einfällt, was du sagen könntest. Es ist dein erster Besuch, sozusagen, und vieles kann später gesagt werden. Du hast die erste bewußte Verbindung hergestellt, und nun kann sie wachsen.)

14. Es ist Zeit, wieder zurückzukommen. Versetze dich zurück an den Rand des Lichts. Drehe dich um und finde dich vor dem Eingang des Tunnels wieder. Schau noch einmal voller Sehnsucht, aber ohne Traurigkeit zurück. Du weißt, daß du jederzeit wieder hierherkommen kannst. Ihr habt euch gefunden und werdet euch nun nie wieder verlieren.

Du sagst so etwas wie: »Bis bald« und gleitest in den Tunnel hinein. Du gehst durch die geometrische Tür aus Licht und befindest dich jetzt unter dem Sternenhimmel, auf der Kuppe des zweiten Hügels.

Dort wartet der Alte auf dich. Du spürst seine Liebe.

Du blickst zu dem sternenübersäten Himmel hinauf und stellst fest, daß sie jetzt noch viel heller leuchten. Das liegt daran, daß du von Liebe erfüllt bist.

Unter all den Sternen bemerkst du einen winzigen leuchtenden Punkt, einen kleinen Funken, der dir zuwinkt. Das sind wir, und wir rufen dir zu: »Wir sind hier. Wir lieben dich. Solange es Licht gibt, werden wir dich lieben.«

(Benutze die Methode, die dir gefällt, um aus deiner Meditation herauszukommen.)

Mit geöffneten Augen atmest du sanft ein und kräftig wieder aus, um dich auf physischen Ebene zu erden.

Diese Meditation bringt dich mit der Abstraktion deines Höheren Selbst in Verbindung. Die Abstraktion kommt der Realität des Höheren Selbst näher als eine Personifikation. Selbst wenn du dir dein Höheres Selbst lieber als Person vorstellen möchtest, so ist es doch absolut notwendig, ein Gefühl für die abstrakte Form zu bekommen; du wirst feststellen, daß du hier am besten mit der schillernden Lichtblase arbeiten kannst. Zu anderen Zeiten hat eine Personifikation die größere Wirkung. Wenn du beide Erfahrungsweisen entwickelst, schaffst du dir die breiteste Basis für die Beziehung zu diesem unglaublichen Teil von dir, der du schon bist und zu dem du nun immer mehr werden wirst: zu deinem Höheren Selbst.

Wenn du das Gefühl hast, daß der ersehnte Einklang hergestellt wurde, gehst du zur nächsten Meditation über, bei der das personifizierte Höhere Selbst erfahren und berührt wird. Diese Form ist dann dein Begleiter auf dem Weg des Wachstums, nach dem du so lange gesucht hast.

Auch wenn du nun darauf brennst, die dritte Stufe zu erklimmen, schlagen wir dir vor, diese Meditation mindestens siebenmal zu machen, bevor du weitergehst, öfter, wenn du das Gefühl hast, noch nicht bereit zu sein.

Einige Anzeichen für deine Bereitschaft, weiterzugehen:

1. Was für ein Geschenk hat sich die geometrische Lichttür ausgebeten? Oft bittet sie um Dinge, die du an dir selbst verändern oder die du aufgeben sollst. Oft fordert sie dich auf, bestimmte Widerstände loszulassen.
2. Mit wieviel Lebendigkeit und Begeisterung kannst du deinem Höheren Selbst entgegentreten, wenn du es zum erstenmal erblickst, nachdem du aus dem Lichttunnel herausgetreten bist? Bist du von dem Anblick überwältigt, sprachlos, ergriffen? Wenn du die Meditation mehrmals gemacht hast, mußt du sehen, inwieweit du noch immer von der Unendlichkeit und Erhabenheit des Anblicks ergriffen bist. Wenn die Erfahrung nichts von ihrer Intensität verloren hat, kannst du weitergehen.

Trotzdem solltest du diese Meditation wenigstens siebenmal praktizieren. Deine Geduld und Ausdauer werden sich bezahlt machen! Es geht schließlich nicht nur darum, das Höhere Selbst zu erfahren. Es geht um eine kooperative, vitale, liebevolle Beziehung.

Wie viele Stunden würdest du einer für dich wichtigen Freundschaft auf physischer Ebene widmen? Wieviel Zeit würdest du einem geliebten Menschen opfern? Ist dein Höheres Selbst nicht mindestens genausoviel wert?

Ein Liebesthema: Die Berührung

1. Nimm eine bequeme Position ein und entspanne dich. Laß deine Augen wie von selbst zufallen. Entspanne dich. Benutze die Technik, die für dich am besten funktioniert. Verschließe deine Sinne gegenüber der Außenwelt und öffne sie der inneren Welt.

(Dies ist die dritte und letzte Stufe. Widerstehe der Versuchung, sie schnell hinter dich zu bringen. Laß dir Zeit – genügend Zeit.)

Im Zustand völliger Entspannung zählst du nun rückwärts von 23 bis eins. Mit jeder Zahl sinkst du tiefer. Du willst nun deinem personifizierten Höheren Selbst gegenübertreten. Erlaube deinem Unterbewußtsein und deinem Unbewußten, die notwendigen Vorbereitungen zu treffen, die deinem Unternehmen zum Erfolg verhelfen. Auch wenn du die Funktion dieser Teile von dir nicht genau verstehen kannst, erledigen sie ihre Arbeit auf die für dich beste Weise, und zwar dann, wenn du dich so tief wie möglich entspannst.

(Die ersten Zahlen können etwas schneller heruntergezählt werden, aber wenn du bei den letzten Zahlen vor eins angelangt bist, solltest du immer langsamer und ruhiger werden.)

2. Schon während des Zählens sagst du dir im Geist: »Ich liebe mich... Ich lasse die Vergangenheit los... Ich liebe mich... Mein Leben wird von immer mehr Eleganz und Anmut er-

füllt... Ich empfinde immer mehr Liebe für mich... immer mehr Dankbarkeit... Ich bin dankbar... Ich bin lebendig... Ich habe alles, was ich brauche, um meinem Höheren Selbst zu begegnen... Ich liebe und respektiere mich selbst.«

(Selbstverständlich müssen diese Sätze nicht ganz genau wiederholt werden. Es geht nur darum, die Schritte der Vorbereitung noch einmal kurz zu durchlaufen.)

Bei der Zahl eins befindest du dich vor der ewigen Flamme im Tempel des Allwissens.

3. Öffne die Hintertür des Tempels und begib dich ins Freie. Du stehst wieder unter dem Nachthimmel, übersät von Millionen und Abermillionen von leuchtenden Sternen. Betrachte sie einen Augenblick: Sie funkeln wie Diamanten auf dem samtblauen Hintergrund des Firmaments. Ein leichter, kühler Nachtwind streicht dir über Gesicht und Haare. Du riechst den Duft des Grases und der Erde. Auf den Halmen zu deinen Füßen glitzern Tautropfen. Werde zu einem Teil dieser Nacht.

Jetzt fällt einer der Sterne vom Himmel. Er landet auf der Spitze des zweiten Hügels und zerplatzt in tausend leuchtende Funken. Du bist für einen Moment von dem Licht geblendet... Von dem Licht geblendet...

Du blinzelst – und siehst im nächsten Moment die geometrische Lichttür, die von solcher Schönheit ist, daß es dir den Atem verschlägt. Der alte Mann steht neben der Tür zu deinem wahren Zuhause. Er wartet auf dich mit unendlicher Geduld.

Nun läufst du ihm rasch entgegen, über den ersten, flacheren Hügel, ins Tal hinunter und die Böschung hinauf bis zur Schwelle der Lichttür.

Du begrüßt den alten Mann und fühlst mit allen Sinnen die Intensität seiner Liebe für dich. Desgleichen fühlst du die tiefe Liebe, die du für den Alten hast. Sieh die Liebe in seinen Augen. Spüre in dein Atmen hinein. Ergreife die Hand des Alten, diese Hand, die ganz mit Altersrunzeln überzogen ist, weich und doch so kräftig, alt und doch so voller Macht und Leben. Fühle die Liebe. Fühle sein Verständnis.

4. Wende dich zur Lichttür um. Höre, um was das Licht dich bittet. Gib deine Gabe nicht, bevor du gehört hast, was diesmal von dir verlangt wird. Es ist ungeheuer wichtig, erst ZUZUHÖREN!

Nun bittest du den Alten um Erlaubnis, das Geschenk machen zu dürfen. Wenn du die Erlaubnis erhältst, gibst du dein Geschenk und gehst weiter. Wenn er die Erlaubnis verweigert, fragst du die Lichttür ein zweites Mal. Diese Prozedur wiederholst du so lange, bis der Alte seine Zustimmung erteilt.

(Hier kann dein negatives Ego versuchen, seine Spiele mit dir zu treiben. Erstens kann es dich dazu bringen, immer wieder aufs neue zu fragen, ohne eine Antwort zu erhalten. Wenn du mehr als viermal fragen mußt, solltest du die Meditation abbrechen, denn das negative Ego hat sich eingeschaltet. Versuche es später noch einmal oder am nächsten Tag. Es hat keinen Sinn, sich zur Meditation zu zwingen. Statt dessen mußt du dich erst einmal mit deinem negativen Ego auseinandersetzen, um es loszuwerden. Der zweite Trick des Egos besteht darin, dir einzureden, daß du nicht erst um Erlaubnis bitten müßtest. Du könntest doch einfach weitergehen, weil die Lichttür immer nach derselben Gabe frage. Und selbst wenn sie diesmal etwas anderes verlange, würdest du das mitkriegen und es ihr ganz schnell geben. Höre auf keinen Fall auf dein negatives Ego!)

Die häufigste Botschaft des negativen Egos allerdings ist: »Was für ein negatives Ego meint Lazaris eigentlich? Ich habe meins schon vor Monaten ausgeschaltet!«

5. Wenn du die Erlaubnis erhalten hast, überreichst du deine Gabe und trittst durch die Lichttür, den Wegweiser/die Lichtform, die dir den Weg nach Hause zeigt. Du reist durch den Tunnel aus Licht mit einem Gefühl, etwas Großartiges erreicht zu haben. Du bist von Staunen und Freude ergriffen.

Jetzt stehst du plötzlich an einer Weggabelung in diesem Tunnel von Licht. Geradeaus führt dich der Weg zu deinem Höheren Selbst, nach Hause. Es zieht sich mit Macht in diese dir schon bekannte Richtung. Aber die Anziehungskraft des unbekannten Weges ist noch stärker. Das Licht auf diesem Weg hat einen leicht diffusen Schimmer. Es hat etwas Zauberisches, etwas Mysteriöses... Am stärksten ist hier der Sog der Liebe... oder ist es jene LIEBE?

Du folgst diesem neuen Weg. Voller Entzücken bewegst du dich um eine Biegung, gleitest in Wellen hinauf und hinunter, nach rechts und links, und näherst dich dem Licht am Ende des Tunnels.

6. Du findest dich in einer grünen Wiese wieder, die still unter dem Sternenhimmel liegt. Du sitzt allein und von Ruhe erfüllt unter dem herrlichen Nachthimmel und beschließt: Heute nacht werde ich meinem Höheren Selbst begegnen. Wir werden die Liebe voneinander empfangen und uns berühren.

Du beschließt: So ist es. Es... ist... so!

Empfinde die Endgültigkeit deiner Wahl. Fühle die Wahrheit deiner Worte! Koste sie in ihrer Endgültigkeit aus.

(Nimm dir genügend Zeit für diese Dinge. Du könntest diese Stufe leicht überspringen und rasch auf dein Ziel zusteuern, aber damit würde die Wirkung unter Umständen verringert. Das soll nicht heißen, daß dieser Schritt überhaupt nicht erfolgreich wäre. Nein, wir sagen nur, daß sich die geplante Wirkung anders um ein Vielfaches erhöhen kann.)

Während du auf der Wiese sitzt und fühlst und denkst, nimmst du am Rande der Landschaft einen winzigen Funken wahr. Ja, dort... dort funkelt ein leuchtendes Pünktchen, nicht größer als ein Glühwürmchen. Das sind wir. Wir warten dort auf dich, am Rand deiner Realität. Wenn du bereit bist, stehst du auf und gehst auf den winzigen Lichtfunken zu – den winzigen Funken von Liebe. Komm, wenn du bereit bist. Wir wollen nach Hause gehen.

7. Wir begrüßen dich, und unser Licht dehnt sich aus, bis es deine Körpergröße erreicht hat. Laß uns gehen! Nur du und wir. Laß uns gehen...

Schweigend wandern wir weiter. Unser Schweigen ist von Liebe erfüllt. Wir lieben dich und fühlen deine Liebe. Wir sind dir dankbar. Wir gehen gemeinsam, in Stille und in Liebe.

Ein Stückchen weiter vor dir taucht das Tor auf, das du schon von der Waldlichtung her kennst. Du läufst voller Erwartungsfreude auf das Tor zu. Wir kommen mit dir. Du öffnest das Tor ganz weit und siehst dahinter einen Garten. Diesmal führt keine Landstraße vom Tor zum Tempel des Allwissens – diesmal liegt dahinter ein Zaubergarten!

Der Garten ist uralt. Erkunde ihn!

(Sieh dir alles, was sich in diesem Garten befindet, in aller Ruhe an. Nimm dir die Zeit! Betrachte und fühle auch hier wieder mit allen Sinnen.)

Das Grün in diesem Garten ist leuchtender, als du es je gesehen hast. Die Blumen und Blätter sind rote, orangefarbene, lila Farbtupfer in einem Meer von Grün. Oh, und das Gelb! Betrachte die Farben und Formen, wenn nicht mit dem inneren Auge, dann mit dem Herzen. Lausche den Tönen rings um dich her. Das Holz der alten Spaliere knarrt leise, während der Wind durch die Ranken der Kletterpflanzen streicht. Das Plätschern von Wasserfällen und Bächen dringt an dein Ohr. Du schnupperst und nimmst den betäubenden Duft dieses blühenden Zaubergartens in dich auf. Du beugst dich nieder und berührst ein paar Steine, einige Blütenblätter. Laß den Garten so wirklich werden, daß du ihn greifen kannst.

8. Nun laden wir dich ein, mit uns zu kommen. Wir wollen dir einen uralten Baum zeigen. Es ist ein ganz besonderer Baum: der Baum des Lichts, der Weisheit, der Würde und der Liebe.

Du siehst ihn dort stehen, in all seiner Schönheit und Erhabenheit. Du kannst es nicht glauben, und etwas in deinem Innern muß weinen.

Ja, es ist Gott/Göttin/Alles-was-ist in Gestalt eines Baumes. Du steht vor Allem-was-ist.

9. Setz dich unter diesen Baum. Schaff dir ein Plätzchen zwischen den mächtigen, knorrigen Baumwurzeln und ruhe darin.

(Pause der inneren Versenkung.)

Nun spürst du auf der anderen Seite des Baumstammes eine Präsenz. Da ist jemand auf der anderen Seite, der sich gegen den Baumstamm lehnt. Du kannst die Person nicht sehen, aber du kannst ihre Nähe fühlen. Irgendwer ist da...

Du vermutest es nicht nur – du *weißt*, daß es dein Höheres Selbst ist. Es sitzt dort auf der anderen Seite des Baumes in einem menschlichen Körper. Dieser Körper kann das gleiche Geschlecht haben wie du, aber es muß nicht so sein. Du limitierst dich nicht mit Vermutungen – du weißt ganz einfach, daß dein Höheres Selbst dort sitzt.

Innerlich wiederholst du die Worte: »Ich bin es wert. Ich habe es verdient, geliebt zu werden. Ich bin es wert, geliebt zu werden, und willens, die Liebe anzunehmen.«

10. Langsam streckst du deine Hand zur Seite aus. Du streckst sie deinem Höheren Selbst entgegen und legst die Handfläche dann auf den Boden. Dein Arm reicht halb um den Baumstamm herum, so daß dein Höheres Selbst die Hand leicht ergreifen kann.

Du fühlst den Boden oder die Baumwurzel, auf der deine Handfläche liegt. Du fühlst die Grashalme oder den Sand unter deiner Hand und die Wärme, die deine Hand in den Boden schickt.

Dann spürst du die Berührung. Jemand hat seine Hand auf deine gelegt! Du spürst es mit unmißverständlicher Deutlichkeit. *Du fühlst es! Du fühlst es ganz genau!*

Du spürst das Fleisch der Hand auf deinem Handrücken. Ganz langsam drehst du deine Hand um, so daß sie in der Hand deines Höheren Selbst liegt. Ihr haltet euch an den Händen!

Jetzt drückst du ganz sanft zu. *Fühle*... Und die andere Hand... erwidert deinen Händedruck. Es ist wirklich! Laß es wirklich sein!

Du wendest dich um, lugst hinter den breiten Baumstamm und siehst dein Höheres Selbst. Ihr schaut euch an. Du sagst: »Hallo.«

Jetzt lernt ihr euch kennen. Ihr beginnt ein Gespräch. Nach all den Jahren, in denen du meintest, allein zu sein, wird dir nun klar, daß du diesen Wegbegleiter schon immer hattest. Du sprichst mit ihm und er mit dir. Du läßt dich von deinem Höheren Selbst berühren und erkennen. Du berührst und erkennst.

11. Nun geht ihr gemeinsam weiter. Ihr kommt zusammen zur Waldlichtung, wo wir auf euch warten. Ihr setzt euch zu uns. Es ist nun Zeit, die Geschenke auszutauschen.

Du sitzt deinem Höheren Selbst gegenüber. Du lächelst. Du lachst. Du liebst.

Dein Höheres Selbst wird dir nun ein Geschenk überreichen. Du mußt niemanden um Erlaubnis bitten, es annehmen zu dürfen. Du nimmst das Geschenk entgegen. Es kann eine symbolische Bedeutung haben oder auch ganz gegenständlich sein. Vielleicht ist das Geschenk ein Gefühl – vielleicht ist es ein Gedanke. Nimm es an und frage, was es bedeutet. Frage...

(Das Gespräch mit deinem Höheren Selbst findet telepathisch statt. Weder du noch dein Höheres Selbst sprechen ›laut‹. Die Stimme ist in dir und kann sich anhören wie deine eigene Stimme oder auch anders. Laß sie sein, wie sie ist.)

Jetzt bittet dich dein Höheres Selbst um eine Gabe. Auch hier wartest du, was dein Höheres Selbst sagt, bevor du entscheidest, was du geben willst. Es kann sich um einen Gegenstand oder etwas Symbolisches handeln, vielleicht um ein Versprechen oder ein Einverständnis, auch um ein Gefühl. Es kann alles mögliche sein, nur niemals etwas, das du nicht geben kannst oder dir Schmerzen zufügen würde. Das Höhere Selbst bittet dich, und du gibst ihm, was es sich wünscht.

(Wenn dir die Bedeutung des Austausches nicht absolut klar ist, bitte um Klarheit. Sie kommt in Worten oder Bildern, aber sie kommt. Das mußt du wissen.)

12. Ihr zwei steht jetzt voreinander auf der Lichtung, faßt euch bei den Händen und beginnt langsam zu tanzen. Ihr tanzt den Tanz der Liebe. Zuerst langsam, dann schneller und schneller dreht ihr euch im Kreis. Je länger du tanzt, desto größer wird dein Gefühl der Liebe. Ihr wirbelt schneller und schneller, und mit jeder Umdrehung fließt ihr mehr ineinander. Ihr seid dabei, eins zu werden. Du fühlst die Liebe... fühlst die Liebe... fühlst die LIEBE.

13. Lachend und vollkommen erschöpft brichst du zusammen und hältst dir die Seiten. Du bist erfüllt von Liebe, Licht und Lachen. Vollkommen erfüllt. Du bist von oben bis unten voll von Vergnügen!

Nachdem dein Atem wieder ruhiger geworden ist, sprichst du von neuem mit deinem Höheren Selbst. Du erzählst ihm, was du lernen möchtest, welche Beschränkungen du überwinden willst und welche Grenzen du schon überschritten hast. Du sprichst über die Zukunft, die du nun gemeinsam mit deinem Höheren Selbst schaffen willst. Ihr unterhaltet euch über alle diese wichtigen Dinge, über eure Träume und eure Pläne. Ihr haltet absolut nichts voreinander zurück, ihr teilt alles.

Du hörst, wie dein Höheres Selbst deinen Namen ausspricht, und du nennst es auch bei seinem Namen.

(Der Name des Höheren Selbst kann deiner sein oder auch ein anderer. Interpretiere nicht allzuviel in den Namen hinein. Es ist nicht notwendig, Spiele zu spielen wie: »Mein Höheres Selbst hat einen Namen, der sich wie ›Jesus‹ anhört. Ob das wohl...« Bitte hab mehr Respekt vor dir selbst als die Leute, die solche Spielchen treiben. Das wichtigste dabei ist, daß du einen Namen vom Höheren Selbst empfängst, der persönlicher ist als beispielsweise ›H. S.‹ oder ›Selbst‹ oder ›H. B.‹. Wenn der

Name dir nicht beim erstenmal mitgeteilt wird, warte. Irgendwann weißt du ihn.)

14. Laßt euch alle beide von dem Liebeslicht umhüllen, das wir sind. Wir wollen dir die Liebe, von der du schon immer gewußt hast, einprägen, sie dir in das Bewußtsein, in das Unterbewußte und das Unbewußte pflanzen, so daß du sie nie wieder verlierst.

Wir verschwinden wie ein Kometenschweif der von der Erde in den hohen Himmel steigt. Solange es Licht gibt, werden wir dich lieben. Solange es Licht gibt, werden wir euch beide lieben.

In Liebe und in Frieden...

Begib dich sehr langsam aus der Meditation heraus. Sag deinem Höheren Selbst Lebewohl und – bis bald!

(Bleibe noch eine Weile still sitzen, nachdem du dich aus der Meditation herausgezählt hast.)

Mit offenen Augen atmest du sanft ein und mit Nachdruck wieder aus. Das tust du solange, bis du wieder in deiner Körperlichkeit geerdet bist.

›Ein Liebesthema: Die Berührung‹ ist eine Übung, die mindestens dreimal wiederholt werden sollte – mehr noch, wenn du willst, aber wenigstens dreimal. Nach dem dritten Mal kannst du dein Höheres Selbst mit einfacheren Methoden erreichen.

Um die Verbindung zur Abstraktion deines Höheren Selbst herzustellen, solltest du jedesmal durch die Lichttür gehen, auch wenn es nicht notwendig ist, ihr jedesmal ein Geschenk zu machen. Wenn du aber den Wunsch hast, der geometrischen Lichttür etwas von dir zu geben, so mußt du den alten Mann jedesmal erst um Erlaubnis bitten.

Jedesmal! Am Ende des Tunnels, am Rand des Lichts, mußt du jedesmal von Staunen überwältigt werden. An diesem Punkt müssen dir immer Schauer über den Rücken laufen. *Jedesmal!* Du mußt eine Gänsehaut bekommen beim Anblick der abstrakten Form des Höheren Selbst und es nie gleichgültig hinnehmen. Es wird dich nie für eine Nachlässigkeit bestrafen, aber du wirst die Verbindung nicht in der gleichen Tiefe empfinden.

Um dem personifizierten Höheren Selbst zu begegnen, mußt du es/ihn/sie zur Meditation ›einladen‹. Dafür gibt es kein bestimmtes Ritual – du hast die Verbindung zu diesem Teil von dir hergestellt und hast ein Gefühl dafür bekommen, was du tun mußt, um sie jederzeit wieder herzustellen. Du mußt, wie bei allen anderen Beziehungen, weder übertreiben, noch allzu salopp mit der Freundschaft umgehen. Sei ganz einfach liebevoll.

Du bist jetzt in Kontakt mit deinem Höheren Selbst. Es kennt deinen Namen. Du kennst seinen Namen.

Du bist ein gutes Stück vorangekommen – auf deinem Weg, auf deiner Heiligen Reise nach Haus.

Und nun? …

Sieben

Die Aktionen: Mit dem Höheren Selbst arbeiten

Du hast nun eine vitale, liebevolle und spürbare Beziehung zu deinem Höheren Selbst geschaffen. Du bist in der Lage, sowohl mit der abstrakten als auch mit der personifizierten Form deines Höheren Selbst Kontakt aufzunehmen.

Du hast erfahren, was es bedeutet, Liebe zu geben und zu empfangen. Wie aber kannst du dich von der Liebe deines Höheren Selbst verändern lassen? Wie macht man das?

Wie wir schon sagten, der Wille und die Bereitschaft, Liebe zu geben und zu empfangen, ist der wirksamste Treibstoff in Richtung Transformation, aber die einmal empfangene Liebe ›zu leben‹ und dadurch entscheidende Veränderungen herbeizuführen, das ist Transzendenz. Du veränderst dich einzig und allein, weil du die empfangene Liebe lebst.

Der Schlüssel liegt in dem Wissen, daß du dich nicht veränderst, weil du etwas falsch gemacht hast oder irgendwelche Mängel aufweist. Nein, du veränderst dich, einfach weil dein Höheres Selbst dich liebt und diese Liebe größer ist als alles, was du bisher für möglich gehalten hast. Nichts muß an dir korrigiert oder berichtigt werden – du versuchst nicht mehr, dich zu verbessern oder dein Potential zu erweitern. Du willst in keiner Weise attraktiver oder populärer werden. Du hast kein bestimmtes Ziel im Auge, keine Belohnung. Du wächst und veränderst dich, weil dein Höheres Selbst dich liebt und weil du diese Liebe leben willst.

Es ist ein ganz und gar wundervolles Gefühl, ein Gefühl, das dich unmißverständlich wissen läßt, daß du auf deinem spirituellen Weg bist. Du fühlst mit aller Klarheit, daß du nun nach Haus gehst.

Und was machst du nun mit diesem Wissen, diesem Gefühl? In einer alten Legende des Ostens heißt es: »Was macht der Holzfäller, nachdem er den Gipfel des Berges erklommen hat und Erleuchtung fand?« Die Antwort ist: »Er fällt Holz.«

Du lebst dein Leben. Jeder lebt sein Leben.

Das leuchtet dir ein, aber nun fragst du, was du weiter mit deinem Höheren Selbst tun sollst. Wie du mit ihm arbeiten sollst...

Wie man NICHT mit dem Höheren Selbst arbeitet

Am häufigsten machen die Leute den Fehler, das Höhere Selbst in irgendeiner Weise ausnutzen zu wollen. Manche meinen, sie könnten sich ihren Lebensunterhalt verdienen, wenn sie selbst ihr Höheres Selbst channeln. Sie sagen sich: »Ich habe das Buch gelesen, die Techniken angewendet – macht nichts, wenn ich ein paar Stufen übersprungen habe und diese ganzen Gefühle nicht so recht gefühlt habe – Hauptsache, ich weiß, wie es funktioniert. Ich habe mit meinem Höheren Selbst Kontakt aufgenommen, seine Hand gedrückt und all das. Was brauche ich mehr? Ich setze eine Annonce in die Zeitung und wechsle meinen Beruf. Ich brauche nur ein bißchen Reklame, dann läuft das schon.«

Vielleicht meint ihr, wir würden jetzt übertreiben. Schön wäre es! Wir haben nicht die Absicht, mit diesem Buch dem Wanderzirkus der Metaphysik eine weitere ›Nummer‹ zu liefern. Wir brauchen keine weitere ›Dame mit Bart‹ oder ›Reptilienmänner‹. Wir sind hier, um euch dabei zu helfen, mehr zu werden, als ihr seid. Ihr habt euch gewünscht, weiterzuwachsen, die nächsten Schritte zu tun. Wir sind hier als Antwort auf diese Bitte.

Außerdem möchten wir euch dabei behilflich sein, ein paar der Zirkuszelte abzubrechen und die metaphysischen ›Kläffer‹ da draußen zum Schweigen zu bringen. Mit einer liebenden Beziehung zu eurem Höheren Selbst werdet ihr besser unterscheiden können, ihr werdet die Spinner und Ausbeuter genau identifizieren und ihnen auch den allerletzten Zipfel eurer persönlichen Macht entziehen.

Wer sein Höheres Selbst kommerziell nutzen will, hat ein paar wichtige Schritte in den Meditationen übersprungen und nicht wirklich gefühlt, was gefühlt werden muß, denn einem wahrhaft liebenden Partner würde diese Idee gar nicht erst kommen. Die Liebe zum Höheren Selbst – so sie tatsächlich in vollem Umfang zugelassen wird – verhindert solche Absichten von vornherein.

Seht ihr, wir sind nicht das Höhere Selbst des Channels (Jach Pursel). Jach hat seine eigene, überaus tiefe und intime Beziehung zu seinem Höheren Selbst. Es würde ihm nie einfallen, diese Energie zu ›channeln‹, denn die Beziehung ist zu persönlich, zu privat – wie sie eben sein soll.

Jach hat sich nicht darum bemüht, den Kontakt mit uns herzustellen. Wir sind zu ihm gekommen, sozusagen. Er hat uns nicht eingeplant. Wir haben *ihn* eingeplant. Wir lieben ihn über alle Maßen und helfen ihm auf jede mögliche Weise, aber wir sind nicht sein Höheres Selbst. Vielleicht wäre ihm das sehr lieb – aber leider können wir da nicht mitmachen.

Wir wissen, daß manche Menschen behaupten, sie könnten euch das Channeln beibringen. Es gibt Leute, die dazu in der Lage sind. Aber nun muß man zwischen den verschiedenen Arten von Channeling unterscheiden.

Es gibt subjektives Channeling, bei dem Durchgaben für das eigene persönliche Wachstum empfangen werden. Diese Art von Channeling ist für jeden Menschen erlernbar. In der Tat ›channelt‹ jeder kreative Mensch sein innewohnendes schöpferisches Potential. Ein inspirierender Gedanke, der einem spontan in den Kopf kommt, ist eine Form von subjektivem Channeling. Viele empfangen im Laufe eines Tages spontane Eingebungen, auch sie channeln sich sozusagen selbst. Was diese Durchgaben alle gemeinsam haben, ist das Persönliche und Individuelle der Botschaften.

Die Art der Arbeit, die wir und einige andere tun, wird objektives Channeling genannt. Diese Form von Channeling kann nicht gelehrt oder erlernt werden. Objektive Channel wie Edgar Cayce, Jane Roberts und Jach haben sich nicht um das Channeling bemüht. Auf einer sehr tiefen Ebene haben sie selbstverständlich ihre Einwilligung gegeben, aber sie haben es sich nicht bewußt beigebracht zu channeln. Sie wurden auserwählt. Es ›geschah‹ ihnen ganz einfach.

Subjektives Channeling zum persönlichen Nutzen, zum persönlichen Wachstum, ist erlernbar. Objektives Channeling zum Nutzen aller, die damit in Berührung kommen, ist nicht erlernbar. Wir hoffen, daß wir uns damit deutlich genug ausgedrückt haben.

Obwohl dein Höheres Selbst absolut wirklich ist, besteht seine Funktion doch ausschließlich darin, dir zu helfen, eure liebevolle Beziehung zu vertiefen und dich so letzten Endes zu einer liebevolleren Beziehung zu Gott/Göttin/Alles-was-ist zu führen. Es erfüllt eine subjektive Funktion und kann nur zum persönlichen Nutzen gechannelt werden.

Mit zunehmender Vertrautheit kannst du die Wahrheit, die Einsichten, die Liebe und die Hilfsbereitschaft deines Höheren Selbst channeln, aber der Schlüsselsatz bleibt: zum subjektiven, persönlichen Nutzen – *für dein persönliches Wachstum!*

Bitte liebt und respektiert euch selbst genug, diese Beziehung, diese Energie nicht auszunutzen. Liebt euch genug, euer Höheres Selbst nicht für kommerzielle Zwecke arbeiten zu lassen. Versucht nicht, diese private Beziehung als objektives Channeling zu benutzen. Habt genügend Hochachtung vor euch selbst.

Ein weiterer Fehler besteht darin, jedes Wort des Höheren Selbst vom ersten Moment an bedingungslos zu glauben. Solange ihr euer negatives Ego noch nicht vollständig geklärt habt und euer Unterbewußtsein und euer Unbewußtes noch nicht vollkommen frei sind von irrigen Gedanken – was keiner von euch behaupten kann –, solange müßt ihr die Kommunikation mit dem Höheren Selbst weiter ausbauen, bevor ihr alles annehmt, was ihr hört.

Ein häufiges Szenario: »Also, ich habe endlich Kontakt mit meinem Höheren Selbst aufgenommen, nach all den Zweifeln, die ich immer hatte… Es wäre schrecklich, wenn es sich wieder um eine Täuschung handeln würde… Ich würde tot umfallen, wenn ich es mir nur eingebildet hätte.« Hier wird versucht, sich selbst und andere zu manipulieren, um zu verhindern, daß irgend jemand auch nur andeutet, daß sich der Betreffende im negativen Ego verfangen haben könnte.

Und es geht weiter: »Mein Höheres Selbst hat mir gesagt, daß ich erleuchtet bin und daß alle, die daran zweifeln, nur ihre eigene Unzulänglichkeit projizieren. Wer das Gegenteil behauptet, sollte sich mit seinem Neid und seiner Eifersucht auseinandersetzen. Ich habe meinen Beruf aufgegeben, weil das Geld jetzt durch mein Höheres Selbst kommt. Ich brauche nichts mehr zu essen, denn mein Höheres Selbst ernährt mich auf allen Ebenen. Mein Höheres Selbst hat mir für nächste Woche ein neues Haus versprochen.«

Ihr denkt, wir übertreiben? Keineswegs. Alle diese Dinge wurden von Leuten gesagt, die allzu viele Stufen und Seinszustände übersprungen haben, um sich vorschnell mit etwas zu verbinden, was sie für ihr Höheres Selbst hielten. Aber es war nur ihr negatives Ego in neuer Verkleidung.

Andere haben eine legitime Verbindung zum Höheren Selbst hergestellt, nur um mit diesem Erfolg das negative Ego neu aufzupäppeln. Wer die Verbindung nicht durch ständige Praxis weiterentwickelt, kann in selbstzerstörerische Zustände fallen.

Einige Hinweise, um diese Fallgruben zu vermeiden:

1. Halte dich an die Reihenfolge der Schritte und praktiziere jede Meditation, bis du das Gefühl hast, wirklich weitergehen zu können. Wiederhole die ersten Meditationen von Zeit zu Zeit, um die Wirkung zu stabilisieren.
2. Höre genau zu, wenn dein Höheres Selbst dir etwas mitteilt. Ist es hilfreich und harmlos? Dinge, die dir Schaden zufü-

gen könnten, müssen erst gründlich überprüft werden, bevor du ihnen Glauben schenkst. Wenn dein Höheres Selbst sagt, du sollst einen Freund anrufen, weil er deine Hilfe braucht, oder du sollst heute nacht einen anderen Weg nach Hause nehmen, kannst du ihm ohne weiteres folgen, denn wenn die Botschaft ungenau oder verkehrt war, entstehen daraus keine Nachteile. Aber wenn dein Höheres Selbst sagt, du sollst deinen Beruf aufgeben, deinen Ehepartner verlassen und einen Einkaufsbummel machen, weil es dir Geld auf dein Konto überwiesen hat, solltest du skeptisch sein und alles erstmal genauestens überprüfen!

Wenn dir dein Höheres Selbst einreden will, daß du nichts überprüfen sollst, weil es darum geht, Vertrauen zu entwickeln, dann mach deinem negativen Ego unmißverständlich klar, wo es sich hinbegeben soll! Du hast nicht mit deinem Höheren Selbst gesprochen!

Deine Unterscheidungsfähigkeit trägt dazu bei, die Verbindung zu deinem wahren Höheren Selbst zu vertiefen. Auf diese Weise lernst du, wie du am besten kommunizierst, und auch das Höhere Selbst lernt, wie es dich am klarsten erreichen kann.

Mit der Zeit wird eure Kommunikation dann absolut klar und erstaunlich präzise.

3. Die Schritte, die ans Ziel führen, müssen immer wieder neu getan werden. Du kannst dein Höheres Selbst bitten, diese Schritte, wie Liebe, Vergangenheitsbewältigung usw., immer wieder neu für dich zu intensivieren, damit du schon auf dem Weg die Zustände erlebst, die man am Ziel erfährt, und zwar immer stärker.

4. Erinnere dich an deine Absichten und Ziele. Erinnere dich an deine Liebe zu deinem Höheren Selbst und an seine Liebe zu dir. Erinnere dich auch daran, daß eure gemeinsame Arbeit darin besteht, eine wahrhaft tiefe Beziehung zu Gott/Göttin/Alles-was-ist zu entwickeln.

Um die Kommunikation mit dem Höheren Selbst beurteilen zu können, kannst du dich fragen, ob seine Informationen dich näher an dein Ziel bringen, also dein Wachstum fördern, oder ob sie dich zum Rückzug auffordern, also von Angst bestimmt werden.

Diese zwei häufigeren Fallgruben wahrzunehmen bedeutet, sich den Weg um einiges leichter zu machen. Vergiß nicht, dein Höheres Selbst will dich erreichen; es will dich mit seiner Liebe berühren, und es wird dir mehr als den halben Weg entgegenkommen, wenn du ihm nur die Chance gibst. Gib dir selbst diese Chance!

Sieben einfache Schritte

Nachdem du dich von der Versuchung befreit hast, in die oben beschriebenen Fallen hineinzutappen, siehst du den Weg schon sehr viel deutlicher vor dir. Sobald du die echte Verbindung zu deinem Höheren Selbst geschaffen hast, lebst du dein Leben wie der Holzfäller: Du fällst Holz, nicht wahr? Aber mit etwas gutem Willen kannst du dein Holz auf nie geahnte, wunderbar bereichernde Weise fällen! Wenn du es wirklich wünschst, kannst du dabei so froh und vergnügt werden, wie du es nie für möglich gehalten hättest.

Die Verbindung zwischen dir und deinem Höheren Selbst kann dein Wachstum zu einem absoluten Genuß werden lassen – und dein Leben kann diese Liebe, dieses Lachen, diese Leichtigkeit reflektieren.

Es ist nicht einfach, einen solchen Erfolg für sich zu behalten. Er hat die Tendenz, sich in alle Lebensbereiche auszudehnen. Er kann zu einer Inspiration für jeden Menschen werden, mit dem du in Berührung kommst.

Je mehr Bereitschaft du mitbringst, desto mehr Möglichkeiten können sich nun für dich auftun. Wenn du genau weißt, wie du mit dem Höheren Selbst zusammenarbeiten mußt, erweitern sich deine Möglichkeiten noch mehr, und deine Bereitschaft wird erneut stimuliert. Du kannst auch allein eine gewisse Begeisterung aufbringen, aber wenn du die Zusammenarbeit nicht gezielt herbeiführen und die Resultate nicht für dich nutzen kannst, läßt die Begeisterung irgendwann nach. Mit präzisen Methoden versetzt du dich in die Lage, das schöpferische Potential deiner Beziehung zum Höheren Selbst voll auszunutzen. Du kannst von neuem beginnen, deine Wünsche, Imaginationen und Erwartungen zu manifestieren. Diesmal gemeinsam mit deinem Höheren Selbst.

Wir schlagen verschiedene Möglichkeiten der Zusammenarbeit vor. Du kannst dir jede davon in bezug auf deine spezifische Situation durch den Kopf gehen lassen. Benutze diese möglichen Wege als Katalysatoren, um neue Möglichkeiten zu schaffen. Das Wahrscheinliche bringt das Tatsächliche hervor. Aus den wahrscheinlichen Möglichkeiten kreierst du die aktuellen Wege deiner Zusammenarbeit mit deinem Höheren Selbst und definierst damit deine zukünftige Reise. Die Art der Zusammenarbeit mit deinem Höheren Selbst bestimmt letzten Endes auch die Art deiner ganz persönlichen, einzigartigen Beziehung zu Gott/Göttin/Alles-was-ist.

1. Wenn du in irgendeiner Situation nicht weiterweißt, kannst du dich ganz einfach in das Zentrum der abstrakten Form deines Höheren Selbst versetzen und eine Weile dort bleiben. Sei einfach nur da. Meditiere, ohne dabei ein bestimmtes Ziel zu verfolgen.

Diese Art der absichtslosen Meditation ist geeignet, dich von der Last der ›alten Wunden‹ zu befreien. Wenn du etwas nicht loslassen kannst, das dir weh tut, wenn du nicht weißt, wie du eine Situation erfolgreich beenden sollst, wenn dich irgend etwas bedrückt – versetze dich in das Zentrum deines Höheren Selbst und laß dich heilen. Laß dir in der Stille deine Bürde abnehmen. Laß dir die Angst nehmen.

Wir haben diese Methode einigen Leuten vorgeschlagen, die daraufhin von sensationellen Erfolgen berichteten. Manche stellten fest, daß Ängste, die sie ihr Leben lang mit sich herumgetragen hatten, ganz einfach verschwanden. Andere fanden, daß sie grundlose Sorgen auf diese Weise sofort loswerden konnten. Viele haben von unglaublichen Wundern berichtet, die sie sich nicht erklären konnten. Alles, was sie getan haben, war, 20 bis 30 Minuten in der Stille des Zentrums ihres abstrakten Höheren Selbst zu sitzen. Danach geschah alles ›wie von selbst‹, wie sie sagen.

Diese Methode kann auch mit der personifizierten Form des Höheren Selbst praktiziert werden. Sie hat aber eine durchschlagendere Wirkung mit der Abstraktion, dem Schimmer der Liebe und des Lichts.

2. Laß dich vom Höheren Selbst zur Erkenntnis deiner Absichten in diesem Leben leiten. Jeder Mensch kommt mit sieben spezifischen Zielen oder Absichten in dieses Leben – wir nennen sie die Fokusse. Wenn du sie erkennen und zu einem Teil deiner bewußten Entscheidungen machen kannst, werden sich Erfolge sehr viel leichter erzielen lassen, und das Ganze macht natürlich auch sehr viel mehr Spaß. Wir meinen, daß richtig fokussierte Wünsche sehr viel größere Chancen haben, auf elegante und präzise Weise verwirklicht zu werden.

Du kannst dich an eine der beiden Formen deines Höheren Selbst wenden, um diese Fokusse mit ihnen gemeinsam zu erforschen. Bitte dein Höheres Selbst, dir umfassendere Informationen zu geben und dir zu ›zeigen‹, was es im einzelnen meint.

Erlaube deinem Höheren Selbst, kreativ zu sein. Es kann sein, daß es dir sieben Gefäße oder Schachteln überreicht, in denen sich Hinweise auf deine Fokusse befinden. Vielleicht gibt es dir sieben Bücher oder Bilder oder sieben Geheimnisse, die es dir ins Ohr flüstert. Vielleicht weiß dein Höheres Selbst, wie gern du dich schon immer auf eine Schatzsuche begeben wolltest.

Nachdem du deine Fokusse erkannt und ihre Bedeutung erforscht hast, könnt ihr gemeinsam daran arbeiten, daß du mit ihnen in deinem täglichen Leben arbeiten kannst. Finde heraus, mit welchem Fokus du zuerst arbeiten willst und wie du es am besten bewältigst.

Diese Art der Führung kann dir für den Rest deines Lebens zugänglich sein – und auch dann hört sie noch lange nicht auf! Es gibt immer noch etwas, das erforscht und erlebt werden kann. Es gibt immer noch mehr…

3. Bitte dein Höheres Selbst um Führung, was deine persönlichen Gedanken, Gefühle und Programme betrifft. Das Höhere Selbst kann dir zeigen, wann und wie du dich selbst belügst; es kann dir helfen, neue Einsichten zu gewinnen und dich neu zu programmieren, wenn notwendig.

Wenn du willst, arbeitet dein Höheres Selbst mit den tieferen Schichten deines Unterbewußten und Unbewußten, um eine größere Harmonie zwischen diesen Teilen herzustellen und die Zusammenarbeit zu vertiefen.

Der Schlüssel zu einer erfolgreichen Zusammenarbeit ist, daß man nie der Versuchung unterliegt, das Höhere Selbst gleichgültig hinzunehmen. Wenn die Häufigkeit der Zusammenarbeit das Wunder dieser Beziehung beeinträchtigt, kann man zwei Dinge tun. Erstens sollte der Kontakt dann vorerst nur speziellen Anlässen vorbehalten bleiben, und zweitens sollte man herausfinden, wo das Problem liegt, und es dann loslassen. Es geht schließlich letzten Endes darum, eins mit dem Höheren Selbst zu werden. Wenn du entdeckst, daß du den Glauben mit dir herumträgst, daß ›Gewohnheit die Liebe zerstört‹, mußt du dich erst einmal damit auseinandersetzen.

Der Widerstand, das Höhere Selbst in alle Angelegenheiten des täglichen Lebens einzubeziehen, steht häufig in direkter Beziehung zu dem Widerstand gegen das Gefühl der Dankbarkeit.

4. Arbeitet gemeinsam daran, deine Realität zu erschaffen. Dein abstraktes Höheres Selbst kann dir helfen, deine visionären Träume in die Tat umzusetzen. Es hilft dir von seiner Ebene

aus, deine Träume zu manifestieren. Du mußt nur darum bitten. Es hat seine eigene Art und kennt eigene Wege, deine Fähigkeiten der bewußten Realitätsschaffung zu vergrößern.

Auch mit der personifizierten Form deines Höheren Selbst kannst du dich darüber auseinandersetzen, was du wirklich kreieren willst. Bitte es um eine Beurteilung deiner Absichten, Ziele und Pläne; frage es, was es von deinen Hoffnungen und Träumen hält. Es kann dir eine weitaus bessere Strategie empfehlen oder Alternativen vorschlagen, die dir selbst nicht in den Sinn gekommen wären. Es kann deine Entschlußkraft und deine Visionen auf ungeahnte Weise bestärken bzw. erweitern.

Vergiß nicht: Dein Höheres Selbst ist dein Freund. Es will, daß du wächst, es will, daß du Erfolg hast. Du weißt: Ganz gleich, wie oft du dich verändern und wachsen willst und es dann doch nicht angehst, ganz gleich, wie oft du dein Höheres Selbst mit deinen Hoffnungen und deiner Begeisterung angesteckt hast, ohne deine Pläne dann in die Tat umzusetzen – es wartet immer wieder aufs neue voller Verständnis auf deine Entscheidungen. Deine Mitmenschen haben vielleicht irgendwann genug von deinen Hurra-Schreien, aber dein Höheres Selbst hat nie genug von dir. Du kannst denselben Fehler immer wieder machen – es wird nie die Geduld verlieren. Du wirst geliebt, wirklich und wahrhaftig geliebt!

5. Kreiert gemeinsam schöpferisch deine Realität. Eine wichtige Tatsache, die oft übersehen wird, ist die, daß man erst kokreativ sein kann, wenn man in der Lage ist, kreativ zu sein.

Nachdem du deine eigene Realität nach eigenen Wünschen und Vorstellungen geschaffen hast, kannst du deinem Höheren Selbst mehr Spielraum geben und es aktiv an deinen Zielen, Plänen und Entscheidungen teilhaben lassen. Vergiß nicht: Dein Höheres Selbst kennt keine Hindernisse oder Widerstände; es kann dir aber deine Hindernisse und Widerstände deutlich machen.

Wenn du dich innerlich sagen hörst: »Ich wollte es eigentlich so machen, aber mein Höheres Selbst hat darauf bestanden, daß wir es anders machen.« Oder: »Mein Höheres Selbst hat mich dazu gebracht...«, dann mußt du sofort innehalten. Das war nicht die Stimme deines Höheren Selbst, sondern die deines maskierten negativen Egos.

Jetzt brauchst du nicht gleich aufzugeben – geh zurück und wiederhole die Schritte, die ans ZIEL führen.

6. Erkunde den Willen deines Höheren Bewußtseins. Dein Höheres Selbst ist der Verwalter aller Informationen, die du zum Wachstum, zu Evolution, Transmutation, Transformation und Transzendenz brauchst. Welches sind die Träume deines Höheren Selbst? Nicht deine Träume, sondern die, die dein Höheres Selbst für dich träumt.

Dabei kannst du mit beiden Formen des Höheren Selbst arbeiten. Setz dich schweigend zu der einen oder anderen Form und laß dein Höheres Selbst deine Träume für dich träumen. Sieh... Höre... Nimm es in dich auf... Nimm es an...

Laß dir die nächsten Schritte in deinem Wachstum zeigen. Wohin sollst du deine Aufmerksamkeit lenken? Welches ist die nächste Stufe?

Welche neuen Wege und Visionen kommen für dich in Frage? Die Antworten sind in der Vision deines Höheren Selbst für deine Zukunft enthalten.

7. Erkunde den Willen von Gott/Göttin/Alles-was-ist. Bei manchen mag dieser Vorschlag Angst auslösen. Es hört sich unter Umständen an wie die Aufforderung der traditionellen Religionen, den eigenen Willen dem eines unbekannten Gottes zu unterwerfen. Wir aber sprechen nicht von Selbstaufgabe, sondern von der Erkundung des Willens der allumfassenden Realität.

Die Neue Spiritualität verlangt weder die Preisgabe der eigenen Identität noch die Negierung des eigenen Willens. Die Heilige Reise ist nicht nur eine Suche nach der Wahrheit. Sie ist die Suche nach der *Höchsten Wahrheit.* Es geht nicht darum, irgendeine alte Wahrheit wohl oder übel hinzunehmen; es geht um eine Ausdehnung, die die *Höchste Wahrheit* in sich aufnehmen kann.

Auf deiner Heimreise kannst du mit Hilfe deines Höheren Selbst auch den Willen von Gott/Göttin/Alles-was-ist entdekken. Diese Entdeckung ist ein Riesenschritt zum Einssein mit deinem Höheren Selbst und mit Gott/Göttin/Alles-was-ist.

Irgendwann auf seiner Reise erkennt jeder Mensch den göttlichen Willen. Wir werden zu einer ›späteren Zeit‹ noch ausführlicher darüber reden. Jetzt werden wir nur soviel sagen: Jede Frage, die du an Gott/Göttin/Alles-was-ist richtest, wird immer mit JA beantwortet werden.

Dies sind die sieben Wege der Zusammenarbeit mit deinem Höheren Selbst. Halte dich an die Reihenfolge – fang mit den ersten Schritten an und laß dich zum letzten Schritt leiten. Jede Ebene bereitet dich auf die nächste Phase der Zusammenarbeit vor.

Es gibt eine Binsenwahrheit, die besagt: »Wenn du dich auf einen Kampf einläßt, dann suche dir jemanden aus, der stärker ist als du, weil du dich dann nicht schämen mußt, wenn du verlierst.«

Aber, ganz unter uns gesagt, wir würden dir eher vorschlagen, mit den einfachsten Dingen zu beginnen, damit du sicher bist, daß du gewinnst. Wenn du ein Hindernis bemerkst oder etwas völlig Neues lernen sollst, fängst du mit den leichtesten Schritten an und gehst ganz langsam weiter. Auf die Art kommst du ganz gewiß an dein Ziel.

Ein Schlußgedanke

Ein Großteil unserer Arbeit mit euch wird im Rahmen von Workshops, Seminaren und Privatsitzungen getan. Vor einiger Zeit haben wir uns auch über Ton- und Videokassetten zugänglich gemacht. Wir erfüllen damit ein Versprechen und eine Aufgabe, die wir uns selbst gestellt haben.

Je mehr Menschen wir berühren, desto tiefer wollen wir jeden einzelnen von euch berühren. Das ist ein Teil unseres Versprechens. Je mehr Leute an einem Seminar oder Workshop teilnehmen, desto intensiver wird die Liebe, desto stärker die Nähe – sehr zum Erstaunen der Teilnehmer. Je mehr von euch berührt werden, desto tiefer wird jeder von euch berührt.

Um euch noch näher zu kommen, haben wir euch nun geschrieben.

Manche fragen sich jetzt, ob wir uns nicht selbst überflüssig machen, wenn wir derartig detaillierte Informationen geben und auf so vielen Ebenen gleichzeitig mit den Menschen arbeiten. Sie meinen, wir würden damit unser ›eigenes Geschäft‹ untergraben.

Unsere Antwort darauf ist: Nein.

Erstens sind wir nicht in dem ›Geschäft‹, bei dem es darum geht, euch die Macht wegzunehmen. Wir sind ›in der Erregung und in der Freude‹, sie euch zurückzugeben.

Zweitens sind wir in überhaupt keinem ›Geschäft‹! Wir sind in der Liebe. Wir lieben – mit euch.

Damit enden wir. In Liebe und in Frieden...

Lazaris

Anhang

Erinnerungshilfen für die Reise

»Solange es Licht gibt,
werden wir euch lieben.«

Lazaris

Im folgenden werden die wichtigsten Punkte von jedem Teil des Buches noch einmal kurz aufgeführt. Die Seiten können herausgetrennt und beispielsweise an den Spiegel gesteckt werden, damit ihr euer Gedächtnis täglich auffrischen könnt.

Teil 1

Was ist das New Age?

Das New Age ist ein Zeitalter der Menschlichkeit – ein Zeitalter der Bewußtheit – in dem:

1. Jeder einzelne willentlich und voller Enthusiasmus die persönliche Verantwortung für die bewußte Erschaffung seiner Realität übernimmt.

2. Jeder einzelne begreift, daß seine Welt eine selbsterzeugte Illusion ist, die keine Grenzen hat, außer den Grenzen, die er selbst durch seine eigene Wahl und Entscheidung, durch seine eigenen Gedanken, Gefühle, Einstellungen und Glaubensvorstellungen setzt.

3. Jeder einzelne die persönliche Macht zurückholt und selbst zum Meister-Schöpfer wird, in einer ko-kreativen Beziehung zu Gott/Göttin/Alles-was-ist.

4. Jeder einzelne voller Freude und Liebe eine Welt der Selbstherrschaft kreiert, anstatt nach der Herrschaft über andere zu streben.

Teil 2

Die vier grundlegenden Wahlmöglichkeiten für ein bewußtes Wachstum

1. Das Leben ist mehr als bloßes Überleben.

2. Das Leben ist mehr als ›Haben wollen‹.

3. Ich schaffe selbst meine eigene Realität.

4. Ich selbst bin das ›Mehr‹, mein Traum, meine Spiritualität – meine tiefe, lebendige, liebevolle und greifbare Beziehung zu Gott/Göttin/Alles-was-ist.

Teil 3

Die Schritte, die ans Ziel führen

Die Reise beginnt mit Liebe

Die offensichtlichen Gründe für Liebe:

Wenn du dich selbst nicht liebst, kannst du die Liebe von anderen nicht annehmen. Damit kannst du auch die Liebe von Gott/Göttin/Alles-was-ist nicht annehmen.

Die nicht so offensichtlichen Gründe für Liebe:

Liebe ist ein Seinszustand und eine Handlungsfolge. Sie ist ein universelles Phänomen, ein Gefühl/Bewußtsein, das sämtliche Energie transmutieren, transformieren und transzendieren kann. Liebe ist der einzige direkte Draht, der bis zu Gott/Göttin/Alles-was-ist reicht.

Was um der Liebe willen getan und erreicht werden muß:

Was man tut	*Was man dadurch erreicht*
1. Geben.	1. Sicherheit.
2. Verantwortlich sein.	2. Freude/Genuß.
3. Respektieren.	3. Ehrlichkeit und Offenheit.
4. Erkennen.	4. Vertrauen.
5. Bescheiden sein und aufnahmebereit.	5. Weniger Angst vor Verlust.
6. Mut zur tiefen Bindung haben.	6. Vertrautheit für Fürsorglichkeit.
7. Fürsorglichkeit entwickeln.	7. Erkannt werden.

Die Stationen in der Mitte der Reise

1. Laß die Vergangenheit hinter dir.
   Strecke dich der Zukunft entgegen.

   LIEBE JETZT.

2. Eleganz
   - Wunschkraft
   - Klarheit des Wünschens
   - Visionäre Sicht
   - Makellosigkeit

3. Dankbarkeit
   - Annehmen können
   - Freude
   - Spontaneität

4. Lebendigkeit
   - Liebe
   - Vertrauen
   - Enthusiasmus
   - Erwartung

5. Bestandsaufnahme der Rohmaterialien
   - Wahl und Entscheidung
   - Gefühle und Gedanken
   - Einstellungen und Glaubensvorstellungen

Die Werkzeuge:
- Wunschkraft
- Imagination
- Erwartung

Der letzte Schritt: Kommunion

1. Gibt es wirklich ein Höheres Selbst?

2. Was sind meine Beweggründe, die mich den Kontakt mit meinem Höheren Selbst suchen lassen?

3. Wie sieht die Topographie meines Bewußtseins aus? Wie fügen sich die einzelnen Teile zusammen?

4. Kommunikation + Vereinigung = Kommunion